"十四五"时期国家重点出版物出版专项规划项目
工业人工智能前沿技术与创新应用系列丛书
机械工业出版社高水平学术著作出版基金项目
工业人工智能技术丛书

数据驱动的工业人工智能建模方法与应用

任 磊 著

机 械 工 业 出 版 社

本书从工业大数据分析所面临的实际应用问题和工业 AI 模型的构建方法两条内容主线，介绍数据驱动的工业智能，使得理论与应用实践深度融合；将工业 AI 模型的建模思路结合到理论方法的介绍中，使得读者能够掌握其中思考问题的方法和过程，做到"授人以渔"。在数据驱动的工业 AI 模型开发的介绍中既注重对理论知识的介绍，也将各章节知识点串联起来形成一个立体、完整的工业 AI 数据分析系统，提升读者对工业智能和工业大数据分析的宏观思维。

本书可作为工业界企业技术专家、IT 系统研发人员、学术界智能制造、人工智能、工业互联网、数据科学等领域研究者的参考书，也可以作为高等院校计算机、自动化、机械等相关专业工业人工智能课程的教材，同时还可作为工业领域新一代人工智能、深度学习、区块链爱好者、开发者的自学教材或参考书。

图书在版编目（CIP）数据

数据驱动的工业人工智能：建模方法与应用/任磊著．—北京：机械工业出版社，2024.5（2024.11 重印）
（工业人工智能技术丛书）
ISBN 978-7-111-74973-8

Ⅰ．①数… Ⅱ．①任… Ⅲ．①人工智能-应用-制造工业-研究 Ⅳ．①F407.4-39

中国国家版本馆 CIP 数据核字（2024）第 038459 号

机械工业出版社（北京市百万庄大街22号　邮政编码100037）
策划编辑：汤　枫　　　　　责任编辑：汤　枫
责任校对：张婉茹　张昕妍　责任印制：单爱军
北京虎彩文化传播有限公司印刷
2024 年 11 月第 1 版第 2 次印刷
184mm×260mm・14.75 印张・365 千字
标准书号：ISBN 978-7-111-74973-8
定价：99.00 元

电话服务　　　　　　　　　网络服务
客服电话：010-88361066　　机　工　官　网：www.cmpbook.com
　　　　　010-88379833　　机　工　官　博：weibo.com/cmp1952
　　　　　010-68326294　　金　书　网：www.golden-book.com
封底无防伪标均为盗版　　　机工教育服务网：www.cmpedu.com

序

近年来，党中央从党和国家事业发展全局出发，做出了推进新型工业化的重大战略部署。新型工业化作为发展新质生产力的重要抓手，离不开新一代信息技术的支撑，尤其是近年来新一代人工智能技术的迅猛发展，为制造业的转型升级赋予了新的动能。自从 2016 年 AlphaGo 战胜围棋世界冠军，到 2022 年 ChatGPT 人工智能大模型的横空出世，新一代人工智能的浪潮正在席卷全世界，推动着新一轮科技和工业革命加速向前迈进。2017 年，国务院印发《新一代人工智能发展规划》，将智能制造列为国家产业智能化升级的首要任务。在新型工业化进程中，数据作为关键生产要素的价值日益显现，尤其是工业领域高门槛、高价值的数据要素作为基础性战略性资源，成为驱动制造业智能化转型的核心引擎。2023 年 12 月 31 日，国家数据局联合 17 部门印发《"数据要素×"三年行动计划》，旨在发挥数据要素乘数效应，构建以数据为关键要素的数字经济，其中"数据要素×工业制造"位列重点行动首位。在当前制造业迈向高端化、智能化、绿色化的大背景下，如何以数据要素为核心驱动力，探索新一代人工智能赋能新型工业化的新模式、新技术、新业态，成为摆在政、产、学、研、用各界面前的新命题和新挑战。

《数据驱动的工业人工智能：建模方法与应用》一书的问世，正是针对上述挑战，在新理论、新方法、新技术方面的一次重要的探索与引领。作为一本探讨基于数据驱动的新一代人工智能在工业领域创新应用的重要力作，本书为智能制造领域从业者、研究人员以及对工业人工智能充满好奇的各界读者提供了一份全面而深入的指南。本书不仅深入剖析了工业人工智能各类典型应用场景的难点问题，同时全面系统地阐述了数据驱动的各类新型建模方法，并且提供了大量丰富的工业实践案例，辅助读者快速且深入地理解核心理论并掌握一系列创新的方法与技术，以举一反三应对实际工业生产中各种复杂问题。

我对《数据驱动的工业人工智能：建模方法与应用》一书的问世深感振奋。该书是一部集创新理论研究与应用落地实践于一体的优秀之作，对于推动新一代人工智能赋能新型工业化进程中探索数据驱动的新方法新技术，具有重要的前沿理论意义和实际应用价值。我深信本书将成为工业人工智能领域的重要参考资料，也希望本书能够成为工业人工智能化领域的一本标志性著作。

本书作者任磊教授与我在同一研究团队中共事多年，他在云制造、工业互联网、工业大数据、新一代人工智能等前沿研究领域，均拥有深厚的理论基础和独到的学术观点，并且多年来依托航空航天等行业重大应用的历练，积累了大量的产业实践经验。他自 2009 年博士毕业进入北京航空航天大学工作，转眼 15 年，如今他已成长为具有广泛国际影响力的国家级领军人才，我为他的成长感到欣慰，也期待着他未来为国家的科技事业做出更大贡献。

愿《数据驱动的工业人工智能：建模方法与应用》一书取得成功，为人工智能赋能新型工业化的伟大历史进程贡献一份新的力量！

李伯虎　中国工程院院士

前 言

新一代人工智能技术的兴起与迅猛发展，正在逐渐渗透各行各业，改变人们工作与生活的方方面面。工业制造业作为国计民生的支柱，也在新一代人工智能的冲击下，不断融合创新涌现出新的技术。"工业人工智能"应运而生，成为推动新型工业化、发展新质生产力的重要驱动力之一。工业人工智能的崛起并非偶然，背后有着多方面原因促使其水到渠成。首先，工业大数据的爆发式增长为工业人工智能的发展提供了强有力的基础数据支撑；来自于制造业企业信息化系统、工业物联网，以及外部跨界系统产生的海量数据，为人工智能算法的训练和优化奠定了基础。其次，算力的大幅提升使得工业界复杂的算法和模型得以在制造业实际应用中落地。现今的计算机硬件性能已经足以支持深度学习等先进算法的高效运算，从而实现更为准确和实时的工业人工智能求解。此外，工业互联网的兴起使得工业要素之间实现了更加紧密的连接与协同，各类智能化应用需求层出不穷，例如工业终端设备的智能运维、产品的智能质检、产线的智能调度、产业链供应链的智能协同等，急需工业人工智能新方法新技术的突破以满足不断涌现的新需求。

在人工智能赋能新型工业化、发挥数据要素乘数效应、加快构建以数据为关键要素的数字经济的新时代背景下，数据驱动的工业人工智能成为近年来学术界和产业界高度关注的前沿热点研究领域。相较于传统的方法，数据驱动的方法更加注重从数据中挖掘模式和规律，通过诸如深度学习等技术实现对复杂工业系统的智能建模和优化。这一方法的优势在于，它能够处理大规模、高维度的数据，并从中学习到潜在的特征和关系，为制造业提供更为精准的预测和决策支持，尤其适合工业应用中大量机理不清的实际应用场景。

因此，本书旨在全面深入地探讨数据驱动方法在工业人工智能领域的新理论、新方法、新技术，为读者提供一部学习和应用工业人工智能领域数据驱动的建模方法的指南。本书的内容涵盖了数据驱动的工业人工智能的基础理论、实用方法以及前沿技术，力求为工业界的从业者、研究者和决策者提供有力的支持，帮助他们更好地理解和应用数据驱动的人工智能。

本书的第 1 章介绍新一代人工智能与智能制造的背景知识，旨在为读者提供一个全面、系统的视角，深入剖析新一代人工智能与智能制造之间的内在联系，展示数据驱动方法在工业领域的重要意义。

第 2 章深入研究新一代人工智能的基础理论和知识，包括工业人工智能模型应用流程和常用深度学习技术，探讨深度学习等新兴技术的原理和应用，以及它们在工业领域的潜在优势。通过对这些基础理论的全面解析，读者将能够深入理解工业人工智能的核心概念，为后续的实际应用奠定坚实的基础。

第 3 章系统地介绍工业时间序列信息表征建模方法，包括工业时序多通道信息表征建模方法、工业时序多尺度信息表征建模方法、工业时序多层级时频域信息表征建模方法、工业时序多层次信息表征建模方法和工业时序时空耦合信息表征建模方法。通过深入探讨这些方法的原理和应用案例，读者将能够了解如何有效地利用时间序列数据，提高工业生产的效率和质量。

第 4 章面对工业生产中常见的低质数据问题，将聚焦于工业低质数据增强表征建模方法，包括无标签数据增强表征建模方法、非均衡数据增强表征建模方法和缺失数据增强表征建模方法，介绍如何通过先进的技术处理低质数据，提高数据的质量，从而确保在建模和决策过程中获得可靠的结果。本章给出了实际案例将帮助读者更好地理解和应用这些方法。

第 5 章深入研究工业多源异质数据深层融合建模方法。现代工业系统中涉及的数据来源多种多样，包括传感器数据、生产流程数据、供应链数据等。本章内容包括工业异质关联数据融合建模方法、工业多源高维度数据融合建模方法，并探讨如何将这些数据融合起来，实现更全面、准确的工业智能建模。

第 6 章讨论工业复杂任务跨域建模方法。主要面对工业领域中复杂跨域任务的挑战，介绍如何应对工业生产中的工况变化导致的数据分布偏移，并通过跨域建模方法实现对这些任务的统一处理。这有望为读者提供一种更为综合和高效的解决方案。

第 7 章关注工业 AI 分布式高时效轻量化建模方法，包括工业云边分布式 AI 模型框架、轻量化工业 AI 模型构建方法、工业 AI 模型轻量化自适应知识蒸馏方法、动态自适应工业 AI 模型构建方法。通过分布式计算和轻量化模型的构建，工业系统能够在保证高时效性的同时，更好地适应不同环境和场景。这一部分旨在帮助读者理解如何在工业生产中实现高效的工业智能建模。

第 8 章深入研究基于区块链的工业数据安全可信协同方法。本章内容包括区块链相关技术介绍、基于区块链的工业大数据实体多方协同、基于区块链的工业大数据智能安全交互、工业大数据跨域安全共享管控、工业跨域异构数据的身份构建及溯源。数据安全一直是工业智能领域的重要关注点。通过区块链技术的应用，读者将了解如何确保工业数据的安全性和可信度，促进企业间的协同合作。

第 9 章对工业大数据可视化进行综述，并通过典型案例展示其实际应用。大数据可视化是将庞大而复杂的工业数据以直观的方式呈现出来的关键手段，有助于决策者更好地理解和分析数据，从而做出明智的决策。

最后，第 10 章对全书内容进行全面总结，并展望大模型时代工业人工智能的未来发展趋势。通过回顾本书的重要观点和实用经验，读者将得到一个全面而深刻的认识，并为未来的工业人工智能实践和研究提供有益的启示。

通过全书各个章节的讲解，读者将全面了解数据驱动的工业人工智能的理论基础、方法技术以及实际应用案例。本书力求通过理论与实践的结合，为工业界提供创新性的解决方案，推动工业人工智能领域的不断发展。

本书不仅面向智能制造、工业互联网等相关产业界工程技术人员，以及学术界研究者，更为广大对工业人工智能感兴趣的读者提供了一扇了解和深入探讨的大门。我们期待读者通过阅读本书，能够更好地把握数据驱动的工业人工智能的核心概念、方法和应用，为推动工业人工智能领域的进一步发展贡献自己的智慧和力量。

本书的出版得到了国家重点研发计划（编号：2023YFB3308000）以及国家自然科学基金（编号：62225302，92167108，62173023）的支持。

在此还要感谢贾子翱、成学军、赵颖、王瑜、霍冬冬、崔晋、莫廷钰、王宇清、张一凡、乔一铭、董家宝、王海腾、李世祥等人在本书规划、撰写、校核等各个环节做出的贡献。

由于工业人工智能的理论和方法仍在发展和完善之中，加之撰写时间和水平有限，书中难免存在不足之处，望读者给予批评指正。

作 者

目 录

序
前言
第1章 新一代人工智能与智能制造 ··· 1
1.1 新一代人工智能发展背景 ··· 1
1.2 智能制造的新发展 ··· 4
1.3 数据驱动的工业人工智能 ··· 6
第2章 基础理论知识 ··· 9
2.1 工业 AI 模型应用流程概述 ··· 9
2.2 常用深度学习技术 ··· 10
2.2.1 卷积神经网络 ··· 10
2.2.2 循环神经网络 ··· 11
2.2.3 自动编码器 ··· 12
2.2.4 受限玻尔兹曼机 ··· 12
2.2.5 基于注意力机制的神经网络 ··· 13
2.2.6 图神经网络 ··· 14
第3章 工业时间序列信息表征建模方法 ··· 15
3.1 概述 ··· 15
3.2 工业时序多通道信息表征建模方法 ··· 16
3.2.1 多通道时序注意力网络 ··· 16
3.2.2 工业时序高精度预测方法 ··· 19
3.3 工业时序多尺度信息表征建模方法 ··· 21
3.3.1 多尺度密集门控循环单元网络 ··· 21
3.3.2 基于 MDGRU 网络的分析流程 ·· 24
3.4 工业时序多层级时频域信息表征建模方法 ····································· 25
3.4.1 多层级小波分解网络 ··· 26
3.4.2 基于多层级小波分解的时间序列外部回归网络 ····················· 27
3.5 工业时序多层次信息表征建模方法 ··· 30
3.5.1 多层次信息表征网络 ··· 30
3.5.2 基于 Auto-CNN-LSTM 网络的分析流程 ································· 32
3.6 工业时序时空耦合信息表征建模方法 ··· 32
3.6.1 时空耦合信息网络整体结构 ··· 33
3.6.2 时空耦合信息表征网络 ··· 35

3.7 典型应用案例 ············· 37
3.7.1 基于 MCTAN 的飞机发动机剩余使用寿命预测 ············· 37
3.7.2 基于 Auto-CNN-LSTM 的锂电池剩余使用寿命预测 ············· 39

第 4 章 工业低质数据增强表征建模方法 ············· 42
4.1 概述 ············· 42
4.2 无标签数据增强表征建模方法 ············· 43
4.2.1 基于半监督并行 DeepFM 的无标签数据预测方法 ············· 44
4.2.2 基于小波数据增强的无标签数据预测方法 ············· 50
4.3 非均衡数据增强表征建模方法 ············· 51
4.3.1 工业数据隐式扩充方法 ············· 51
4.3.2 面向非均衡工业数据的标签解构多输入智能处理架构 ············· 52
4.4 缺失数据增强表征建模方法 ············· 56
4.4.1 面向低质数据的缺失特征自动补全方法 ············· 56
4.4.2 基于两阶段预训练的缺失特征表征方法 ············· 58
4.5 典型应用案例 ············· 60
4.5.1 基于 SS-PDeepFM 的泡沫浮选产品质量预测（无标签）············· 60
4.5.2 基于 LM-CNN 的轴承故障诊断（不平衡、零样本）············· 63

第 5 章 工业多源异质数据深层融合建模方法 ············· 66
5.1 概述 ············· 66
5.2 工业异质关联数据融合建模方法 ············· 67
5.2.1 基于深度-宽度-序列（WDS）网络架构的工业数据异质特征融合范式 ············· 68
5.2.2 基于注意力机制的工业多特征融合表征建模方法 ············· 74
5.3 工业多源高维度数据融合建模方法 ············· 78
5.3.1 张量及其操作 ············· 78
5.3.2 针对 QTT-DLSTM 的计算框架 ············· 79
5.4 典型应用案例 ············· 82
5.4.1 基于 WDS 网络的半导体生产质量预测 ············· 82
5.4.2 基于 QTT-DLSTM 网络的离散制造产品质量预测 ············· 86

第 6 章 工业复杂任务跨域建模方法 ············· 90
6.1 概述 ············· 90
6.2 工业复杂任务跨域建模方法 ············· 91
6.2.1 工业任务跨域无监督域适应建模方法 ············· 91
6.2.2 基于黑盒域适应的工业跨域建模方法 ············· 96
6.3 典型应用案例 ············· 99
6.3.1 基于 Meta-GENE 域泛化方法的工业故障诊断 ············· 99
6.3.2 基于黑盒域适应方法的行为识别 ············· 106

第 7 章 工业 AI 分布式高时效轻量化建模方法 ············· 110
7.1 概述 ············· 110
7.2 工业云边分布式 AI 模型框架 ············· 112

7.2.1	云边协同工业数据分析框架	112
7.2.2	云边环境下多边缘工业数据协同分析框架	114

7.3 轻量化工业 AI 模型构建方法 ... 116
7.4 工业 AI 模型轻量化自适应知识蒸馏方法 ... 122
7.5 动态自适应工业 AI 模型构建方法 ... 127
    7.5.1 模型动态推理和重参数方法 ... 127
    7.5.2 动态长度网络建模方法 ... 129
7.6 典型应用案例 ... 131
    7.6.1 基于 Cloud-Edge-LTCN 的云边协同轴承剩余使用寿命预测 ... 131
    7.6.2 基于 MDER 的发动机剩余使用寿命预测模型轻量化 ... 135

第 8 章 基于区块链的工业数据安全可信协同 ... 139

8.1 区块链相关技术介绍 ... 139
    8.1.1 区块链的核心组成 ... 140
    8.1.2 智能合约 ... 142
    8.1.3 联盟区块链 ... 146
    8.1.4 公有区块链 ... 150
8.2 基于区块链的工业大数据实体多方协同 ... 151
    8.2.1 工业大数据处理实体划分 ... 152
    8.2.2 工业大数据确权立案 ... 153
    8.2.3 工业大数据的跨实体溯源 ... 154
    8.2.4 智能制造业务合约备份 ... 154
8.3 基于区块链的工业大数据智能安全交互 ... 157
    8.3.1 智能安全交互方案设计 ... 158
    8.3.2 基于智能合约的链上链下数据访问 ... 160
8.4 工业大数据跨域安全共享管控 ... 161
    8.4.1 基于区块链合约的自适应数据流动规则构建 ... 162
    8.4.2 基于数据可信度标签的数据上链保存 ... 163
    8.4.3 基于区块链合约的数据流动自主决策执行 ... 164
8.5 工业跨域异构数据的身份构建及溯源 ... 166
    8.5.1 构建内外因素联合的签名数据可信安全标签 ... 166
    8.5.2 异构数据生命全周期各阶段到原始数据的数据可信验证及追溯 ... 170

第 9 章 工业数据可视化 ... 172

9.1 数据可视化概述 ... 173
    9.1.1 数据可视化的历史起源 ... 173
    9.1.2 数据可视化的技术分支 ... 174
    9.1.3 数据可视化的基本流程 ... 176
9.2 "替代"纲领下的工业大数据可视化 ... 177
9.3 "创造"纲领下的工业大数据可视化 ... 179
    9.3.1 设计阶段 ... 180

- 9.3.2 制造阶段 ·········· 181
- 9.3.3 质检阶段 ·········· 183
- 9.3.4 服务阶段 ·········· 184
- 9.4 面向行业的工业大数据可视化 ·········· 186
- 9.5 典型应用案例 ·········· 187
  - 9.5.1 连续型辊道窑生产状态监控数据可视化 ·········· 187
  - 9.5.2 汽车起动机耐久测试数据分析 ·········· 201

第10章 展望 ·········· 214
- 10.1 工业智能"黑盒"模型可解释与高可信 ·········· 214
- 10.2 工业互联网云边端融合智能 ·········· 214
- 10.3 工业智能模型泛化与自适应 ·········· 215
- 10.4 工业智能模型轻量化与实时解算 ·········· 215
- 10.5 工业智能"大模型" ·········· 215
- 10.6 工业数据智能可视化 ·········· 216

参考文献 ·········· 218

第 1 章

新一代人工智能与智能制造

以科技革命与产业变革为主要内容的新一轮工业革命已在全球快速展开。我国正步入"智能+"时代，面临着复杂的国际/国内新形势和新征程，按照"创新、协调、绿色、开放、共享"的新发展理念，构建"以国内大循环为主体、国内国际双循环相互促进"的新发展格局。制造业是国民经济的主体，其发展应与新时代、新形势、新征程相适应和相匹配。当前，我国制造业正在转入高质量发展阶段，处于数字化转型及智能化升级的攻坚期。智能制造作为制造业高质量发展的主攻方向，对于加快发展现代产业体系、巩固壮大实体经济根基、构建新发展格局、建设数字中国具有重大意义。

"十三五"以来，国家积极推行智能制造试点示范应用、智能制造标准体系建设，显著提升了我国制造数字化、网络化、智能化水平。在新时期、新形势下，新智能制造系统概念应运而生，即以新一代人工智能（Advanced Artificial Intelligence）技术为引领，涵盖新制造产品/能力/资源体系、新网络/感知体系、新平台体系、新标准安全体系、新应用体系、新用户体系等复杂系统。而新一代人工智能技术正成为新智能制造系统实现数字化转型和智能化升级的重要支撑。

1.1 新一代人工智能发展背景

当前，互联网、传感器、大数据、电子商务等科技领域的迅速发展和普及，促进了信息社会和数字经济的快速崛起。数据和知识得以在社会、物理空间和网络空间之间互联和融合，这为人工智能的发展提供了前所未有的机遇。在这个信息环境下，人工智能得以逐渐发展和演进，从传统的专家系统、规则引擎到基于机器学习和深度学习的新一代人工智能技术。这些新技术的出现，不仅在计算能力、算法模型、数据管理等方面实现了跨越式进步，同时也为智能交通、智能医疗、智能制造、智能家居等多个领域的应用提供了强有力的支撑，推动了人工智能与各行各业深度融合和创新发展。

新一代人工智能正迅速改变着我们的世界，其标志性事件之一是 AlphaGo 的崭露头角。AlphaGo 的胜利不仅令人印象深刻，更是 AI 领域的重大突破，它凭借深度学习等先进技术，不仅战胜了围棋世界冠军，更带动了新一代 AI 的崛起。以深度学习为代表的新一代 AI 正如狂风骤雨般席卷全球，各国纷纷加大对 AI 的投资，各领域也在探索 AI 的应用潜力。在医疗领域，AI 助力医生更快速、准确地诊断疾病，改善了患者的生活质量。在交通领域，自动驾驶技术正逐渐变为现实，提高了交通的安全性和效率。教育、金融、制造业等各行各业都在 AI 的助力下实现了更大的创新和效益。当然，我们也不能忽视大模型的出现，它们的出现正在彻底改变 AI 领域的格局。这些大模型，如 GPT-4，不仅在自然语言处理、图像识别等任务中表现出色，还在各个领域取得了突破性进展。它们具有变革性的意义，推动了 AI 技术的不断发展，为人类社会带来了前所未有的机遇和挑战。新一代 AI 正以前所未有的速度塑造着未来，我们有幸亲历并见证这一历史性的变革。

2015 年，中国工程院《中国人工智能 2.0 发展战略研究》，引出人工智能 2.0 的定义：基于重大变化的信息新环境和发展新目标的新一代人工智能。其中，信息新环境是指：互联网与移动终端的普及、传感网的渗透、大数据的涌现和网上社区的兴起等。新目标是指：智能城市、智能经济、智能制造、智能医疗、智能家居、智能驾驶等从宏观到微观的智能化新需求。有望升级的新技术有大数据智能、跨媒体智能、自主智能、人机混合增强智能和群体智能等。

新一代人工智能技术，是基于新的信息环境、技术、发展目标的人工智能技术，其发展趋势表现为数据驱动下的深度强化学习智能、基于网络的群体智能、人机/脑机交互的技术导向混合智能、跨媒体推理智能、自主智能无人系统等。新一代人工智能技术逐步成为通用技术，将在智能制造领域渗透应用，推动产品设计、生产管控、制造服务等向数字化、网络化、云化、智能化转型升级。在医疗、金融、零售、物流等领域，新一代人工智能技术的应用，也为企业提供了更加智能化、个性化和高效化的服务和解决方案。随着新一代人工智能技术的不断发展和应用，未来将会有更多的领域受到人工智能技术的影响和改变。

新一代人工智能具有 5 个核心技术特征。其一，人工智能正经历从传统的知识表示技术向大数据驱动的知识学习方式的转变，而新的趋势是将大数据与知识引导相结合。大数据驱动的人工智能表现出以下特点：从基础计算向深度神经网络推理的发展；从仅依赖数据驱动模型到结合数据驱动和知识引导的学习方式；从专注于特定领域任务的智能到更通用条件下的强人工智能。下一代人工智能（AI 2.0）将深刻改变计算本身，将大数据转化为知识，以支持人类社会做出更为精准的决策。其二，人工智能正经历从单一媒体数据处理（如文字、图像、音频等）到跨媒体认知、学习和推理的新发展阶段。信息传播方式逐渐从单一媒体形式（如文字、图像、音频、视频）过渡到多种媒体形式的互相融合，跨媒体特性日益显现。因此，如何实现跨媒体的分析和推理成为研究和应用领域中的关键问题。其三，人工智能正在经历从追求"智能机器"到实现高水平的人机协同融合的转变，进入混合型人机增强智能的新计算模式。混合增强智能理念认为，因为许多问题具有不确定性、脆弱性和开放性，任何智能程度的机器都无法完全取代人类。因此，必须将人的角色或人类的认知模型引入人工智能系统中，以形成混合增强智能的模式。这种模式被认为是人工智能或机器智能的可行且重要的发展趋势。其四，人工智能正在从关注个体智能研究转向基于互联网络的群体智能，这导致了在线上激发组织群体智能的技术和平台的发展。为了迎接各种挑战，群体智能提供了一种新的方式，通过汇集群体的智慧来解决问题。特别是在共享经济迅速发展的背景下，群体智能不仅成为解决科学难题的新途径，还已经渗透到日常生活的各个领域，包括线上到线下（Online-to-Offline，O2O）应用、实时交通监控以及物流管理等方面。其五，人工智能的研究方向正逐渐从机器人转向更广泛的智能自主系统，从而推动各类机械、设备和产品向智能化方向发展。这种智能自主系统包括无人驾驶汽车、无人机、服务机器人、太空机器人、海洋机器人以及自动化工厂等。

2017年，国务院发布《新一代人工智能发展规划》，并将智能制造列为新一代人工智能在实体经济落地的首要任务。发展规划中指出，"当前，新一代人工智能相关学科发展、理论建模、技术创新、软硬件升级等整体推进，正在引发链式突破，推动经济社会各领域从数字化、网络化向智能化加速跃升"。发展规划中明确了我国新一代人工智能发展的战略目标：第一阶段，到2020年，人工智能总体技术和应用与世界先进水平同步，人工智能产业成为新的重要经济增长点，人工智能技术应用成为改善民生的新途径；第二阶段，到2025年，人工智能基础理论实现重大突破，部分技术与应用达到世界先进水平，人工智能成为我国产业升级和经济转型的主要动力，智能社会建设取得积极进展；第三阶段，到2030年，人工智能理论、技术与应用总体达到世界领先水平，成为世界主要人工智能创新中心。

同时，发展规划中还指出，我国人工智能发展的重点任务，是立足国家发展全局，准确把握全球人工智能发展态势，找准突破口和主攻方向，全面增强科技创新基础能力，全面拓展重点领域应用深度广度，全面提升经济社会发展和国防应用智能化水平。首先，要构建开放协同的人工智能科技创新体系。要建立新一代人工智能基础理论体系，建立新一代人工智能关键共性技术体系，统筹布局人工智能创新平台，加快培养聚集人工智能高端人才，促进开源共享，系统提升持续创新能力，确保我国人工智能科技水平跻身世界前列。其次，要培育高端高效的智能经济。要大力发展人工智能新兴产业，加快推进产业智能化升级，大力发展智能企业，打造人工智能创新高地，以此引领产业向价值链高端迈进，有力支撑实体经济发展，全面提升经济发展质量和效益。同时，要建设安全便捷的智能社会。要发展便捷高效的智能服务，推进社会治理智能化，利用人工智能提升公共安全保障能力，促进社会交往共享互信，以此大幅提升全社会的智能化水平。此外，要加强人工智能领域军民融合，构建泛在安全高效的智能化基础设施体系，前瞻布局新一代人工智能重大科技项目。

新一代人工智能的发展背景反映了科技领域的巨大进步，以及社会和产业的不断演进。首先，计算能力的飞速增长是新一代人工智能的重要动力。现代计算设备的性能不断提升，由此带来的计算速度和存储容量的大幅提高，为复杂的深度学习和神经网络模型提供了足够的计算资源。这使得我们能够处理以前难以想象的大规模数据和复杂计算，从而推动了人工智能的前进。其次，数据的爆炸性增长是新一代人工智能的基石。随着互联网、物联网和社交媒体的普及，巨大量的结构化和非结构化数据源涌现，为机器学习和深度学习提供了丰富多样的训练和学习材料。这些数据不仅包括文本、图像和视频，还包括传感器数据、交通流量数据等多领域信息，使得人工智能模型能够更精确地理解和预测复杂的现实世界。再次，算法和模型的不断进步是新一代人工智能的驱动因素。深度学习模型的不断演进，如卷积神经网络（Convolutional Neural Network，CNN）和循环神经网络（Recurrent Neural Network，RNN），使计算机能够处理不同类型和不同规模的数据，从图像和语音到自然语言文本，使得人工智能应用的领域更加广泛。此外，新的算法方法，如迁移学习和自监督学习，为模型的泛化和适应性提供了新思路，使得模型更具通用性和可迁移性。最后，社会和商业需求的增长也推动了新一代人工智能的发展。各个领域对人工智能应用提出更高的要求，如自动驾驶汽车的安全性、医疗领域的诊断准确性、自然语言处理的自然对话等。这些需求推动了研究和技术创新的不断加速，促使人工智能不断迭代和进化，以更好地满足现实世界的挑战和需求。总之，新一代人工智能的发展背景是多种因素的复杂交织，包括计算能力的提升、数据的爆炸性增长、算法和模型的进步，以及广泛的社会和商业需求。这些因素共同推动着人工智能技术的不断进步，为未来创新和应用提供了广阔的可能性。

1.2 智能制造的新发展

制造业是国民经济、民生和国家安全的基石，是支撑国家经济发展和国家安全的重要产业。制造业的转型升级，不仅仅关系到制造业本身的发展，还涉及整个国家和社会的经济、政治和安全稳定。在制造业的发展过程中，制造技术与信息通信技术、智能技术的深度融合，是实现制造模式、制造方法及其生态系统方面博弈规则转变的关键。通过制造技术的创新，制造业将能够实现高效、精准、可持续的生产方式，从而提高产品质量和生产效率，降低生产成本，满足市场需求。而信息通信技术和智能技术的深度应用，将会实现生产全过程的数字化、网络化和智能化，提升企业的管理水平和生产效率，推动制造业向智能制造转型。

智能制造作为一种新的制造模式，是将先进的信息通信技术、智能科学技术、大型制造技术（包括设计、生产、管理、测试、集成）、系统工程技术及相关产品技术与产品开发的整个系统和生命周期相结合的技术手段。因此，制造的生命周期通过自主感知、互连、协作、学习、分析、认知、决策、控制以及人、机器、材料和环境信息的执行，以实现制造企业或集团的各个方面的集成和优化。这促进了生产，为用户提供了高效、高质量、经济高效、环保的服务，从而提高了制造企业或集团的市场竞争力。智能制造的发展，离不开人工智能技术的推动。人工智能技术的快速发展，为智能制造领域的新模型、新手段、新形式、新系统架构和新技术系统的开发提供了广阔的空间。新型人工智能技术的应用，为智能制造的发展注入了新的活力，也促进了制造业向数字化、网络化、云化、智能化转型升级，推动了我国制造业的高质量发展。

近年来，面向智能制造的新模式和新技术不断涌现。例如，美国提出的工业互联网是基于泛在互联网，将人、产品、制造装备、数据、智能分析与决策和执行系统等智能地连接在一起，构成一个信息（赛博）空间与物理空间融合的智能制造系统，它的目标是大大提高制造业的创新能力、制造能力和服务能力，进而带动工业革命和网络革命两大革命性转变。德国提出的工业4.0旨在充分融合信息通信技术、网络空间虚拟系统与物理系统，构建一个信息（赛博）空间与物理空间融合的信息物理系统 CPS（Cyber-Physical Systems），使制造业向智能化转型。我国提出的云制造作为一种基于网络的、面向服务的制造新模式，融合与发展了现有信息化制造（信息化设计、生产、实验、仿真、管理、集成）技术及云计算、物联网、服务计算、大数据、人工智能、高效能计算等新兴信息技术，将各类制造资源和制造能力虚拟化、服务化，构成制造资源和制造能力的服务云池，并进行统一、集中的管理和经营，使用户通过网络实现随时按需获取制造资源与能力服务，以完成其制造全生命周期的各类活动。

当前，我国制造业正面临"五个转型"的严峻挑战：其一，由技术跟随战略向自主开发战略转型再向技术超越战略转型升级；其二，由传统制造向数字化网络化智能化制造转型升级；其三，由粗放型制造向质量效益型制造转型升级；其四，由资源消耗型、环境污染型制造向绿色制造转型升级；其五，由生产型制造向生产+服务型制造转型升级。

为应对我国制造业的新挑战，传统智能制造正在迈向新一代智能制造。新一代智能制造是指基于新一代人工智能技术的智能化制造模式，以数据驱动为核心，依托物联网、云计算、大数据、可穿戴设备等新兴技术实现生产流程全面数字化、网络化、智能化，使得生产系统能够自动感知、自主学习、自我决策、自适应调整和自我优化。它能够提高生产效率、降低成本、缩短交付周期，同时可以支持灵活化定制、个性化生产，为制造业转型升级提供有力支撑，也是数字经济发展的重要组成部分。新一代智能制造是工业人工智能的重要应用领域，有望为制造业带来新的发展机遇和动力，推动制造业向高质量、高效率、高灵活性、高智能化的方向发展。在新一代智能制造中，制造的产品高度智能化，用户可以有较好的人机交互体验，而智能制造的生产过程呈现高度的柔性、高效、高质、低碳等特征。这意味着制造业的产业模式发生了革命性的变革，制造周期中的各个环节被打通，制造系统高度集成化，制造业价值链被重塑并升级，制造业创新力大大提升。同时，新一代智能制造将有效减少资源与能源的消耗和浪费，持续引领制造业绿色发展、和谐发展。

新一代智能制造将利用现代化信息技术和先进制造技术，推动制造业向数字化、网络化、智能化转型升级。通过采用数字化设计、数字化工艺规划、数字化车间、数字化生产等手段，实现从产品研发、生产到服务的全过程数字化管理，提高生产效率和产品质量，降低生产成本。同时，新一代智能制造也将带来巨大的社会变革，改变人与机器的分工和协作模式，提高生产效率，减少人类从事重复性和危险性工作的时间，从而使人类能够更多从事创造性的工作，提高生产力和创新能力。新一代智能制造还将带来智慧工厂、智慧城市、智慧交通等各种智慧应用，提高人类的生产、生活和环境质量，实现以人为本的可持续发展。

新一代人工智能技术的广泛应用正催生着工业智能化的快速发展，这一趋势正在各个领域产生深远的影响。在智能制造领域，新一代人工智能技术的应用使得工厂生产变得更加高效和智能。自动化生产线和智能机器人可以执行复杂的任务，减少了人力成本，提高了生产速度和产品质量。智能化管理系统可以实时监控生产过程，及时调整生产计划，降低了生产中断的风险。这不仅提高了生产效率，还降低了能耗和废品率，从而在生产制造领域带来了可持续性的改进。在智能物流领域，新一代人工智能技术的应用使得物流管理更加智能和高效。物流路径和调度可以通过智能算法进行优化，降低了运输成本和交通拥堵问题。智能仓储系统可以实现自动化的库存管理，提高了物流效率和安全性。这对于现代供应链管理至关重要，有助于确保产品及时交付，降低了物流成本。在智能交通领域，新一代人工智能技术的应用推动了交通系统的革命性变化。自动驾驶技术正在逐渐成熟，有望减少交通事故，提高交通效率，节约燃料和减少交通拥堵。交通流量优化系统可以实时监测道路状况，智能调整交通信号，降低了通勤时间和能源浪费。这些创新将使城市交通更加可持续和安全。在智能医疗领域，新一代人工智能技术的应用正在改变医疗服务的方式。医疗数据分析和医学诊断辅助系统可以提高医疗诊断的准确性和效率，有助于早期疾病检测和个性化治疗。远程医疗技术使医生能够远程监控患者的健康状况，提供及时的医疗建议。这些创新将提高医疗服务的质量，减少医疗资源浪费。新一代人工智能技术的不断发展和应用正在为经济社会带来深刻的变革。从智能制造到智能物流、智能交通、智能医疗等各个领域，智能化的趋势将继续推动着各行各业朝着更加高效、可持续和智能化的方向发展。这些技术的应用将为未来的社会和产业带来更多创新和机会。

国务院《新一代人工智能发展规划》在培育高端高效的智能经济、加快推进产业智能化升级的重点任务规划中，将智能制造列为首要任务。发展规划指出：围绕制造强国重大需求，推进智能制造关键技术装备、核心支撑软件、工业互联网等系统集成应用，研发智能产品及智能互联产品、智能制造使能工具与系统、智能制造云服务平台，推广流程智能制造、离散智能制造、网络化协同制造、远程诊断与运维服务等新型制造模式，建立智能制造标准体系，推进制造全生命周期活动智能化。

1.3 数据驱动的工业人工智能

以深度学习为代表的新一代人工智能技术，都建立在数据驱动的理论与方法基础之上。例如，AlphaGo 建立在数百万盘围棋对局数据的基础上，通过深度神经网络和强化学习算法来提升对弈水平。深度伪造（Deepfake）技术则依赖于大量面部图像和视频素材，以生成逼真的虚假视频。ChatGPT 这类自然语言处理模型建立在海量文本数据的基础上，进行预训练和微调，使其具备智能对话和文本生成的能力。而特斯拉的智能驾驶技术则构建在数百万公里的自动驾驶数据之上，用于改进自动驾驶系统的性能和安全性。没有充分的数据支持，深度神经网络将成为无源之水、无米之炊。数据不仅是训练模型所需的原材料，更是模型理解、泛化和智能决策的基础。数据为模型提供了丰富的上下文和实例，使其能够学习和模仿人类智能。因此，数据驱动是新一代人工智能技术成功的关键，缺乏足够的数据支持将限制其能力，无法实现真正的智能应用。

以云计算、大数据、人工智能、5G 等为代表的新一代信息通信技术，正推动全球工业制造业迈向数字化、网络化、智能化。国务院《"十四五"数字经济发展规划》指出，数据要素作为新型生产要素，成为推动数字经济发展的核心引擎。工业制造业正迎来数字化转型的浪潮，而在这个过程中，充分挖掘和发挥工业数据的内在价值变得至关重要。工业企业可以通过深入分析工业数据中隐含的高价值信息来提高其生产质量、降低成本，并提高整体效率。此外，通过深化利用全产业链和全价值链的数据，企业还可以实现产业链的全面优化，进一步提升竞争力。近年来，新型制造模式和技术，如工业互联网和云制造，已经崭露头角。它们为大规模多源异构跨领域工业数据的获取和处理提供了机会，推动了工业大数据研究的热潮。工业大数据具有多模态、高通量、重机理、强关联等特征，这些特点与工业制造的复杂性相符。然而，许多工业数据也存在机理不清晰的"黑盒"现象，传统的基于机理或经验知识的建模分析方法在应对工业智能化应用中的挑战时显得力不从心。因此，迫切需要探索数据驱动的工业人工智能新理论和新技术体系。这些新理论和新技术可以帮助工业企业更好地理解和利用工业大数据，揭示其中的潜在规律和价值，为制造业数字化转型提供坚实的支撑。随着工业智能化应用不断发展，这些新理论和技术将成为推动工业制造业未来发展的关键引擎，助力企业在竞争激烈的市场中脱颖而出。

近年来，随着新一代人工智能的崛起，工业领域迎来了一场革命性的变革。工业人工智能作为新兴的交叉融合领域，已经成为国家战略的一部分。国务院发布的《新一代人工智能发展规划》将智能制造列为首要任务，强调了工业人工智能的重要性。如图 1-1 所示，工业人工智能的核心目标是将通用人工智能技术与工业领域的机理、经验知识和应用深度融合，使工业系统具备自感知、自学习、自决策、自执行、自适应等智能特征。这一智能化的转变旨在提升产品研发、生产制造、经营管理、运维服务等全生命周期活动的智能水平，实现更高效、更灵活、更智能的工业制造。工业人工智能的关键挑战在于工业系统的复杂性，涵盖了零部件级、单元设备级、产线车间级、企业级、产业链级等多个层面，以及多学科领域的科学机理和专家经验知识。因此，工业人工智能需要不断探索如何将新一代人工智能与工业领域问题深度融合，以应对这些多维度的挑战。近年来，以深度学习为代表的数据驱动工业人工智能成为工业人工智能领域的热点研究方向。深度学习技术被广泛应用于处理工业问题中的机理复杂但又机理不清的情况，如产线故障诊断、复杂产品质检、工业部件寿命预测等。例如，北京航空航天大学提出了适用于工业互联网跨域异质耦合数据的"宽度-深度-序列"融合学习模型和工业低质数据精准表征学习模型等，并将这些模型应用于复杂工业系统质量预测。同时，由于工业领域存在小样本数据和相似应用场景，迁移学习也成为实现工业智能自适应的有效手段。另外，知识图谱等知识工程技术被应用于解决工业问题中的影响因素和关联关系繁多但机理相对简单的情况，如产品跨阶段协同优化设计和供应链风险管控等。工业人工智能技术的广泛应用已经成为提高制造业竞争力和实现智能制造的关键因素之一。它不仅可以提高生产效率、降低成本、提高产品质量和服务水平，还在不断演进和创新。智能机器人、智能工厂、智能供应链等方面的应用都在不断推动着工业制造的进化，使制造企业能够更好地适应市场需求和应对不断变化的环境。通过这些技术的应用，工业企业将迎来更高效、更灵活和更具竞争力的生产和服务模式，同时也推动整个产业链的智能化升级。这一新发展不仅在技术上推动了工业人工智能的快速发展，也为中国制造业在全球竞争中赢得更多机遇打下坚实基础。

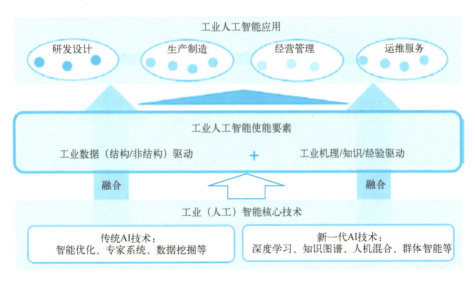

图 1-1　工业人工智能

数据驱动的 AI 技术在工业人工智能领域的崛起，确实已经成为新一代智能制造的核心驱动引擎，对各个方面都产生了深远的影响。在产品研发方面，大数据分析为企业提供了宝贵的市场洞察。通过深入挖掘大数据，企业可以更好地理解市场趋势、消费者需求和竞争对手的动态。这种洞察有助于优化产品设计、功能开发以及定价策略，从而提高产品的市场竞争力。例如，汽车制造商可以分析大数据来确定消费者对新技术、安全性能和燃油效率的偏好，以指导新车型的设计和定价。在生产制造方面，大数据应用带来了实时监测和智能化生产的新时代。企业可以利用大数据分析来监测生产线的运行状态，及时识别潜在问题，并预测设备的维护需求。这有助于减少生产中断，提高生产效率和产品质量。通过对生产过程中的数据进行分析，企业还可以实施持续改进措施，减少能源消耗，降低废品率，推动可持续制造。例如，工业设备制造商可以利用大数据来监测设备性能，实现精确的维护计划，提高设备可靠性。在经营管理方面，大数据分析提供了全新的决策支持工具。企业可以更好地了解供应链的运作情况，优化库存管理，降低成本，提高交付效率。同时，数据驱动的预测分析有助于企业进行市场预测和需求规划，更好地应对市场波动，使得供应链变得更加敏捷和高效。例如，零售商可以利用大数据来预测季节性销售高峰，以便准备足够的库存和制定促销策略。在运维服务方面，大数据分析实现了设备的远程监控和预测性维护。企业可以通过分析设备运行数据来实时监控设备的状态，并预测可能的故障。这有助于减少设备故障带来的停机时间，提高设备的可靠性和稳定性。同时，通过优化维护计划，企业还可以降低维护成本，延长设备的使用寿命。例如，风电场可以利用大数据来监测风机的性能，提前发现问题并制定维护计划。总之，工业大数据的充分挖掘和应用对于工业智能制造的各个领域都具有巨大的潜力。它可以提升工业生产的效率、质量和可持续性，使企业更具竞争力。因此，数据驱动的AI技术已经成为工业界追求创新和发展的不可或缺的利器，将继续在未来塑造工业制造的面貌。

以深度学习和知识图谱为代表的工业人工智能技术的崛起标志着智能制造的前沿发展，但在实践中，机器的自主智能水平仍然面临挑战，特别是在半自动化的工业应用中，人类因素的重要性不容忽视。因此，近年来，"数据驱动+知识图谱+人机混合增强智能"这一新的融合范式成为解决工业实际问题的关键技术支持。在工业领域，机器生成的结果往往需要人类的审查和干预，因为复杂的生产环境和不确定性因素使得机器难以准确反映实际生产状况。例如，在工厂的生产调度中，机器虽然能够进行高效的计算，但难以应对突发情况和人类经验的综合考量。因此，将人的认知模型和经验融入人工智能系统，实现人机协同解决问题，已经成为工业人工智能领域的重要趋势。这种融合能力有助于提高生产决策的准确性和实时性，降低生产风险，从而增强工业制造的稳定性和可靠性。另一个引人关注的技术是群体智能在工业领域的应用。这种方法将智能体引入工业企业的人、机器和物联网空间，创造了一种智能化的工作环境。在这个环境中，个体智能体可以自主感知、自主学习、自主决策和自主执行任务，同时，它们也可以实现群体的自组织和智能协同。例如，在一个智能工厂中，机器人、传感器和生产工人可以共同合作，根据实时数据进行智能调度和生产优化，从而提高生产效率和质量。深度学习和知识图谱等工业人工智能技术是不可或缺的，但在实际应用中，需要综合考虑多种因素。数据驱动、知识图谱和人机混合增强智能等新技术的结合，使工业企业能够更好地应对复杂的生产环境和市场需求。这种综合方法不仅提高了生产效率，还增强了工业企业的适应性和创新能力，推动着工业智能化的进一步发展，为未来的智能制造发展打下了坚实的基础。

第 2 章

基础理论知识

以深度学习为代表的数据驱动的工业人工智能已成为智能制造的核心技术。基于此，本章对工业 AI 模型的建模流程和工业应用中常用的深度学习技术做简要的介绍。

2.1 工业 AI 模型应用流程概述

从工业数据处理和应用的角度出发，工业数据生命周期主要包含预处理、建模、分析应用三大关键环节，如图 2-1 所示。

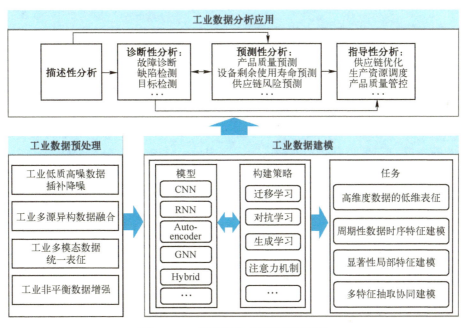

图 2-1 工业数据生命周期关键环节

工业数据预处理：对于采集到的初始工业数据，第一个关键环节是通过自适应的预处理方法对其规范化表征，并且为后续智能化的数据分析模型提供有效的高质量数据输入。工业数据通常具有低质高噪、多源、多模态、不均衡等特点，因此在预处理阶段需要对低质高噪的工业数据进行插补降噪处理，需要对其进行多源融合表征，并将潜藏于复杂结构工业数据中的信息通过结构简单的数据模式进行统一表达。传统的数据预处理与融合表征通常是利用先验的行业知识进行人工处理的，这显然是低效的，并且不完备的先验知识很可能导致信息的丢失。基于深度学习的工业数据预处理技术，将跨域异构、低质高噪的工业数据自适应智能化地表征为易于被数据分析模型处理的模式，以便于其隐藏的工业知识能够被数据分析模型有效挖掘。同时，对于非均衡数据样本，如小样本或样本缺失问题，还需进行智能化的数据样本增强处理。

工业数据建模：在工业数据预处理环节之后，第二个关键环节是提取核心特征并构建工业数据模型。工业数据的各种核心特征提取与建模，涉及工业高维度数据的低维表征、周期性数据时序特征建模、显著性局部特征建模、多特征抽取协同建模等，为后续分析应用提供智能化模型。

工业数据分析应用：在建立智能化的工业数据模型基础上，第三个关键环节是面向领域的工业数据分析应用。其主要面向工业制造中各类实际应用问题构建具体分析应用模型，从工业数据中探索模式与规律，并主要提供以下四类工业智能应用：描述性分析、诊断性分析、预测性分析及指导性分析。具体而言，涉及故障诊断、缺陷检测、目标检测、产品质量预测、设备剩余使用寿命（RUL）预测、供应链风险预测、生产资源调度、产品质量管控、供应链优化等各类具体工业智能应用。

2.2 常用深度学习技术

2.2.1 卷积神经网络

卷积神经网络（CNN）是各种深度学习方法中被广泛研究的技术之一。由于 CNN 在捕获数据的局部特征和良好的泛化方面具有较好的性能，可以有效地应用于时间序列类拓扑数据和图像数据，CNN 在图像处理、自然语言处理、音频处理、机器人控制等各个领域都展现出了惊人的表现。CNN 也是在物联网问题中应用最广泛的方法之一。

一个典型的 CNN 由三层组成：卷积层、池化层和激活层，如图 2-2 所示。在卷积层中，以二维卷积为例，卷积核以滑动的形式遍历输入数据，输出的每个元素都是输入数据的每个位置与卷积核之间的内积，即

$$O_{i,j} = \bm{K} * \bm{I} = \sum_{m=-s}^{s} \sum_{n=-s}^{s} K_{m,n} * I_{i+m,j+n} \tag{2-1}$$

式中，$\bm{I}$、$\bm{O}$ 和 $\bm{K}$ 为输入、输出和卷积核。

一般情况下，经过卷积操作后，卷积层的输出通过激活函数进行映射，得到数据的复杂非线性表示。在此之后，利用池化层进行降采样，以减少参数量，提高对失真的鲁棒性。网络的性能取决于网络的深度、宽度和感知场的大小等属性。一般来说，"卷积激活-池"的组合以叠加和并行的形式重复多次，以深入表征数据的内在机制。近年来，对 CNN 的研究

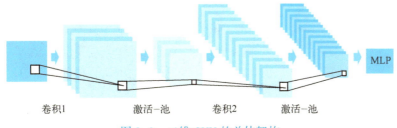

图 2-2 二维 CNN 的总体架构

一直很持久,并提出了具有优异性能的 CNN 网络,如 ResNet、VggNet 和 EfficientNet。基于 CNN 的工业物联网大数据分析方法也是学者们的主要研究领域之一。例如,Yu 等人提出了一种基于广义卷积神经网络(BCNN)的故障识别模型;Gao 等人提出了一种基于图像分割和深度卷积神经网络(DCNN)的视觉测量框架,用于光纤识别。

2.2.2 循环神经网络

循环神经网络(RNN)用有向图对序列数据进行建模,其基本架构如图 2-3a 所示,输入的每个时间步长都有对应的隐层和输出。RNN 是自然语言处理领域中最突出的研究工具(如机器翻译、文本生成、情绪分析等),并且在视频处理和生物医学等领域也有广泛的应用。RNN 是工业人工智能中应用最广泛的神经网络模型之一,因为它非常适合于捕获工业物联网时间序列数据的内在信息。RNN 隐层中每个序列的状态更新可以表示为

$$h_t = f(h_{t-1}, X_t; \theta) \tag{2-2}$$

式中,h_t 和 X_t 为当前状态的隐层和输入层;h_{t-1} 为前一状态的隐层;θ 表示网络参数。

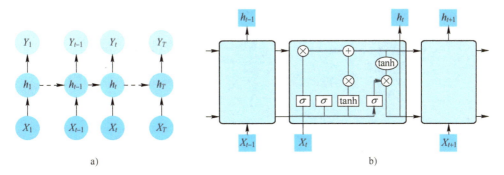

图 2-3 循环神经网络结构
a) RNN 的一般结构 b) LSTM 的结构

由于传统的 RNN 难以维持长期记忆,导致多阶段信息传导的梯度消失或爆炸,这被称为长时依赖,使得传统的 RNN 逐渐无法满足日益复杂的应用的需求。然而,这种建模的想法仍然具有启发性。为了解决长期依赖的问题,人们提出了以 LSTM(Long Short Term Memory,结构如图 2-3b 所示)和 GRU(Gated Recurrent Unit)为代表的各种变体表示的 RNN。在这些变体的递归神经网络中添加了一种门控机制,保存和丢弃长期记忆信息,以有效地保留隐藏状态中长时间跨度的依赖性。该机制在解决长期依赖问题的同时,提高了模型对噪声和数据缺失的鲁棒性。LSTM 各状态的公式可以表示为

$$f_t = \sigma(W_f[h_{t-1}, x_t] + b_f) \tag{2-3}$$

$$i_t = \sigma(W_i[h_{t-1}, x_t] + b_i) \quad (2\text{-}4)$$
$$\overline{C_t} = \tanh(W_g[h_{t-1}, x_t] + b_g) \quad (2\text{-}5)$$
$$o_t = \sigma(W_o[h_{t-1}, x_t] + b_o) \quad (2\text{-}6)$$
$$C_t = f_t C_{t-1} + i_t \overline{C_t} \quad (2\text{-}7)$$
$$h_t = o_t \tanh(C_t) \quad (2\text{-}8)$$

式中，f_t 表示遗忘门输出；i_t 表示输入门输出；o_t 表示输出门输出；h_t 表示 t 时刻隐层输出；x_t 表示时间 t 的输入；W 表示连接权重参数；b 表示偏移参数；C_t 表示中间变量，它与输入门结果相乘并发送到状态空间。

RNN 类的神经网络由于极其适用于挖掘工业物联网数据的内在特征，因此成为工业人工智能应用最广泛的神经网络模型之一。例如，Zhou 等人提出了一种变分长短期记忆（VLSTM）神经网络，用于工业物联网中的异常检测；Liu 等人提出了一种基于 LSTM 和高斯过程回归（LSTM+GPR）融合的、预测有效的未来容量和剩余可用寿命的方法。

2.2.3 自动编码器

自动编码器（Autoencoder，AE）作为一个无监督的神经网络模型，允许捕获数据的隐式特征，而不标记信息。该自动编码器包含编码器和解码器两部分，如图 2-4 所示，分别用于提取数据的显著特征和重构原始输入数据。声发射的概念是，通过解码器尽可能多地重构输入数据，它允许编码器获得原始数据的更充分的表示。AE 的公式可以表示为

$$\boldsymbol{H} = \text{Encoder}(\boldsymbol{I}) = f^e(\boldsymbol{I}; \theta_e) \quad (2\text{-}9)$$
$$\boldsymbol{O} = \text{Decoder}(\boldsymbol{H}) = f^d(\boldsymbol{H}; \theta_d) \quad (2\text{-}10)$$

式中，$\boldsymbol{I}$、$\boldsymbol{H}$、$\boldsymbol{O}$ 为输入数据、潜在表征和重构数据；f^e、f^d 表示编码器和解码器层的函数。

图 2-4 AE 的基本结构

与其他深度学习模型相比，该自动编码器的模块化结构特性使其更具可解释性，还可以堆叠多层的自动编码器，即堆叠的自动编码器，以提取更深层次的隐藏信息。此外，还有许多自动编码器的变体，如稀疏自动编码器、变分自动编码器、去噪自动编码器等。

目前，自动编码器是工业数据智能分析领域非常常用的模型。例如，Yuan 等人提出了一种基于堆叠质量驱动的自编码器（SQAE）的质量依赖特征表示方法，用于产品质量预测；Liu 等人提出了一种基于堆叠稀疏去噪自动编码器（SSDAE）的端到端复杂工业过程故障识别方案。

2.2.4 受限玻尔兹曼机

受限玻尔兹曼机（Restricted Boltzmann Machine，RBM）是另一种广泛应用于工业物联网的深度学习方法。RBM 可以看作是一个由隐层和可见层组成的无向概率图模型，如图 2-5 所示。在 RBM 中，神经元在不同的层之间有连接，但在同一层中的神经元之间没有连接，即

"受限"。RBM 的能量函数可以表示形式如下：

$$E(\boldsymbol{x},\boldsymbol{h}) = -\boldsymbol{h}^{\mathrm{T}}\boldsymbol{W}\boldsymbol{x} - \boldsymbol{c}^{\mathrm{T}}\boldsymbol{x} - \boldsymbol{b}^{\mathrm{T}}\boldsymbol{h} \quad (2-11)$$

$$p(\boldsymbol{x},\boldsymbol{h}) = \exp(-E(\boldsymbol{x},\boldsymbol{h}))/Z \quad (2-12)$$

式中，$\boldsymbol{x}$ 为网络的输入向量；$\boldsymbol{h}$ 为网络的隐藏向量；$E(\boldsymbol{x},\boldsymbol{h})$ 为网络的能量。通常用 $p(\boldsymbol{x},\boldsymbol{h})$ 表示数据的联合概率分布。RBM 的损失函数是使以下值最小：

$$\frac{1}{T}\sum_{t} l(f(x^{(t)})) = \frac{1}{T}\sum_{t}(-\log P(x^{(t)})) \quad (2-13)$$

RBM 具有良好的泛化和映射能力，可以近似任何连续函数来解决许多复杂问题，降低维数，从而对模型进行预训练。

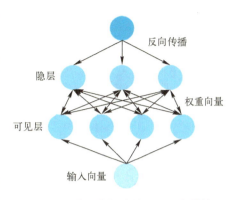

图 2-5 受限玻尔兹曼机的基本结构

RBM 的目标是使可见层的输出尽可能地简化到原始输入，这样隐层就可以被视为可见层的替代表示。通过这种方法，RBM 适应于从训练数据集检索基本特征，并避免了局部极小值的问题。

扩展到通用的 RBM，包括深度信念网络（DBN）和深度玻尔兹曼机（DBM）。DBN 的顶部两层是无向连接，所有其他层都是有向连接。DBN 有多个隐层和相邻层中相互连接的隐藏单元。DBN 的训练采用分层预训练，然后用收缩阈值算法进行微调。而 DBM 是一个具有多层的无向图形模型，其中隐层单元被聚合到一个更深的层结构中。相比之下，DBM 可以同时进行训练，并且具有较高的稳定性；而 DBN 的计算复杂度较低。

RBM 技术对于工业物联网时序数据分析具有很高应用价值，其效率和准确性大大提高了后者在生产、操作安全和整体系统可靠性。例如，Xing 等人提出了 DBN 的一个变体——分布不变的 DBN（DIDBN），用于机械的故障诊断；Zhang 等人将 DBN 和 LSTM 相结合，提出了一种电力工业控制流量的数据分割异常检测系统。

2.2.5 基于注意力机制的神经网络

注意力机制（Attention Mechanism）使模型将其计算资源集中在更重要的信息上。近年来，由于 Transformer 神经网络的注意力机制及其优越的性能，注意力机制已成为深度学习领域的热门话题，受到学者的广泛关注。这种性能优越的神经网络在深度学习中受到各种研究领域的重视，如计算机视觉、自然语言处理、推荐系统等。注意力机制的一般体系结构如图 2-6a 所示，其公式可表示为

$$\mathrm{Attention}(\boldsymbol{Q},\boldsymbol{K},\boldsymbol{V}) = \mathrm{softmax}\left(\frac{\boldsymbol{Q}\boldsymbol{K}^{\mathrm{T}}}{\sqrt{d_{\mathrm{model}}}}\right)\boldsymbol{V} \quad (2-14)$$

通常，多重注意用于处理一个样本中的各种序列，即多头注意，如图 2-6b 所示，这已被证明优于单头注意。

基于注意力机制的神经网络已逐渐成为近年来学术界研究中解决信息物联网相关问题的最热门的研究对象。例如，Dong 等人提出了一种金字塔特征融合和全局上下文注意网络（PGA-Net）来进行表面缺陷检测；Geng 等人提出了一种基于门控卷积神经网络的 Transformer（GCT）的软传感器建模方法。

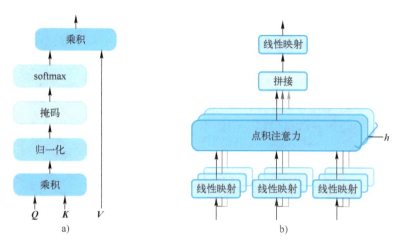

图 2-6 注意力机制的神经网络
a) 注意力机制的一般架构 b) 多头注意力的总体架构

2.2.6 图神经网络

在工业物联网中,工业数据通常以图的形式表示。由于图数据的复杂性,现有的深度学习方法难以有效地处理。图神经网络(Graph Neural Network,GNN)可以从非欧几里得空间中获取工业数据的关联特征信息,并用于获取数据特征之间的相关性知识。GNN 的目标是学习每个邻居信息的状态嵌入向量 h_v,每一个节点都有一个 s 维的词向量,可以用来产生类似节点标记的输出。如果用 f 表示参数函数,也被称作本地转移函数,这个函数被所有的节点所共享,并且根据输入邻居的信息更新节点的状态,并且用 g 表示本地输出函数。另外,x_v、$x_{co[v]}$、$h_{ne[v]}$、$x_{ne[v]}$ 分别是节点 v 的特征向量、边的节点向量、状态的特征向量,以及 v 领域中节点的特征向量,则可以得到状态特征向量和节点输出向量如下:

$$h_v = f(x_v, x_{co[v]}, h_{ne[v]}, x_{ne[v]}) \tag{2-15}$$

$$o_v = g(h_v, x_v) \tag{2-16}$$

使用 H、O、X 和 X_N 为之前定义的状态、输出、特征和节点特征的叠加形式,F 是全局转移函数,G 是全局输出函数,那么可以得到基本定义的紧凑形式:

$$H = F(H, X) \tag{2-17}$$

$$O = G(H, X_N) \tag{2-18}$$

GNN 的网络计算有一个经典的更新公式,可表示为

$$H_{t+1} = F(H_t, X) \tag{2-19}$$

图神经网络广泛应用于多机器人协调等领域。例如,Zhou 等人提出了一种变分图循环注意神经网络(VGRAN),用于鲁棒流量预测;Chen 等人利用结构分析方法进行故障预诊断,获得故障关联图,并利用图卷积网络构建故障诊断模型。

第 3 章

工业时间序列信息表征建模方法

由于工业物联网大数据具有数据量大、数据维数高、干扰噪声大、映射关系复杂等特点，信号处理方法、统计学方法甚至传统的机器学习方法都无法充分捕捉到数据不同特征之间的隐含关系。深度学习技术的发展，对复杂数据的分析能力大大提高，深度学习方法越来越多地应用于工业数据预测问题。深度学习技术可以挖掘出更深层次的信息，从而显著提高预测精度。近年来，基于深度学习的工业数据分析、预测方法已受到越来越多的关注。基于此，本章主要介绍工业时间序列信息表征建模方法，通过针对工业时序设计不同的网络结构实现对信息的充分表征。

3.1 概述

工业时序数据由于来自于不同的传感器，且差异性较强，往往拥有多通道、多尺度、多层次、时空耦合的特性。针对工业时序数据的多通道信息表征问题，存在三个重要的问题需要改进：①难以处理工业时间序列中的长距离时间关系，特别是对于多通道时间序列。目前，绝大多数用于工业时序的深度学习方法均基于卷积神经网络（CNN）、递归神经网络（RNN）及其变体和混合网络。然而传统的 CNN 和 RNN 都不能直接连接远处的位置来提取序列之间的复杂时间关系。为了提取工业时间序列中所有必要的长距离时间关系，CNN 和 RNN 需要更复杂的结构，如多尺度处理和高隐藏维度设置，但这样使得整体模型效率较低。②不同通道数据对最终预测的贡献不同，但目前的方法大多对它们一视同仁，降低了预测网络的表示能力。③在实际应用中，与早期预测相比，延迟预测更容易导致风险。然而，均方误差（MSE）不能区分对待早期预测和延迟预测，导致延迟预测带来的高风险没有得到很好的控制。因此需要设计更高效、更准确的多通道信息表征建模方法。

工业多尺度信息表征大多通过提取不同尺度的特征进行集成学习来实现。虽然集成学习方法可以有效地解决上述问题，但是集成学习方法通常基于相同的数据训练多个模型，并对每个模型设置不同的权重，最后进行加权求和。当模型发生变化时，必须重新设计相应的模型权重。同时，CNN 和 RNN 模型的参数通常很大，使得模型训练困难，且容易过拟合。因此需要针对性地设计更高效的多尺度信息表征建模方法。

工业时序多层次信息表征一般通过模型驱动方法与数据驱动方法来实现。模型驱动方法往往建立状态空间模型来进行工业时序预测，该方法依赖于专家经验，且随着场景变化泛化性能较低。数据驱动方法结合样本熵、贝叶斯预测、局部滤波等机器学习方法，从数据中学习所需的时序特性，该类方法只关注时序特定层次的信息，对于不同层次的时序属性学习能力较为有限。因此需要设计更有效的多层次信息表征建模方法。

针对工业时序时空耦合信息表征问题，主要挑战包括：①由于设备状况数据的复杂性，原始的传感器数据不足以描述数据的空间相关性。②在大多数工作中，从编码器中学习到的特征通常在时序预测时被同等对待，缺乏一个有效的关键特征选择机制。③大多数方法提取单一的时间或空间特征来进行工业时序预测。然而，对于复杂的工业设备，时间特征代表了时间依赖性，而空间特征则包含了不同空间的分布情况，有效整合两类信息是至关重要的。因此需要设计更有效的时空耦合信息表征建模方法。

本章针对工业时序多通道属性，构建了多通道时序注意力网络，用于高精度的时序预测；针对工业时序多尺度特性，构建了多尺度密集门控循环单元网络；针对工业时序多层次属性，构建了基于多网络融合的表征建模方法；针对工业时序时空耦合信息，构建了基于时间-注意力-空间特征的混合网络结构表征方法。

3.2 工业时序多通道信息表征建模方法

本节针对工业时序多通道信息表征问题，提出了一种基于多通道时序注意力网络的高精度预测方法，引入了能够避免时序信息丢失的同时衡量每个通道数据贡献的通道注意力机制，以及引入了对自注意力机制改进的局部注意力机制，进一步提高了时序数据中潜在特征提取的精度和效率。

3.2.1 多通道时序注意力网络

多通道时序注意力网络 MCTAN（Multi-Channel Temporal Attention-based Network）一方面通过通道注意力机制在避免沿时间尺度信息丢失的同时计算各个通道数据的权重，并依据权重对各通道数据进行放缩，另一方面通过对自注意力机制改进的多头局部注意力机制将序列中任意位置与其各个局部视野相连，从而直接高效地提取序列中潜在的长时序依赖关系，减少计算量。多通道时序注意力网络结构如图 3-1 所示，MCTAN 包含通道注意力机制、时间序列嵌入、多层局部注意力编码器及最终映射层。接下来首先介绍对自注意力机制改进的多头局部注意力机制，随后详细说明多通道时序注意力网络的结构设计，假设多通道时序注意力网络的输入为 $X = [X_0, X_1, \cdots, X_{n-1}]^T \in \mathbf{R}^{n \times k}$。

1. 多头局部注意力机制

在第 2 章中提到的自注意力机制计算过程中，对于序列中每一个元素，都要计算其与序列中其他任意元素的相关性，从而得出加权权重。在提出自注意力机制的自然语言处理领域中，词与词之间的词向量差别很大，因此在计算过程中需要细化计算的颗粒度，对于输入文本序列中的每一个词，都要计算其与序列中其他词的相关性，从而得出加权权重。而在工业时序预测中，相比于文本序列，工业时序序列更加具有连续性，序列中各元素之间的差别远

第 3 章　工业时间序列信息表征建模方法

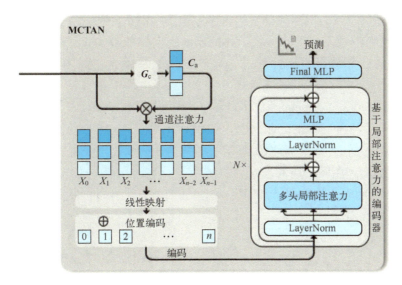

图 3-1　多通道时序注意力网络结构

小于词与词之间的差别。因此在面向工业时序数据应用自注意力机制时，可适当放宽计算的颗粒度，如对于序列中每一个元素，计算其与序列中各个局部视野范围的相关性，从而得出加权权重，如图 3-2 所示，其中多头局部注意力机制中的局部视野是通过对输入序列进行一维步长卷积处理得到的。

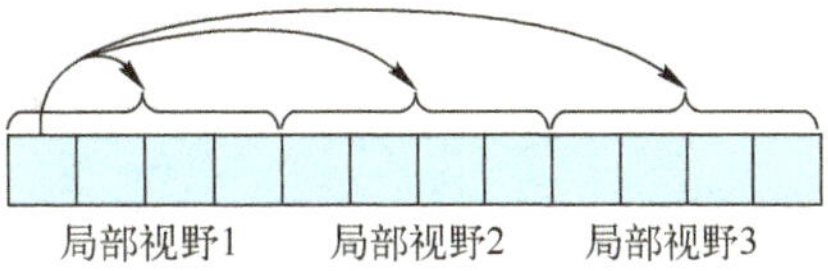

多头局部注意力机制以点积注意力计算为基础，通过点积注意力计算查询序列与其相应的各个局部视野之间的得分，而不是与其任意位置或元素的得分。单头局部注意力公式如下：

图 3-2　局部注意力示意图
（计算首位元素与其序列中各个局部视野范围的相关性）

$$\text{Attention}(\boldsymbol{Q}, \text{Conv1d}(\boldsymbol{K}), \text{Conv1d}(\boldsymbol{V})) = \text{softmax}\left(\frac{\boldsymbol{Q}\text{Conv1d}(\boldsymbol{K})^{\text{T}}}{\sqrt{d_{\text{model}}}}\right)\text{Conv1d}(\boldsymbol{V}) \quad (3-1)$$

首先将查询序列向量 $\boldsymbol{Q}$、键序列向量 $\boldsymbol{K}$ 和值序列向量 $\boldsymbol{V}$ 设定为同一输入序列向量，$\boldsymbol{Q}$，$\boldsymbol{K}, \boldsymbol{V} \in \mathbf{R}^{n \times d_{\text{model}}}$，随后利用一维卷积 Conv1d 对键序列向量 $\boldsymbol{K}$ 和值序列向量 $\boldsymbol{V}$ 进行处理。在一维卷积 Conv1d 中，令卷积核大小 c_k 与卷积步长 c_s 数值相等，卷积核的数量 n_c 设定为 d_{model}。为了使一维卷积 Conv1d 的输出序列长度为 $\lceil n/c_s \rceil$，卷积填充的数量由下式确定：

$$\text{Padding} = \begin{cases} \lceil n/c_s \rceil c_s - n, & \lceil n/c_s \rceil c_s > n \\ 0, & \lceil n/c_s \rceil c_s = n \end{cases} \quad (3-2)$$

经过一维卷积 Conv1d 处理后得到的键序列向量 Conv1d($\boldsymbol{K}$) 和值序列向量 Con1d($\boldsymbol{V}$) 包含其局部视野信息，其长度会由 n 会减少至 $\lceil n/c_s \rceil$。随后计算键向量各个局部视野相对于查询向量 $\boldsymbol{Q}$ 中任意一个元素的得分，获得查询向量任意一个元素与键向量各个局部视野之间的关系，并且结果除以缩放因子 $\sqrt{d_{\text{model}}}$ 来使在训练中获得稳定的梯度。随后，利用 softmax 函数来归一化得分并获得值向量对应的注意力矩阵。最终注意力矩阵与值向量相乘得到注意力计算结果。不同于自注意力机制，局部注意力机制使点积注意力在计算过程中集中于序列与其局部视野之间，而不是序列与其任意位置，如图 3-3 所示。

同样为了使局部注意力网络能够从输入序列中以不同角度学习更多的信息，用不同的映射矩阵 W^Q 与一维卷积 Conv1d^K、Conv1d^V 将原始的查询向量 Q、键向量 K 和值向量 V 映射 h 次，并将这 h 次的计算结果拼接并通过矩阵映射至最终输出，如图 3-4 所示，计算公式如下：

$$\text{MultiHeadLocalAttention}(Q,K,V) = \text{Concat}(\text{head}_1, \text{head}_2, \cdots, \text{head}_h)W^O \quad (3\text{-}3)$$

$$\text{head}_i = \text{Attention}(QW_i^Q, \text{Conv1d}_i^K(K), \text{Conv1d}_i^V(V)) \quad (3\text{-}4)$$

式中，$W^O \in \mathbf{R}^{hd_h \times d_{\text{model}}}$ 和 $W_i^Q \in \mathbf{R}^{d_{\text{model}} \times d_h}$ 为可学习的线性矩阵；h 为注意力机制头的数量；d_h 为线性映射的隐藏维度。在多头局部注意力机制中，一维卷积 $\text{Conv1d}_i^K(K)$、$\text{Conv1d}_i^V(V)$ 的卷积核的数量 n_c 设定为 d_h，放缩因子和隐藏维度 d_h 都设为 d_{model}/h，以使总计算量与单头局部注意力机制的计算量相似。

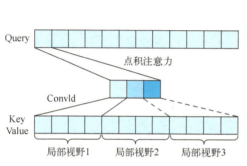

图 3-3 序列首位的局部注意力计算示意图

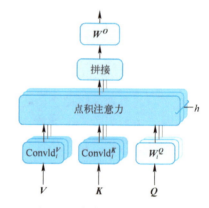

图 3-4 多头局部注意力机制

多头局部注意力机制的输入序列大小为 $\mathbf{R}^{n \times d_{\text{model}}}$，而输出序列的大小仍为 $\mathbf{R}^{n \times d_{\text{model}}}$。接下来将详细说明多通道时序注意力网络的结构设计。

2. 通道注意力

在 MCTAN 中，首先应用通道注意力机制来衡量不同通道的数据贡献，计算每一通道对应的归一化权重。为了避免由沿时间尺度进行的数据均值化引起的时序信息损失，在 MCTAN 的通道注意力机制中通过可学习权重 $W_P \in \mathbf{R}^{1 \times n}$ 来获得时序数据沿时间尺度上的各个通道特征。在 MCTAN 中通道注意力机制的总体是利用非线性映射 G_c 来获得归一化通道注意力权重 C_a：

$$C_a = G_c(T) = \text{softmax}(W_D \text{ReLU}(W_U(W_P X))), \quad C_a \in \mathbf{R}^k \quad (3\text{-}5)$$

式中，$W_P \in \mathbf{R}^{1 \times n}$ 是将时间序列 X 从向量空间 $\mathbf{R}^{n \times k}$ 映射至 $\mathbf{R}^k$ 的可学习矩阵权重；$W_U \in \mathbf{R}^{2k \times k}$ 是比例为 2 的通道上采样的可学习矩阵权重；$W_D \in \mathbf{R}^{k \times 2k}$ 是比例为 2 的通道下采样的可学习矩阵权重。最终利用归一化通道注意力权重 $C_a = [s_1, s_2, \cdots, s_k]$ 来放缩时间序列 T 的元素：

$$z_j^{i'} = z_j^i s_j, \quad j = 1, 2, \cdots, k \quad (3\text{-}6)$$

加权后的第 j 通道的时间序列 X_i 会更新为 $[z_1^{i'}, z_2^{i'}, \cdots, z_k^{i'}]$。

3. 时间序列嵌入

在通道注意力后，时间序列嵌入首先将加权后的时间序列 X 从维度 k 映射至高维度 d_{model}。随后，因为在局部注意力编码器中除了多头局部注意力机制都不包含卷积或循环结构，时间序列需要注入位置信息来充分利用序列顺序价值。位置嵌入信息拥有与上述线性映射相同的维度 d_{model}，因此位置嵌入信息能够直接相加至上述线性映射后的时间序列。在该节中，不同频率的正、余弦函数被用来进行位置信息嵌入：

$$\text{PE}_{(\text{pos}, 2i)} = \sin(\text{pos}/1000^{2i/d_{\text{model}}}) \tag{3-7}$$

$$\text{PE}_{(\text{pos}, 2i+1)} = \cos(\text{pos}/1000^{2i/d_{\text{model}}}) \tag{3-8}$$

式中，pos 代表序列位置；i 代表维度。嵌入后的时间序列 $\boldsymbol{X}_{\text{embed}} \in \boldsymbol{R}^{n \times d_{\text{model}}}$ 将会用作多层局部注意力编码器的输入。

4. 局部注意力编码器

多层局部注意力编码器以嵌入后的时间序列 $\boldsymbol{X}_{\text{embed}}$ 为输入，通过计算得到相应的输出 $\boldsymbol{Y} = [Y_0, Y_1, \cdots, Y_{n-1}]^{\text{T}}$，$Y_i \in \boldsymbol{R}^{d_{\text{model}}}$。局部注意力编码器输入与输出的长度都为 n，维度都为 d_{model}。每一层局部注意力编码器都包含两大子层：多头局部注意力机制模块和 MLP，如图 3-1 所示。在多头局部注意力机制模块中，将 $\boldsymbol{Q}$、$\boldsymbol{K}$、$\boldsymbol{V}$ 向量都设定为输入序列，随后进行局部注意力计算，得到与输入序列长度相等的输出序列。在多头自注意力机制后，每一个编码器包含一个 MLP，公式如下：

$$\text{MLP}_e(\boldsymbol{X}) = \text{ReLU}(\boldsymbol{X}\boldsymbol{W}_1)\boldsymbol{W}_2 \tag{3-9}$$

式中，$\boldsymbol{W}_1 \in \boldsymbol{R}^{d_{\text{model}} \times 2d_{\text{model}}}$ 和 $\boldsymbol{W}_2 \in \boldsymbol{R}^{2d_{\text{model}} \times d_{\text{model}}}$ 为线性变换矩阵。除此之外，在每层编码器中应用层归一化和跳过连接来优化网络性能，公式如下：

$$\boldsymbol{Y} = \boldsymbol{\Phi}(\text{LayerNorm}(\boldsymbol{X})) + \boldsymbol{X} \tag{3-10}$$

式中，$\boldsymbol{X}$ 和 $\boldsymbol{Y}$ 分别代表该子层的输入与输出；$\boldsymbol{\Phi}(\cdot)$ 代表子层的功能函数。

5. 最终映射层

在最终映射层，利用最终的 MLP 将最后一层的注意力编码器在标志位的输出 Y_{n-1} 进行计算并得到最终预测 $\hat{y}$，公式如下：

$$\hat{y} = \text{MLP}_f(Y_{n-1}) = \text{ReLU}(Y_n \boldsymbol{W}'_1) \boldsymbol{W}'_2 \tag{3-11}$$

式中，$\boldsymbol{W}'_1 \in \boldsymbol{R}^{d_{\text{model}} \times (d_{\text{model}}/2)}$ 和 $\boldsymbol{W}'_2 \in \boldsymbol{R}^{(d_{\text{model}}/2) \times 1}$ 为可学习的线性映射矩阵。

3.2.2 工业时序高精度预测方法

基于多通道时序注意力网络的工业时序高精度预测方法总体框架如图 3-5 所示，其中包含数据预处理和多通道时序注意力网络。接下来详细说明这两大模块。

1. 数据预处理

在该方法中，由多个智能传感器采集得到的时序数据被整合形成多通道时序数据，并进行数据预处理。数据预处理包含通道筛选、数据归一化、时间窗口内时序数据提取及标志位插入。首先移除不必要的通道数据，减少不必要信息的处理；随后剩余的通道数据会进行归一化，将数据范围放缩至统一的范围来减少不同通道数据量纲的影响；再通过滑动时间窗口提取时序数据来作为多通道时序注意力网络的输入；最后在每个从滑动时间窗口提取的时序数据的末尾插入标志位。多通道时序注意力网络在该标志位对应的输出将会是该时序输入的全局表征。

数据预处理在多通道时序注意力网络得到时序预测前十分重要。首先，并不是所有的通道数据都对最终预测有帮助。当某一通道的时间序列一直保持稳定时，有效的特征就无法从

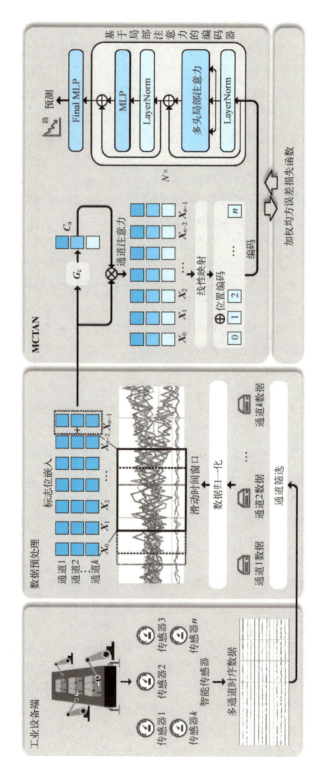

图 3-5 基于多通道时序注意力网络的工业时序高精度预测方法总体框架

中提取。因此，稳定的数据对应的通道会被移除，剩余的通道数据被用来进行预测。随后，不同通道的数据拥有不同量纲，这会增大网络训练的难度，因此归一化多通道时序数据十分必要。令时间表示为 $t = t_1, t_2, \cdots, t_n$，通道数量为 k，第 i 通道的时间序列数据为 $S_i = [s_i^{t_1}, s_i^{t_2}, \cdots, s_i^{t_n}]^T$，全部时间序列数据为 $S = [S_1, S_2, \cdots, S_k]$。利用极大-极小归一化方法对每一个通道的时间序列数据 S_i 进行归一化处理。

为了得到在时间 t 处的预测，使用滑动时间窗口对当前 t 时刻及先前相邻的多个时刻的数据进行提取，保证得到的当前预测不借助未来信息。令时间窗口大小为 T_w，在任意时刻滑动窗口提取的时间序列为 $X = [X_0, X_1, \cdots, X_{n-2}]^T$，$X \in \mathbf{R}^{(n-1) \times k}$，其中，$n = T_w + 1$，$X_i = [x_1^1, x_2^2, \cdots, x_k^i]$，$x_j^i$ 代表时间窗口内时间序列在第 j 通道、第 i 时间步长上的数值。最后将标志位 $X_{n-1} = [c, c, \cdots, c]$，$X_{n-1} \in \mathbf{R}^k$ 插入至由时间窗口提取的时间序列尾部，$c \in [0,1]$。在该节中，c 取 1。在每一时刻由时间窗口提取的时间序列 X 会更新为 $[X_0, X_1, \cdots, X_{n-1}]^T \in \mathbf{R}^{n \times k}$，该更新后的时间序列 X 用作预测的双向输入特征。因为在每一个通道尾部插入了相同数值的标志位，因此标志位对应的最终输出能够用作时间序列 X 的全局表示。

2. 多通道时序注意力网络

多通道时序注意力网络能够衡量各通道对最终预测的贡献，并通过多层局部注意力编码器和最终的多层感知器获得时序预测。以预处理后的时序特征 $[X_0, X_1, \cdots, X_{n-1}] \in \mathbf{R}^{n \times k}$ 为输入，多通道时序注意力网络利用通道注意力机制来衡量不同通道的数据贡献并将数据元素重新放缩。随后将放缩后的时间序列线性映射至高维，并注入位置信息以充分利用序列顺序信息。最后将由多层局部注意力编码器在标志位对应计算的输出映射为最终预测。根据在不同计算资源下的多通道时序注意力网络真实的推理速度可选择性地将其置放于边缘端或云端。

3.3 工业时序多尺度信息表征建模方法

为解决工业时序多尺度信息表征问题，本节提出了一种新型深度学习网络——多尺度密集门控循环单元（Multi-scale Dense Gate Recurrent Unit，MDGRU）网络，该网络由预先训练的受限玻尔兹曼机（RBM）网络初始化的特征层、多尺度层、残差 GRU 层及集成学习层组成。通过添加多尺度层和集成学习层，该网络可以捕获序列特征，集成不同时间尺度的注意信息。同时，它是一个将特征提取方法和分析模型相结合的端到端网络，只需要对 RBM 模型进行预训练，使其更便于应用，并且所提出的 MDGRU 网络能够实现更高的精度。

3.3.1 多尺度密集门控循环单元网络

针对工业时序数据的局部相关性与序列一致性，提出一种新的 GRU 网络结构——MDGRU 结构，该结构通过多尺度层，对提取的特征指标进行不同尺度时间维度的特征重构，将多尺度层的输出输入残差 GRU 层，训练相应的残差 GRU 神经网络参数，最后将特征输入集成学习层，经过深度学习训练，获得训练好的 MDGRU 网络。MDGRU 网络结构图如图 3-6 所示。

在 MDGRU 网络中，特征层是两层神经网络。其初始参数来自 RBM 训练模型。除特征层外，MDGRU 的其他参数随机初始化。多尺度层接收特征层输出，选择不同的时间尺度信息给由残差 GRU 层组成的多个模型，学习时间序列信息。由残差 GRU 层组成的多个模型的

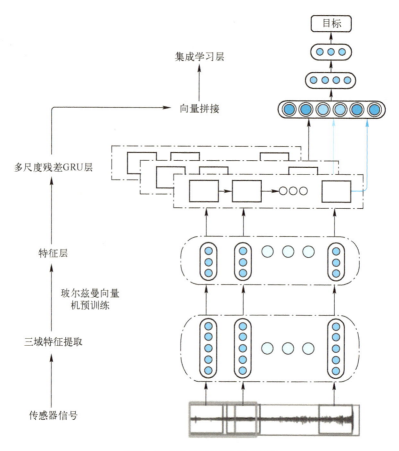

图 3-6 MDGRU 网络结构图

输出连接成一个输出。密集的层接收一个输出，最后输出剩余的使用寿命。

1. 特征层

一方面，少量的特征可能会丢失重要信息；另一方面，过多的特征作为输入会导致网络模型变大，可能造成时间的浪费。首先提取足够的三域特征，然后利用 RBM 网络对三域特征进行降维。此外，RBM 算法仅为特征层提供初始参数，因此即使 RBM 模型训练不好，网络也较健壮。

2. 多尺度层

词嵌入是将词或短语映射到特定数字向量的方法，在自然语言处理（NLP）中得到了广泛的应用，并且有许多不同的嵌入方法来实现嵌入函数。在工业现场监控指标区域，为了满足 GRU 网络输入的要求，采用多尺度层将特征编码为向量，以防止特征信息的丢失。基本公式如下：

$$\boldsymbol{D}(a,n,:)=x(t_{ai}:t_{aj}) \tag{3-12}$$

式中，

$$t_{ai}=a \cdot \text{scale} \tag{3-13}$$

$$t_{aj}=t_{ai}+\text{scale} \tag{3-14}$$

其中，$a=0,1,\cdots,m$；$\boldsymbol{D} \in \mathbf{R}^{a \times n \times d}$ 是一个矩阵，作为特征层的输出，n 为步长；d 为信号特征

的长度。没有一个准确的方法来确定比例的值。缩放值通常根据模型的数据大小和特征的尺寸来确定。

3. 残差 GRU 层

传统的神经网络方法一般建立输入层值 x_i 和输出层值 y_i 的网络映射,而序列神经网络建立的是输入 $x_{i-t}, \cdots, x_i$ 和输出 y_i 的函数关系。当给定输入 x_t 和输出 o_t 时,在时刻 t 的隐层状态 h_t 由当前时刻的状态与前面时刻的状态一起决定。相应的变量关系如下:

$$z_t^h = W_{ih} x_t + W_{hh} h_{t-1} + b_h \tag{3-15}$$

$$h_t = f_h(z_t^h) \tag{3-16}$$

$$z_t^o = W_{ho} h_t + b_o \tag{3-17}$$

$$o_t = f_o(z_t^o) \tag{3-18}$$

上述结构随着序列的长度增加而产生梯度消失的问题,为了解决该长时依赖问题,门控神经网络被提出。门控神经网络通过引入更新门(Update Gate)和重置门(Reset Gate)来解决长时依赖的问题,如图 3-7 所示。更新门代表更新隐层状态 h_{t-1} 的程度,更新门 z_t 公式为

$$z_t = \text{sigmoid}(W_{xz} x_t + W_{hz} h_{t-1} + b_z) \tag{3-19}$$

式中,h_{t-1} 代表 $t-1$ 时刻的隐层状态。重置门 r_t 代表着遗忘之前隐层信息 h_{t-1} 的程度,基本公式如下:

$$r_t = \text{sigmoid}(W_{xr} x_t + W_{hr} h_{t-1} + b_r) \tag{3-20}$$

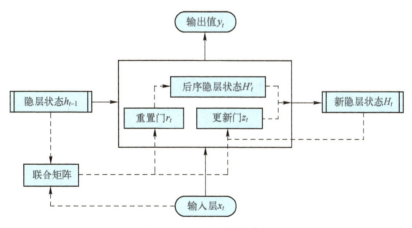

图 3-7 GRU 网络结构图

在得到更新门 z_t 和重置门 r_t 后,隐层状态 h_t 可通过如下转换得到:

$$\widetilde{h}_t = \tanh(W_{xh} x_t + U(r_t \odot h_{t-1})) \tag{3-21}$$

$$h_t = (1-z_t) \odot h_{t-1} + z_t \odot \widetilde{h}_t \tag{3-22}$$

式中,$\odot$ 代表元素对应相乘。最后的输出值 y_t 通过下面公式计算:

$$y_t = \text{sigmoid}(W_{ho} h_t + b_h) \tag{3-23}$$

式中,sigmoid 函数含义为

$$\text{sigmoid}(x) = 1/(1+e^{-x}) \tag{3-24}$$

Dropout:RNN 中 Dropout 的方程为

$$\begin{pmatrix} i \\ f \\ o \\ g \end{pmatrix} = \begin{pmatrix} \text{sigmoid} \\ \text{sigmoid} \\ \text{sigmoid} \\ \text{tanh} \end{pmatrix} T_{2n,4n} \begin{pmatrix} D(h_t^{l-1}) \\ h_t^{l-1} \end{pmatrix} \tag{3-25}$$

式中，Dropout 算子 D 用于将隐藏状态 h_t^{l-1} 的随机子集设置为零。退出算子破坏了单元所携带的信息，也保存了部分信息。

通过上述方法，可以实现从前一个时间步长到当前时间步长的信息流转换，也就完成了基本的 GRU 网络的搭建。

改进的策略包括退出策略、ReLU 激活函数及 Adam 优化算法等，使 GRU 网络的性能优于传统的简单 GRU 网络。考虑到序列中间的信息在 GRU 中容易丢失，在模型中加入了跳过连接，这是 MDGRU 网络与传统 GRU 网络的主要区别。

残差连接：为了提高网络学习复杂非线性关系的能力，可以将网络设计为多个 GRU，但传统的 GRU 网络可能会丢失网络之间传输的信息。为克服此缺点，保留足够的信息，如图 3-8 所示，将跳过连接导入 GRU 模型中。第一个 GRU 网络的输入是 x_{i0}，输出是 h_{ij}，输入和输出的关系为

$$h_{ij} = H_j(x_{ij}) \tag{3-26}$$

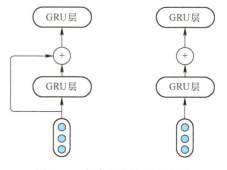

图 3-8 有残差连接和无残差连接的 GRU 层

式中，j 为多 GRU 模型中 GRU 网络的数阶。将前 GRU 的输入与前 GRU 的输出相加，处理跳过连接：

$$x_{i(j+1)} = h_{ij} + x_{ij} \tag{3-27}$$

下一个 GRU 网络公式如下：

$$h_{i(j+1)} = H_{j+1}(x_{i(j+1)}) \tag{3-28}$$

采用相同的网络结构设计不同时间尺度的残差 GRU 层。因为网络的参数是随机初始化的。参数具有相同的网络结构，但参数不同，这使得不同的残差 GRU 层可以关注不同的时间尺度信息。

4. 集成学习层

集成学习用于处理噪声数据之间的复杂关系。工业时序数据因包括不同时间尺度信息在内的许多因素而有很大差异。许多工作已经证明，任何单一的学习算法不能一直保持高性能。单个 GRU 系统可能无法完全捕获不同的信息。通常这一问题通过集成方法解决，将多个训练良好的模型的结果集成在一起。而本节提出的方法将集成学习从网络训练过程中分离出来，可能导致泛化性能降低和训练时间浪费。为了解决这一问题，在网络中加入集成学习层，使模型得到联合训练。集成学习层是三层神经网络，它集成了三个时间尺度的输出。

集成学习层的输入如下：

$$x_i = h_{1i} \oplus h_{2i} \oplus h_{3i} \tag{3-29}$$

其中，集成学习层输入 x_i 串联三个时间尺度增强的 GRU 输出 h_{1i}、h_{2i} 和 h_{3i}；$\oplus$ 符号指拼接（Concatenate）。

3.3.2 基于 MDGRU 网络的分析流程

为了展示工业数据分析的完整框架，以轴承剩余使用寿命预测（工业现场监控指标）

为例,如图 3-9 所示,详细流程可以总结如下。

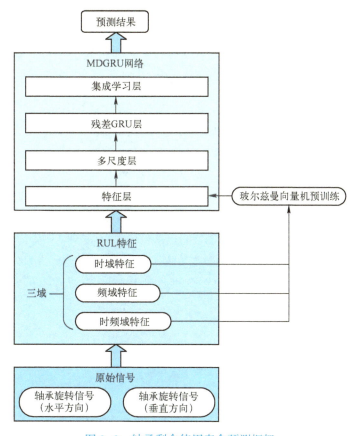

图 3-9　轴承剩余使用寿命预测框架

Step 1:预处理。收集来自滚动轴承的测量数据,并定义剩余使用寿命的健康状态指标。滚动轴承的剩余使用寿命是指从当前时刻到失效时刻的可用使用时间。

Step 2:三域特征提取。提取信号的时域特征、频域特征和时频域特征。将这些特征输入 RBM 网络,对 MDGRU 网络进行预训练。为了实现特征嵌入,这些特征被归一化为 [-1,1] 范围内的数。

Step 3:深度学习模型建立。根据 RBM 网络初始化特征层,其他层随机初始化。参数包括网络结构、不同的时间尺度值、神经元数量及退出参数等。MDGRU 网络由两层特征层、一层多尺度层、多个残差 GRU 层和三层集成学习层组成。

Step4:模型的预测。将最终训练好的 MDGRU 网络模型应用于剩余使用寿命的预测,并得到预测结果。

3.4　工业时序多层级时频域信息表征建模方法

本节针对时序多层级时频域信息,构建了基于可学习的小波分析网络的工业时序数据分解表征方法。

3.4.1 多层级小波分解网络

小波分解是一种强大的时频分析工具，能够从时间序列中提取层次结构的时频特征。小波变换的核心思想是将时间序列分解为多个级别的低频和高频子序列。与使用正弦基函数的傅里叶变换相比，小波变换使用小波基函数来分解时间序列。对于一维时间序列 $X \in \mathbf{R}^{T \times 1}$，通过小波分解对 X 进行逼近的方法如下：

$$X(t) \approx \sum_{k=1}^{K} S_{L,k} \phi_{L,k}(t) + \sum_{l=1}^{L} \sum_{k=1}^{K} d_{l,k} \psi_{l,k}(t) \qquad (3-30)$$

式中，$\phi_{L,k}(t)$ 和 $\psi_{l,k}(t)$ 为小波基函数；$S_{L,k}$ 和 $d_{l,k}$ 为平滑系数和细节系数。为了将小波分解方法集成到深度学习范式中，Wang 等人提出了一个深度小波分解网络（WDN）。如图 3-10 所示，WDN 的分解过程类似于神经网络的使用方式。低频通过滤波器或高频通过滤波器被视为神经网络中稠密层的参数，表示为图 3-10 中的小波函数矩阵 $M \in \mathbf{R}^{T \times T}$。如果小波函数矩阵是由母小波函数 $\psi(t)$ 参数化的，则图 3-10 是将高频子序列 S_i^H 分解。同样地，通过父小波函数的小波函数矩阵提取低频子序列 S_i^L。输入时间序列 $X \in \mathbf{R}^{T \times 1}$ 被像 $M \odot X$ 这样的小波函数矩阵乘积作用，生成激活输出 $a \in \mathbf{R}^{T \times 1}$。平均池化将激活向量缩小到原始长度的一半，并输出子序列 $S_i \in \mathbf{R}^{T \times 1}$。

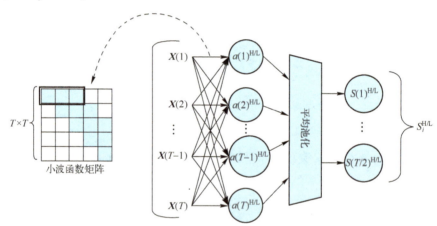

图 3-10　深度小波分解模块图

在训练回归模型以实现时序数据特定的任务之前，我们希望从时域和频域提取最具代表性的信息，以便从外部进行回归。因此，这里不是简单地将原始时间序列输入回归模型，而是引入了一个多级小波分解网络，将输入时间序列分解成各种频率的多尺度子序列。如图 3-10 左侧所示，原始时间序列被逐层分解。在第一层中，一个使用低通滤波器初始化的小波模块和一个使用高通滤波器初始化的小波模块分别作用于原始时间序列，然后生成平滑子序列 $S_1^L \in \mathbf{R}^{2 \times 1}$ 和详细子序列 $S_1^H \in \mathbf{R}^{2 \times 1}$。在第二层中，详细子序列 $S_1^H \in \mathbf{R}^{2 \times 1}$ 进一步以与第一层相同的方式分解。同样地，提取出一个更平滑的子序列 $S_2^L \in \mathbf{R}^{4 \times 1}$ 和一个更详细的子序列 $S_2^H \in \mathbf{R}^{4 \times 1}$，它们的长度是前一个子序列的一半。第三层以类似的方式生成 $S_3^L \in \mathbf{R}^{8 \times 1}$ 和 $S_3^H \in \mathbf{R}^{8 \times 1}$。最后，从所有层中汇总详细子序列 S_1^H、S_2^H、S_3^H 和来自最后一层的平滑子序列 S_3^L。通常，这些子序列被馈送到多个具有相同架构的模型中，然后将所有模型的输出组合为最终预测值，该预测值是从 WDN 的组装学习框架中派生出来的。考虑到基于组装的方法需要大量的存储和计算资源，本节提出一种仅将分解的子序列连接成一个时间-频率特征序列，并仅使用单个回归模型来处理的方法。时间-频率特征序列是通过沿时间维度连接所有子序列的方法创建的，如下式所示：

$$\hat{S} = \text{Concat}(S_1^H, S_2^H, S_3^H, S_3^L), \quad \hat{S} \in \mathbf{R}^{T \times 1} \tag{3-31}$$

其中，$\hat{S} \in \mathbf{R}^{T \times 1}$ 是连接的时间-频率特征序列，与输入时间序列具有相同的序列长度 T。时间-频率特征由一系列频率时间子序列组成，从低频到高频不等，其中，包含了来自时域和频域的信息。这些不同频率的子序列在不同的时间序列任务和数据集中发挥不同的贡献，使回归模型能够自适应地关注最具贡献的频率序列和时间点，能够减少优化模型参数的难度，并提高时间序列模型的性能。

3.4.2　基于多层级小波分解的时间序列外部回归网络

时间序列外部回归（Time Series Extrinsic Regression）的目的是基于整个时间序列的知识去预测一个数值代表整体的序列信息。在时域中，时间序列中不同的时间节点对整体信息的贡献值是不一样的。类似地，在频域中不同的频率分量对整体的回归效果也有不同的影响。比如在时间序列预测任务中，最近时刻的时间节点相比于较远时刻的时间节点对预测未来有着更大的贡献，低频分量相对于高频分量更能体现时间序列的未来趋势。在时间序列外部回归任务中，挖掘哪些时间节点、哪些频率分量是更重要的以及如何去量化重要程度是首先考虑的问题，其次是充分利用更重要的时间节点以及频率分量，使得模型的输出更为精确和高效。在时间序列外部回归问题中，该如何从模型构建及训练策略的角度去利用这些重要的时间节点以及频率分量的信息去优化外部回归的结果。

首先，如何设计一个训练框架让回归模型一方面以监督学习的方式利用原有的标注信息引导模型的学习，另一方面引入合适的手段利用这些被挖掘出来的重要信息辅助模型的学习？其次，时域和频域信息的表示形式可能存在差异，如上述描述的离散时间点和不同频率的子时间序列，如何用一种统一方式对这些信息进行表示，这些重要的信息模型应给予更多的关注，那么以什么方式让模型关注这部分信息？最后，在训练阶段如何平衡首要任务和辅助任务的训练次序，使得模型能够得益于辅助任务的影响并促进首要任务的预测结果。

为了解决上述全部或者部分技术问题，本节提供了一种工业时序数据外部回归的方法（见图 3-11）。

第一，层级小波分解模块：该部分作为数据预处理模块，构造不同频率的时间子序列并整合成特征向量进行统一表示。为此设计了一种时频注意力掩码，在训练过程中根据时频重要性选择更重要的时间子序列元素进行重构，以实现时频信息的挖掘与利用。

第二，时序信息量化模块：带有多头自注意力机制的 Transformer 编码器对序列数据的重要性进行量化。为此设计了由得到的注意力得分矩阵计算序列数据重要性分布的方案。输入的原始时间序列经过信息量化模块处理，时间序列的内部信息得到量化，并用于后续的学习模型。

第三，多任务辅助学习框架，并围绕时间序列外部回归这个核心任务设计了一个基于自监督学习的辅助任务。该辅助任务通过重构重要信息的方式让模型获得更多的数据整体性感知能力。即在训练过程中，模型根据序列数据的重要性动态重构序列中的关键元素。

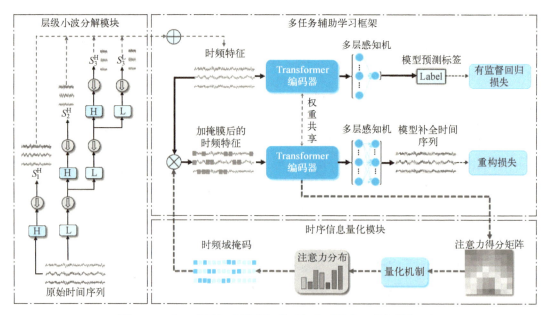

图 3-11 基于多层级小波分解的时间序列外部回归网络框图

第四，设计了一种端到端的训练策略，实现单阶段多任务联合训练，使模型能在训练核心任务及辅助任务的同时，保持一致的优化方向，避免了模型训练目标不一致出现过拟合辅助任务的现象。

数据流动以及模型链接方式介绍如下：首先对传感器采集到的原始时间序列数据进行预处理，即对各个特征维度进行归一化处理，防止量纲不一致导致模型出现过拟合某一个特征的现象。其次将归一化后的原始时间序列数据输入层级小波分解模块，在不同频率等级对时间序列进行分解并提取不同层级的时频域信息。在分解完成之后，利用拼接操作对各个频率的时间子序列进行拼接，生成时频域特征序列。之后时序信息量化模块对该时频特征序列进行信息重要性评估，即利用 Transformer 编码器生成注意力得分并计算得到重要性掩码。得到该重要性掩码之后，将其与对应的时频特征序列送入多任务辅助学习框架进行回归模型的训练。在多任务辅助学习框架中，时频特征序列被送入双分支模型执行不同的任务。对于主任务，时频特征序列被送入时间序列回归模型执行时间序列外部回归任务。对于辅助任务，时序特征序列被送入重构补全模型执行时序特征的重构任务。其中，回归模型与重构补全模型共享特征提取层的参数，以达到联合训练的效果，同时实现将时序特征重构任务辅助时间序列外部回归任务的思想。在预测阶段，由辅助任务的联合训练之后的回归模型单独进行时间序列外部回归的预测，实现对原始时间序列外部标签的获取。

1. 时序信息量化模块

Transformer 是用于从顺序数据学习信息的全局体系结构，它能够捕获顺序元素之间的长期和短期依赖关系。其采用编码器-解码器的结构，这里主要介绍 Transformer 编码器的细节。多头自注意力机制和前馈网络是 Transformer 编码器的核心组成部分。多头自注意力机制采用 Query-Key-V 值模式获取顺序元素之间的相关性，即

$$\text{attention}_{\text{SDPA}}(\boldsymbol{Q},\boldsymbol{K},\boldsymbol{V}) = \text{softmax}\left(\frac{\boldsymbol{Q}\boldsymbol{K}^{\text{T}}}{\sqrt{d_k}}\right)\boldsymbol{V} \tag{3-32}$$

式中，Q、K、V 分别表示查询值、键值及实际值；softmax 表示柔性最大值传输函数；d_k 为查询值和键值的共有维度。多头自注意力机制还构建了不同的头部来建模不同的元素模式，在下面的公式中使用下标 i 代表不同的头部。为了产生多个头部，对原始的 Q、K、V 进行多路线性变换：

$$Q'_i = QW_i^Q, \quad K'_i = KW_i^K, \quad V'_i = VW_i^V \tag{3-33}$$

式中，W_i^Q、W_i^K、W_i^V 表示线性变换矩阵。在变换之后，缩放的点积注意力在不同的头部 head_i 分别工作，通过连接这些头，然后用线性变换得到最终的加权注意力值。

$$\text{head}_f = \text{Concat}(\text{head}_1, \cdots, \text{head}_h) \tag{3-34}$$

Transformer 的训练好坏决定了自监督学习任务的学习效果，良好训练的 Transformer 编码器可以产生更精确的相关矩阵，从中可以估计出精确的时频注意力掩码。

2. 层级小波分解模块

层级小波分解是一种强有力的时频分析工具，它能够从时间序列中提取出层次化的时频特征。小波分解的核心思想是将一个时间序列分解为多个层次的低频子序列和高频子序列。层级小波分解的分解过程类似于神经网络的使用。将低频通滤波器或高频通滤波器作为神经网络中集成学习层的参数，在图 3-10 中表示为小波函数矩阵 M。如果小波函数矩阵用母小波 $\psi(t)$ 参数化，就是对高频子序列进行分解。同样，低频子序列由父小波的小波函数矩阵提取。输入时间序列 X 乘以小波函数矩阵（如 MX），生成激活输出 a。平均池化将激活向量压缩到原始长度的一半，并输出子序列 S_i。

3. 多任务辅助学习框架

该框架分为两个分支，一个用于主任务，另一个用于辅助任务。主任务是利用所建立的回归模型对输入时间序列的外部回归标签进行预测。训练回归模型以监督的方式完成主任务，其中，利用有标签数据指导未训练的模型，并通过测量和缩小模型预测与真实的外部标签之间的距离实现对模型参数的优化。

$$L_m = (\text{Model}(X) - y)^2 \tag{3-35}$$

辅助任务与主任务相反，它遵循一种自监督的方式，利用时间序列本身进行自学习，辅助主任务。在本节提出的框架中，辅助任务旨在重建关键时间点。重建时间点可以看作自监督学习中的一个过程。通过对时间序列数据的已知值进行回归，实现了时间序列数据重构的概念。回归模型利用时间序列上下文信息来填补特定时间点的缺失数据。下面简单阐述自监督学习的过程。对于完整的时间序列 $\hat{X}$，通过特定的方式人工屏蔽一部分时间点，从而生成不完整的时间序列数据。为了表示屏蔽操作，使用一个布尔掩码 M，其取值为 1 或 0，来决定给定的时间点是否需要屏蔽。该模型的辅助分支以不完整的时间序列数据为输入，预测屏蔽时间点上的缺失值，然后输出完整的时间序列。这些屏蔽时间点的原始值被用作自我监督辅助任务的标签。回归任务是通过将不完整的时间序列与模型预测的原始时间序列进行比较而形成的。通过优化两类时间序列数据的均方损失，更新模型参数，实现了自监督学习过程。单个不完整时间序列 $\hat{X}$ 与其 X 目标之间的距离损失计算公式为

$$L_a = \frac{1}{TC} \sum_{i=1}^{T} \sum_{j=1}^{C} (\hat{X}_{i,j} - X_{i,j})^2 \tag{3-36}$$

式中，i 表示时间维度的第 i 个元素；j 表示通道维度的第 j 个元素；T 为时间序列的长度；C

为时间序列的特征维数。

下一步是模型进行端到端的联合训练。这里提出了多任务学习技术，其中引入了辅助任务来辅助主任务。主任务是执行时间序列的外部回归任务，辅助工作是重建必要的时间点。对于训练数据集中的每个时间序列，从注意分布中采样一个二元注意掩码 M，然后利用该掩码生成一个被掩码处理后的时间序列，即掩去关键时间点的值。然后，将不完整时间序列和原始时间序列输入模型得到外部预测、重构时间序列和对输入时间序列的注意力得分，之后计算回归损失和重构损失。将主要任务损失和辅助损失简单加权求和得到总的损失，最后通过计算相对于总损失的梯度来更新模型的参数。

$$\mathop{\arg\min}_{\theta_f} E_{(x,y) \sim D_S} \left[L_y(F(x), y) + L_y(F(M(x)), y) \right] \\ + E_{x \sim D_U} \left[L_a(F(M(x)), x) \right] \tag{3-37}$$

式中，E 表示期望；D_S 表示训练数据；x 为时间序列数据；y 为标签数据；F 代表回归模型；M 等价于掩码操作；L_a 为辅助任务的重构损失；L_y 为主要任务的回归损失。

模型训练流程如下：从数据集中采样原始时间序列及其对应的标签；将原始时间序列送入层级小波分解模块得到时频特征序列；初始化时序信息量化模块，获取时频信息的重要性分布；从分布中采样掩码并对时频特征序列进行处理；将处理后的时频特征序列输入回归模型计算回归损失和重构损失，并更新模型参数；将时频特征序列输入时序信息量化模块得到注意力矩阵并更新时频信息的重要性分布。重复式（3-35）~式（3-37）过程直到回归模型收敛。

3.5 工业时序多层次信息表征建模方法

对于工业低质高噪数据融合处理来讲，不同数据维度的高效融合十分重要。当前面临的挑战问题之一是，制造业采集到数据的部分维度数据量较少，同时，制造业数据的不同特征常常有不同的维度，不利于后续输入数据分析模型中进行处理，如何融合形成统一的多维特征向量，是协同应用数据分析的基础，也是面临的技术难点。针对此问题，本节提出一种新的基于改进卷积神经网络（CNN）和长短期记忆（LSTM）的工业数据维度扩充特征提取方法，即 Auto-CNN-LSTM，用来进行工业时序多层次信息表征。该方法是基于深度 CNN 和 LSTM 开发的，用于在有限数据中挖掘更深层次的信息。在这种方法中，使用自动编码器来增加数据的维度，以便更有效地训练 CNN 和 LSTM。为了获得连续稳定的输出，使用滤波器来平滑预测值。与其他常用方法相比，在真实世界数据集上的实验证明了所提出方法的有效性。

3.5.1 多层次信息表征网络

Auto-CNN-LSTM 的算法框架如图 3-12 所示。基于 CNN 在有限数据中挖掘隐藏信息的能力和 LSTM 处理时间序列信息的能力，本节提出了一种基于 CNN 和 LSTM 的工业数据分析方法。CNN 的卷积层需要大量的数据，而可用的数据不足。然而，通过使用自动编码器，显著增加了可以传输到 CNN 以进行更有效训练的数据维度。此外，考虑到模型预测曲线中存在的噪声，采用了一种后平滑方法来降低噪声并解决预测结果中的不连续性问题。这通过输出平滑的预测曲线提高了预测结果的可解释性。

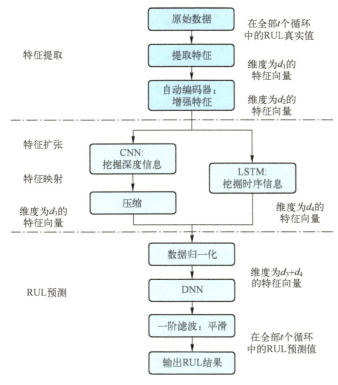

图 3-12 Auto-CNN-LSTM 的算法框架

1. 自动编码器

当在 CNN 中进行卷积和池化时，该方法使用自动编码器来扩展数据。通过这种方式，自动编码器用于显著增加有效训练的数据维度。

每个相邻的 m 个时间周期的 n 维的向量 d_1 被垂直堆叠成一个时域特征图，大小为 $m\times n$。n 维的工业数据向量首先输入自动编码器，然后输出 n' 维 d_2。经过自动编码器的编码处理后，原始数据集的特征图会被放大到 $m\times n'$ 个时域特征图，作为 CNN 和 LSTM 的输入。

2. 卷积神经网络

CNN 模块可以从自动编码器的特征图输出中提取深度信息。全连接层通常用于映射由卷积层和池化层学习到的特征到采样空间。在 CNN 中，完全连接层被丢弃以减少计算量，有助于在没有太多参数需要训练的情况下获得更轻量级和有效的模型。

3. 长短期记忆网路

由于工业数据大多是时间序列的，适合使用 RNN 处理。其处理单元之间既有内部反馈联系，也有前馈联系，这有助于 RNN 对信息的处理顺序。然而，由于 RNN 只能存储部分序列，其在长序列上的性能不如短序列，导致长序列的准确率下降。因此选择 LSTM 作为传统 RNN 的替代方案。

相邻的时间周期垂直堆叠成一个时域特征图，LSTM 模块的输入也是由这些循环的一系列时域特征组成的。在这个序列中，每个元素对应于自编码器在一个特定的充放电周期内训练得到的时域特征。

RNN 可以准确捕捉自编码器获得的每个特征随时间变化的趋势。使用 LSTM 网络结构来提取时域特征,并将提取的特征合并到下一阶段的特征向量中。在 LSTM 的前向传播过程中,输出的特征为自动编码器按时间顺序构造成一系列特征。网络经过计算后,输入序列中矩之间的相关性会逐渐凸显。

4. 深度神经网络

由于其深层架构,DNN 模型由多个网络层组成,可用于从线性和非线性操作中获取原始数据的特征。通过 CNN 和 LSTM 获得的包含序列信息的特征,DNN 能够更准确地分析工业数据。

5. 平滑方法

直接经过上述由 DNN 构成的工业数据分析模型处理后,输出往往是不连续的,不像真实的电池剩余使用寿命。针对这个问题,可将预测模型的输出通过滤波器来平滑预测值,以获得更连续和稳定的输出。平滑曲线的方法选择最小二乘多项式逼近。

为了探究不同滤波器阶数的影响,本节研究了不带滤波和使用线性滤波器、二阶滤波器和三阶滤波器的预测结果。根据这四种情况的预测误差分析,选择一阶滤波器的输出作为分析的最终预测值。这种选择符合基本假设。

3.5.2 基于 Auto-CNN-LSTM 网络的分析流程

算法 3-1 显示了 Auto-CNN-LSTM 算法的流程。在该模型中,自动编码器首先从原始数据中提取电池 RUL 特征,将数据维数从低维升至高维。然后,通过 CNN 和 LSTM 模型进行特征扩展。CNN 挖掘深度信息,LSTM 提取数据间的时序信息,将 CNN 和 LSTM 提取的特征组合到全连接层。RUL 的工业现场监控指标预测是在七层深度神经网络(DNN)之后输出的。最后,为了平滑拟合曲线,输出分别经过一阶线性、二阶和三阶平滑网络滤波。然后比较这些网络计算的精度,选择精度最好的作为预测结果。

算法 3-1　Auto-CNN-LSTM 算法流程

输入:具有相同维度 d_1 的原始特征向量集合,代表原始数据中的每个相邻充放电周期 P_n。
输出:整个电池每个周期对应的 RUL 预测结果。
步骤:
1. P_n 中具有 d_1 维的向量,通过自动编码器,将每个向量的维数增加为 d_2;
2. 由具有 d_2 维的特征向量形成的特征图被堆叠为特征图,它将由 CNN 挖掘深层信息;
3. 具有 d_2 维度的相同特征图用于通过 RNN 和 LSTM 提取相邻周期之间的相关性;
4. 将 CNN 和 LSTM 获得的特征串联起来成为一个包含时间序列和深度信息的向量;然后,该向量将通过多层 DNN 进行操作来预测最终的 RUL;
5. 对 RUL 预测结果进行过滤,以获得更平滑、更稳定的结果。

3.6　工业时序时空耦合信息表征建模方法

本节针对工业时序时空耦合信息,构建了基于多维时间-空间-注意力网络(MTSAN)的工业时序多元特征协同表征与预测方法。

3.6.1 时空耦合信息网络整体结构

为了获得更好的预测性能，有一些主要挑战需要解决：①由于设备状况数据的复杂性和非结构化，原始的传感器数据不足以描述数据的相关性和表现数据的特征。然而，在大多数方法中，原始数据被直接输入到网络，没有经过有效的处理。②在大多数工作中，从编码器中学习到的特征通常在预测工业现场监控指标时被同等对待，这不是有效的。一些特征可能很重要，而其他特征的贡献可能较小。这些方法缺乏一个强调关键特征的机制。③大多数方法提取单一的时间或空间特征来预测工业现场监控指标。然而，对于复杂的工业设备，时间特征代表了时间序列数据的时间依赖性，而空间特征包括空间信息，如不同传感器的位置。因此，整合这两个特征以进一步利用是非常有必要的。

为了解决上述全部或者部分技术问题，本节提出了一种工业时序数据处理及预测方法，如图 3-13 所示。

第一为数据表征模块，即高斯嵌入层，工业传感器获得的特征维度通常较低。然而，用这些特征维度来表示工业设备的状态是远远不够的，而且从传感器采集的数据通常有噪声干扰。为了解决这个问题并自动处理工业时序数据，这里提出了一个高斯嵌入层，它是一个带有高斯滤波的两层网络。

高斯丢弃可以有效缓解过拟合问题，提高网络的泛化能力。特别是高斯噪声的方差随时间步长而变化，以抑制神经元之间的协同适应。这种方法能够明显增强数据的特征维度。低维数据经过高斯嵌入层的处理，数据将会被表征到更高的维度，这将是时间层和注意力层的输入维度。

第二为数据特征提取融合与预测模块，该模块由时间层、注意力层及特征融合层构成。注意力层的输入数据为表征模块表征后的数据，用于分配权重给予不同的特征，以衡量不同特征的重要程度，那些重要的特征将获得更大的注意力参数，突出关键特征，弱化低效特征。此外采用了一种稀疏的策略。在输出的特征权重中，10% 具有最低权重的值被设置为零。本层输出为注意力特征图。

时间层的输入数据为表征模块表征后的数据，用于提取数据之间的时间依赖关系。时间层数据有两个传播方向，可以捕捉过去和未来的信息。每个隐藏的状态代表了在不同时间步骤中学习到的时间特征，它对最终的时序数据预测很有帮助，每一个都会被传递到下一层。通过获取数据潜在时间关系，提高模型预测能力，其输出为数据的时间特征图。

特征融合层的输入数据为注意力特征图和时间特征图，用来整合来自时间层和注意力层的信息。通过将注意力特征图和时间特征图相加，并通过层归一化处理，之后经过一个自注意力编码器和多层感知机（MLP），突出重要信息，将输入特征形成一个新的融合特征图，其输出为融合特征图，这也是该模块的输出。

第三为数据预测模块，由空间层组成，用于提取特征深层信息和空间特征，以及预测最终的工业时序数据的回归输出。空间层由三部分组成，即线性提高维度层、卷积层和全连接层。线性提高维度层的目的是重塑特征图的大小并从特征图中提取数据。在卷积层中，输入的特征图与卷积核进行卷积。全连接层用于构建特征向量与工业回归输出之间的映射。

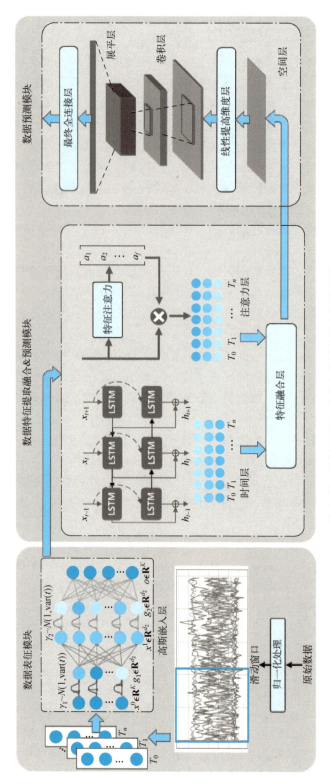

图 3-13 时间-空间-注意力特征的混合网络框架

3.6.2 时空耦合信息表征网络

1. 高斯嵌入层

传感器获得的监控数据可能特征维度较少,用来表示工业设备的状态是远远不够的,而且从传感器采集的数据通常有噪声干扰。为了解决这个问题,这里提出了一个高斯嵌入层,它是一个带有高斯滤波的两层网络。

网络结构如图3-13所示。该网络层由两个相似的前向计算组成,对非结构化数据进行编码。高斯Dropout已被证明可以增强泛化能力并缓解过拟合问题。与采用伯努利分布以固定概率随机屏蔽神经元的标准滤波不同,时变高斯滤波对每个神经元都采用了从$N(1, \text{var}(t))$中采样的噪声。通过前馈计算得到隐藏状态x^{i-1},每个x^{i-1}中的神经元再点乘高斯噪声得到g_i。然后,通过前馈计算和激活函数得到隐藏状态x^i,并重复这一过程,得到计算结果。

$$\gamma_i \sim N(1, \text{var}(t))$$
$$g_i \leftarrow \gamma_i \odot x^{i-1}$$
$$x^i \leftarrow s(w_i g_i + b_i)$$

高斯编码器层可自动处理和重建原始时间序列。而且,高斯噪声的方差会随时间步长而变化,以抑制神经元之间的共同适应。这种方法增强了数据的特征表示,这些数据将成为时间层的输入。

2. 时间层:双向LSTM

一般来说,从传感器收集的数据是具有时间相关性的时间序列。由于其出色的性能,LSTM被经常用于工业时序预测问题中。然而,目前的LSTM只将最后一步的记忆状态传递给下一个网络层。然而,其他的隐藏状态信息对于最终的工业现场监控指标预测也是非常重要的。为了解决这个问题,这里提出了一个完全的Bi-LSTM,其结构如图3-14所示。其隐藏状态h_t可以表示为

$$h_t = \vec{h}_t + \overleftarrow{h}_t \tag{3-38}$$

式中,$\vec{h}_t$和$\overleftarrow{h}_t$为Bi-LSTM的前向和后向隐藏状态。Bi-LSTM有两个传播方向,可以捕捉过去和未来的信息。每个隐藏的状态代表了在不同时间步骤中学习到的时间特征。它对最终的工业现场监控指标预测很有帮助,每一个都会被传递到下一层。

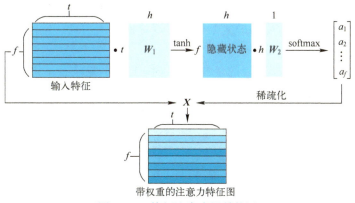

图3-14 特征注意力层结构图

3. 注意力层：特征权重

高斯嵌入层的学习特征是二维矩阵，它是该层的输入数据，定义为 X。

$$X = [x_0, x_1, \cdots, x_f] \in \mathbf{R}^{t \times f} \tag{3-39}$$

式中，t 为时间步数；f 为特征维数；x_i 为第 i 个特征向量。注意力层用于对不同特征的重要性进行加权。特征注意力层可以表示为

$$H = \tanh(X^T W_1) \tag{3-40}$$

$$\alpha = \mathrm{softmax}(H W_2) = [\alpha_0, \alpha_1, \cdots, \alpha_f] \tag{3-41}$$

式中，X 为输入特征；$W_1 \in \mathbf{R}^{t \times h}$ 和 $W_2 \in \mathbf{R}^{h \times 1}$ 为学习权重参数；α_i 为第 i 个特征向量的加权重要性。

受 ReLU 函数的启发，这里采用一种稀疏的策略。在 α 中，具有 10% 最低权重的值被设置为零。α 被更新为 $\widetilde{\alpha}$。最终，第 i 个特征向量 c 可以被表达为

$$c_i = \widetilde{\alpha}_i x_i \tag{3-42}$$

在注意力层的计算之后，特征向量被自动加权。那些重要的特征将获得更大的注意力参数，这有助于网络突出关键特征。

4. 特征融合层

经过前面的网络处理，特征融合层用来整合来自时间层和注意力层的信息。特征融合层主要由注意力编码器组成，合并特征形成一个新的特征图。假设来自时间层和注意力层的信息为 $F_t \in \mathbf{R}^{n \times d_{\mathrm{model}}}$，$F_a \in \mathbf{R}^{n \times d_{\mathrm{model}}}$。$n$ 代表时间步的长度，d_{model} 代表特征的维度。特征融合层可用下列公式表示：

$$\widetilde{F}_o = \mathrm{LayerNorm}(F_t + F_a) \tag{3-43}$$

$$F_o = \mathrm{AttentionEncoder}(\widetilde{F}_o) \tag{3-44}$$

在多头注意力机制后，每个注意力编码器包括一个前馈网络和一个归一化层。注意力编码器可以突出有利于特征融合的重要区域，这有利于特征融合。

5. 空间层

卷积神经网络（CNN）自被提出以来，已被广泛使用并在各个领域取得了相当大的成功。一个典型的 CNN 通常由卷积层和池化层组成。CNN 的主要优点是权重共享、空间交互和空间池化，这些优点降低了网络的复杂性，可以提取深层信息。空间层由三部分组成：线性提高维度层、卷积层和全连接层。

1) 线性提高维度层。该层的目的是重塑特征图的大小并从特征图中提取数据。输入的时间步骤和特征维度差异太大，不利于卷积核的移动和卷积的乘法。首先，输入的二维数据被扁平化为一维。然后，通过前馈网络，特征图的大小变成（16×16，1）。最后，通过重塑操作将数据的维度变成（16，16，1）。

2) 卷积层。在该层中，输入的特征图与卷积核进行卷积。卷积层由两个卷积块组成，卷积层和最大集合层。卷积操作的数学原理可以表示为

$$A(i,j) = \sum_{m=-s}^{s} \sum_{n=-s}^{s} K(m,n) z(i+m, j+n) + b \tag{3-45}$$

式中，$A(i,j)$ 为卷积运算的输出矩阵；$z(i,j)$ 为输入矩阵；K 为内核；b 为偏置参数。滤波器的大小被定义为（3×3），第一层有 16 个滤波器，第二层有 32 个。零填充操作被用来改变特征图的大小。最大集合核的大小为（2×2）。

3）全连接层。由于全连接网络为深度网络结构，该网络可用于从输入数据中提取线性和非线性特征信息。首先，从嵌入层得到的 32 个特征图被扁平化为一个向量，其中包含时间、注意力和空间特征的信息。为了建立上述特征向量与涡轮风扇发动机剩余使用寿命的精确映射，采用了两层全连接网络来建立最终的剩余使用寿命预测回归模型，隐层中包括 64 个神经元。

数据流动方式步骤如下：

1）从工业传感器中获得原始数据。

2）将 1）获得的数据经过归一化处理和滑动窗口得到输入模型中的多维时间序列。

3）将 2）中获得的数据输入高斯嵌入层得到增强的数据。

4）将 3）中获得的数据输入注意力层和时间层中，经过上面两层处理的数据输入特征融合层中得到融合特征后的数据。

5）将 4）中获得的数据输入空间层中得到最终的预测结果。

3.7 典型应用案例

3.7.1 基于 MCTAN 的飞机发动机剩余使用寿命预测

1. 实验平台和数据集

商用模块化航空推进系统选择模拟数据集（C-MAPSS），工业剩余使用寿命预测（RUL）常用的数据集。剩余使用寿命是一个设备健康状态的回归值，指发动机能继续循环运行的时间。该数据集通过安装的 21 个传感器采集数据，并且每台发动机均在完全故障前采集数据。C-MAPSS 数据集由 4 个子数据集组成，子数据集 FD001 和 FD003 包括一个操作条件的一种或两种故障模式，而子数据集 FD002 和 FD004 有 6 个操作条件的一种或两种故障模式，每个子数据集包含训练集和测试集。该工业时序数据集包含 26 列数据：发动机编号、发动机运行周期、3 个运行设置参数及 21 个传感器数据。在传感器数据中，有 7 个传感器收集的数据是恒定的，它们是对健康指标预测没有帮助。因此，对删除了这 7 个传感器的时间序列进行最小-最大缩放器归一化处理。相关数据描述见表 3-1。

表 3-1 C-MAPSS 数据集描述

子数据集	训练集发动机数量	测试集发动机数量	工作条件	故障模式	训练集样本数量	测试集样本数量	训练集	验证集	测试集
FD001	100	100	1	1	15731	8255	11799	3932	9211
FD002	260	259	6	1	41019	21584	36917	4102	21584
FD003	1100	100	1	2	19820	11717	15856	3964	11717
FD004	248	249	6	2	49048	29416	45125	3923	29416

2. 评价指标

本节及本书的后续内容中，针对回归任务的各个方法，采用了两种评估指标，分别为均方根误差 Root Mean Squared Error（RMSE）和 Score。RMSE 倾向于评估预测的整体准确度，而 Score 更倾向于关注预测中的滞后预测与提前预测。假设样本数量为 N，第 j 个样本的真实值与预测值分别为 y_j 和 $\hat{y}_j$。

RMSE 用于评估预测的整体准确性，公式如下：

$$\text{RMSE} = \sqrt{\frac{1}{N}\sum_{j=1}^{N}(y_j - \hat{y}_j)^2}$$

预测整体效果越好，RMSE 越小。但 RMSE 的计算无法区分滞后预测与提前预测，绝对值误差相等的情况下，滞后预测与提前预测的 RMSE 结果相同，无法评判预测准确性的代价。

相比于 RMSE，Score 能够区别衡量预测中的滞后预测和提前预测。相比于提前预测，滞后预测无法提前预知预测走势，容易造成更大的代价风险。在衡量预测结果时，Score 能够给予滞后预测更大的惩罚。Score 计算公式如下：

$$\text{Score} = \begin{cases} \sum_{j=1}^{N} e^{-\frac{\hat{y}_j - y_j}{13}} - 1, & y_j > \hat{y}_j \\ \sum_{j=1}^{N} e^{-\frac{\hat{y}_j - y_j}{10}} - 1, & y_j < \hat{y}_j \end{cases}$$

Score 给予滞后预测更大的得分惩罚。在预测不准确的情况下，提早预测能够提前给出警告以避免危险发生。相反，滞后预测可能带来严重故障后果。

3. 实验结果及分析

本实验中，首先比较了 MCTAN 与其他经典的或者最新的预测方法的效果差异，结果见表 3-2，可以看到 MCTAN 的效果显著好于其他方法，尤其在子数据集 FD002 和 FD004 上。

表 3-2 MCTAN 与其他方法的效果比较

方法	损失函数	FD001 RMSE	FD001 Score	FD002 RMSE	FD002 Score	FD003 RMSE	FD003 Score	FD004 RMSE	FD004 Score
MCTAN	WMSE	**11.69**±0.21	**189.04**±9.28	16.41±0.54	446.89±27.83	**10.72**±0.34	**252.30**±17.07	17.36±0.43	1722.22±131.48
	MSE	11.89±0.24	208.53±16.10	16.55±0.85	467.39±77.17	10.73±0.42	264.55±42.11	17.67±0.41	1827.71±190.36
MCTAN1	MSE	11.77±0.32	206.89±17.33	16.58±0.72	**439.94**±29.36	10.76±0.44	278.96±29.92	17.02±0.60	**1709.64**±241.05
MCTAN2	MSE	12.64±0.30	247.05±16.13	**16.24**±0.73	485.96±58.16	11.52±0.67	327.49±41.31	16.32±0.76	1901.96±132.07
MCTAN3	MSE	12.91±0.57	246.76±11.74	16.72±0.69	491.57±63.07	11.61±0.62	336.95±34.35	**15.86**±0.78	1955.89±400.29
MCTAN4	MSE	13.11±0.54	259.38±12.80	23.31±3.25	1723.99±726.12	11.73±0.44	377.86±53.42	18.44±1.44	2699.72±363.82
MCTAN5	MSE	12.93±0.46	234.38±15.39	24.60±3.98	1788.18±696.79	11.24±0.45	309.16±29.95	18.11±1.66	2374.84±565.92

其次比较了不同时间窗大小的影响，小的时间窗由于缺乏足够的有效信息，导致预测准确率降低，而大的时间窗口则会减慢训练速度。图 3-15 展示了不同时间窗大小的影响，从结果可以看出，当时间窗口超过 50 时，RMSE 和 Score 的指标增益变化很小，因此，在本实验中，时间窗大小设置为 50。

第3章 工业时间序列信息表征建模方法

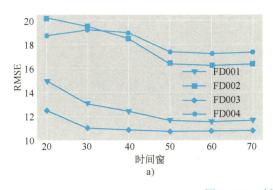
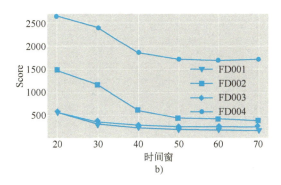

图 3-15 时间窗大小的影响
a) RMSE　b) Score

进一步，比较了不同的损失函数，见表 3-3，可以看出 MCTAN 的 WMSE 损失函数实现更高的预测准确率，有效降低了预测风险。

表 3-3 不同损失函数的效果比较

方法	FD001 RMSE	FD001 Score	FD002 RMSE	FD002 Score	FD003 RMSE	FD003 Score	FD004 RMSE	FD004 Score
MLP	16.78	560.59	28.78	14026.72	18.47	479.85	30.96	10444.35
LSTM	16.14	338	24.49	4450	16.18	852	28.17	5550
BiLSTM	13.65	295	23.18	4130	13.74	317	24.86	5430
CNN-LSTM	16.13	303	20.46	3440	17.12	1420	23.26	4630
ADLA	14.53	322.44	—	—	—	—	27.08	5649.14
MODBNE	15.04	334.23	25.05	5585.34	12.51	421.91	28.66	6557.62
DCNN	12.61	273.7	22.36	10412	12.64	284.1	23.31	12466
DAG	11.96	229	20.34	2730	12.46	535	22.43	3370
AGCNN	12.42	225.51	19.43	1492	13.39	227.09	21.50	3392
DA-TCN	11.78	229.48	16.95	1842.38	11.56	257.11	18.23	2317.32
MCTAN	11.69	189.04	16.41	446.89	10.72	252.30	17.36	1722.22

3.7.2 基于 Auto-CNN-LSTM 的锂电池剩余使用寿命预测

1. 实验平台和数据集

通过对电池充放电过程数据的分析，可以发现充电实验数据包括电池端电压、电池输出电流、电池温度、充电器测量电流、充电器测量电压和循环时间矢量，如图 3-16 所示。

1）充电过程：首先对一个恒流（Constant Current，CC）电流的锂离子电池充电，将电压升高到特定的电压值，然后保持整个电池的电压是一个恒压（Constant Voltage，CV）在之前的特定值，直到充电电流下降到一定值。

2）放电过程：让电池以特定电流值的恒流放电，直到不同锂离子电池的电压分别降至特定电压值。本实验所采用的数据即为多次充电循环过程中电池端电压、输出电流、温度、实测电压及电流随时间的变化数据。

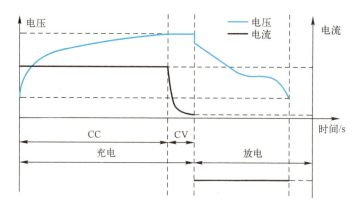

图 3-16 锂电池充放电数据集采集流程

2. 实验结果及分析

为了评估 Auto-CNN-LSTM 方法的性能，使用相同的训练和测试集将实验结果与其他方法进行了比较，见表 3-4。ADNN 方法是一种基于自动编码器和 DNN 的数据驱动方法，从结果可以看出，ADNN 的 RMSE 为 11.80%，准确率为 88.20%。然而，一个简单的全连接神经网络不能给出好的结果。SVM 的 RMSE 为 18.23% 并且准确率为 81.77%。从 ADNN 和 SVM 的比较可以看出，这种传统的数据驱动方法对于电池 RUL 预测并不理想。而 Auto-CNN-LSTM 在电池 RUL 预测方面比 ADNN 或 SVM 具有更好的准确性。经过滤波后，预测精度进一步提高，线性滤波的结果最好。

表 3-4 Auto-CNN-LSTM 与其他方法比较结果

方法	RMSE（%）	准确率（%）
Auto-CNN-LSTM	5.03	94.97
一阶线性滤波	**4.84**	**95.16**
二阶滤波	4.98	95.02
三阶滤波	4.98	95.02
ADNN	11.80	88.20
SVM	18.23	81.77

图 3-17、图 3-18 显示使用 Auto-CNN-LSTM 进行#7 和#28 电池预测的结果，有 4 个不同的子图。这些子图显示了锂电池的充电和放电循环，以及没有滤波器（图 3-17a、图 3-18a）和具有三种类型滤波器（图 3-17b~d、图 3-18b~d）的剩余循环时间的归一化值。实线用于表示 RUL 与充放电时间关系的真实值，虚线表示预测值。从实验结果来看，RUL 预测结果令人满意，RMSE 为 5.03%，准确率为 94.97%。错误的原因可能是原始数据经过自动编码器扩充后数据量还是不够。另一个原因是噪声的影响数据。虽然加入了自编码器来降噪，但数据噪声的影响还是无法完全避免。RUL 预测曲线拟合良好，但横坐标上#7 电池的第 60~100 代（#28 电池的第 15~20 代）的曲线仍然很粗糙。因此，这里采用滤波的思想，进行一阶线性、二阶、三阶滤波。

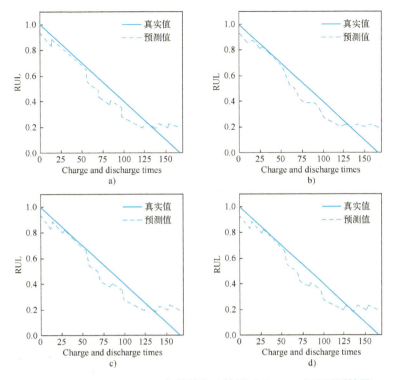

图 3-17 Auto-CNN-LSTM 与其他方法结果对比（#7 电池预测结果）
a）没有滤波器 b）一阶线性滤波 c）二阶滤波 d）三阶滤波

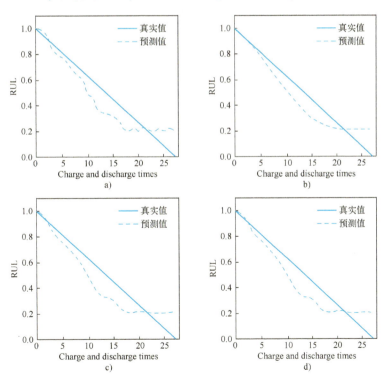

图 3-18 Auto-CNN-LSTM 与其他方法结果对比（#28 电池预测结果）
a）没有滤波器 b）一阶线性滤波 c）二阶滤波 d）三阶滤波

第 4 章

工业低质数据增强表征建模方法

由于工业现场设备的故障或数据传输、存储过程中的各种问题，工业数据可能存在无标签、非均衡、要素缺失等问题，导致现有的多种工业数据分析模型难以维持较高的性能。因此，如何对低质的工业数据进行智能化处理，以便其隐藏的工业知识被数据分析模型有效挖掘，是目前学术界研究的重点。鉴于此，本章聚焦于工业数据的无标签、非均衡、要素缺失的问题，利用新一代人工智能技术对数据进行增强表征建模。

4.1 概述

工业特征缺失不平衡数据预处理与表征方法架构如图 4-1 所示，主要包含工业边缘设备智能管理系统以及多传感器的信息收集、低质数据的初步特征分析、工业特征缺失不平衡数据预处理方法与表征方法等。

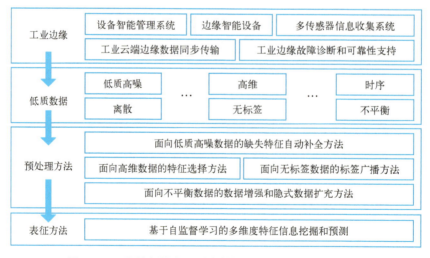

图 4-1 工业特征缺失不平衡数据预处理与表征方法架构

在工业互联网中，工业边缘通常被要求收集大量的工业数据，如工业浮选槽中的试剂流速、矿浆流动速度和浮选槽的实时工作温度、工业发动机的工作环境等。各个工业边缘智能设备通过云边数据同步传输系统，将海量的边缘数据传递给云端，并等待后续的操作和处理。一般来说，这些数据会在云端进行问题和数据特点间的初步解耦，并且需要根据特点采用不同的数据预处理方法，提高工业算法的准确度和可靠性。如数据中可能因为设备工作环境的恶劣，存在一些低质量的数据；数据中影响工业物理化学变化的因素众多，因此数据可能是高维的；工业数据来自供应链、生产过程的多个环节，因此数据可能具有离散连续并存的特点；工业生产过程中，低质量的产品虽然比较少出现，但是如何及时预测低质量产品的出现十分重要，因此工业数据可能同时具有不平衡的特点等。针对这些工业数据特点进行大数据分析和处理，是工业数据智能治理的一个关键环节。

面向基于数据驱动的工业多源异构数据的建模分析中，需要针对多工业流程和多传感器收集的数据存在的大量无标签数据、低质高噪和不平衡等特点，进行预处理和表征方法的探索。一方面，如何充分利用无标签数据建模，有效挖掘无标签数据的多维度特征信息十分重要。另一方面，如何处理缺失、不平衡的工业数据特征也十分重要。鉴于此，本章主要介绍面向低质（无标签、不平衡、缺失）数据的预处理与表征方法。最终，本章通过数据预处理得到的高质量数据和所采用的低质不平衡数据的训练方法，将为后续的多特征融合建模方法打下良好的基础，能够有效提高模型融合建模的精度和训练过程的稳定性。

4.2 无标签数据增强表征建模方法

由于工业现场设备的数据分析效率低下，监控变量的采样率远低于易于测量的过程变量。这种低采样率的问题导致了工业物联网大数据分析的一个通病——无标签样本问题，即采集的工业数据包含少量有标签样本和大量无标签样本。对于这个不可避免的问题，半监督（Semi-Supervised，SS）学习方法已在相关研究中得到广泛应用。最近，由于生成模型的成功开发，诸如变分自动编码器（VAE）和 Wasserstein 生成对抗网络（VAE-WGAN）等新颖设计被引入以生成用于工业物联网大数据分析的有标签样本。通过分析有限数量的历史数据，这些深度生成模型将真实有标签数据编码为具有混合分布的隐藏特征。然后，通过从混合分布中随机抽样生成高质量的人工样本。虽然这些方法很好地解决了有标签数据缺乏的问题，但它们的预训练过程可能会带来额外的时间成本。

总之，现有的数据驱动方法仍然存在如下几个主要挑战：

1）虽然无标签样本问题在一定程度上得到解决，但有标签样本不足仍然是制约预测精度的核心问题。

2）表示能力有限的浅层模型不适合从海量数据中探索非线性关系，降维也会造成意外的数据丢失。

3）基于深度生成模型会给训练过程带来额外的内存和时间成本，需要一种更有效的方法。

针对这些问题，本节提出了一种半监督的标签广播方法，以及一种基于元学习的工业数据分析域泛化方法。

4.2.1 基于半监督并行 DeepFM 的无标签数据预测方法

在本节中，提出了一种基于并行深度调频模型的数据驱动方法。该方法包括用于有标签样本增强的标签传播（LB）方法、用于数据离散化的数据分组方法和已修改为并行样式的 SS-DeepFM 方法。作为基于图的半监督学习方法，并行的 DeepFM 方法被赋予了一个带有额外 MR（流形正则化）项的、有助于解决无标签样本问题的目标函数。

1. 方法总体框架

如图 4-2 所示，所提出的方法可以系统地总结在一个框架中，该框架主要包括数据处理部分和模型训练部分。第一部分对原始数据进行一定的预处理，使预测模型能够更好地提取数据背后的质量信息。基本上，原始数据由少量有标签样本和大量无标签样本组成。由于有标签样本在经验上对模型训练更重要，因此提出了一种 LB 方法，以便可以扩充有标签样本。为了减少由具有不同取值范围的变量引起的不平衡，采用了数据归一化。同时，通过数据分组的方法对连续变量进行离散化，抑制数据噪声。在第二部分中，所提出的 SS-Parallel-DeepFM（SS-PDeepFM）方法使用增强标签样本进行训练。借助嵌入层，FM 组件可以从离散化数据中提取低维特征。深度组件从归一化数据中探索高维特征。基于这两种特征最终得出综合输出。整个模型在改进的反向传播（BP）算法下迭代优化，其中，嵌入了额外的 MR 项。

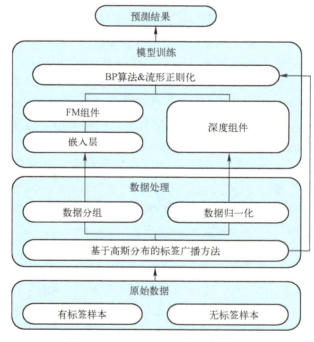

图 4-2　SS-PDeepFM 方法总体框架

2. 数据处理方法

在本节中，将讨论数据处理技术，包括提出的标签广播方法和数据分组。一些重要的符号及其含义见表 4-1。

表 4-1 主要符号的数学含义

符 号	含 义
W	时间窗口长度
N_l	有标签样本数量
N_u	无标签样本数量
N_a	增强标签样本数量
$L = \{x^{(i)}, y^{(i)}\}_{i=1}^{N_l}$	有标签样本
$U = \{x^{(i)}\}_{i=1}^{N_u}$	无标签样本
$A = \{x^{(i)}, y_{soft}^{(i)}\}_{i=1}^{N_a}$	增强标签样本

面向高维数据的特征选择：在真实的工业场景中，某些过程变量的测量并不总是十分精确的，可能会有一些噪声的干扰。如果在建模过程中选择了一些高噪声干扰的变量，则可能会影响建模模型的性能以及增加不必要的模型训练和推理时间。特征选择方法是工程技术应用中常用的方法，有助于忽略建模次要因素，从而能够分析影响模型的主要变量和因素。然而，现有的特征选择方法中如基于 Lasso 的特征选择较为简单，一般来说难以解耦工业变量存在的复杂共线性关系。而基于树模型的特征选择方法中，面对工业数据的变化复杂，对于具有较大方差的工业特征，基于树的模型总能找到分割点来优化损失函数，这也使得特征重要性计算产生偏差。因此，需要一种更可靠的特征选择方法。

为了校正特征重要性偏差，在本节使用了置换重要性（Permutation Importance，PIMP）应用于特征选择。该方法的核心是计算模型在无效信息配置（Non-Informative Setting）下不同特征的重要性分布，然后通过比较有效信息配置（Informative Setting）和无效信息配置下模型的特征重要性分布，去选择有效特征，克服特征重要性的偏差。该方法的算法流程如下。

算法 4-1 基于置换重要性的特征选择算法

1. Require：
2. 数据集数据 X_i，相对应的标签 y；
3. 选取一个具有排序重要性的模型；
4. 预先设定的特征距离阈值 thres；
5. 为了获得空特征重要性分布的模型训练次数 n；
6. Procedure：
7. Repeat：
8. 根据随机种子洗牌 y；
9. 通过洗牌的 y 训练模型来获得空特征重要性；
10. 重新设定不同的随机种子；
11. **Until**：达到停止的轮次 n；
12. 获得最终的空特征重要性分布。
13. 通过在原始的标签训练模型以获得真实的重要性分布；
14. 针对每一个特征，如果真实的特征重要性和空特征重要性的距离大于预先设定的阈值，那么保留这个特征，否则舍去该特征；
15. 最终选择的特征。

面向无标签数据的标签广播：在近些年的研究中，训练集中有标签样本和无标签样本比例被认为是一个对半监督学习敏感的超参数。更多的有标签样本能够为模型收敛提供可靠性信息，但是有标签样本的不足是一个十分常见的问题，一个直观的想法是直接为无标签样本生成可靠的标签值。

由于过程工业系统在表现上是局部平滑的，因此具有相邻采样时间的样本在输入变量上具有相似的值。基于平滑度假设，对于两个样本 i 和 j，如果 x^i 和 x^j 足够相似，它们的标签值的距离可能和两者的距离有一定的联系。鉴于上述观察，采用了一种基于高斯噪声增强的无标签数据标签广播方法，将一些无标签样本转换为有标签样本。

细节如图 4-3 所示，所有样本都根据采样时间排列。在每两个有标签样本之间，有许多无标签样本。对于每个有标签样本，设置一个时间窗口，长度为 W。在这里，这个长度意味着选择此有标签样本前面的 $W-1$ 个无标签样本进行扩充。请注意，一旦 W 确定后，不在任何时间窗口内的样本将被排除在训练集中。对于一个时间窗口内唯一被标记的样本，其实体标签值将被传播到其他 $W-1$ 未标记的样本作为软标签。为了加强该方法的鲁棒性，从高斯分布中采样的噪声项被添加到每个软标签。最终，软标签由以下概率密度函数生成：

$$f(x;\mu,\sigma_{\text{noise}}) = \frac{1}{\sqrt{2\pi}\sigma_{\text{noise}}} e^{-\frac{(x-\mu)^2}{2\sigma_{\text{noise}}^2}} \tag{4-1}$$

式中，$f(x)$ 表示软标签被分配到 x；令 μ 为固定的标签值；σ_{noise} 是一个超参数。

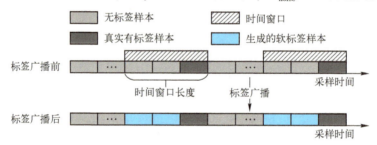

图 4-3 基于高斯噪声的标签广播

对于每个时间窗口，$W-1$ 软标签值将首先由式（4-1）生成。然后，对于每个生成的值 $x_{\text{soft}}^{(i)}$，固定标签值 x_{solid} 的绝对误差将由式（4-2）计算。根据计算结果，将生成的绝对误差较小的值分配给离固定有标签样本较近的无标签样本。算法 4-2 清楚地阐明了这种方法。

$$E(x_{\text{solid}}, x_{\text{soft}}^{(i)}) = |x_{\text{solid}} - x_{\text{soft}}^{(i)}|, \quad i \in [1, W-1] \tag{4-2}$$

算法 4-2　基于高斯分布的标签广播方法

1. Require：
2. 无标签的数据集 X^U, y^U，有标签的数据集 X^L, y^L；
3. 时间窗口大小 W；
4. 高斯噪声随机变量 δ_{noise}；
5. Procedure：
6. 根据时间窗口绑定并且将样本分组；
7. 对每个时间窗口，根据式（4-1）生成 $W-1$ 软标签样本；
8. 基于式（4-2）计算每个软标签样本在时间窗口内到真实标签的距离；
9. 将距离真实样本距离较小的软标签分配给离真实样本更近的无标签数据；
10. **Return**：生成的增强数据集。

数据分组：数据噪声是工业数据分析的通病。为了在一定程度上抑制数据噪声，引入了一种基于嵌合算法的数据分组方法，对连续数据进行离散化处理。它是通过将连续数据映射到不同的区间，并用区间的索引替换连续数据来实现的。在本节中，为了减轻数据分组带来的信息损失，该操作将只对数据变化平稳的变量进行。具体来说，对于每个变量，首先计算所有时间窗口的方差。数据分组将仅对具有较低方差的变量进行。

为了更合理地安排区间，这里引入了 ChiMerge 算法，根据某个统计指标确定每个变量的边界。作为一种自下而上的方法，该算法首先将每个唯一值分类为一个区间，通过计算它们的卡方相关性来组合相邻区间，如式（4-3）所示。

$$\chi^2 = \sum_{i=1}^{m}\sum_{j=1}^{k}\frac{(A_{ij}-E_{ij})^2}{E_{ij}} \quad (4-3)$$

式中，A_{ij} 表示类 j 在间隔 i 和 $E_{ij}=\dfrac{N_i C_j}{N_{\text{all}}}$ 条件下的实例数，N_{all} 为所有实例的大小，N_i 为类 i 的大小，C_j 为类 j 在所有实例中的比例。

注意 ChiMerge 算法只适用于分类问题，标签值临时预离散化，将连续标签转化为多分类标签。在这里，仅简单地将标签值的范围平均划分。然后，可以对每个变量实施 ChiMerge 算法，如算法 4-3 所示。

算法 4-3　用于数据合并的 ChiMerge 算法

输入：多维持续数据 X_{cont}，及其标签 Y_{class}；最大的分段间隔数 K_{chi}；
输出：这个变量的时间间隔的边界；
步骤：
1. Procedure；
2. 通过将 X_{cont} 的每个唯一值放入一个单独的容器中来执行初始化；
3. **Do**：
4. 计算每个相邻区间的卡方相关性；
5. 找到所有卡方值的最小值 m；
6. 将两个相邻的间隔合并为 m；
7. 计算间隔的数量 L；
8. while $L \leq K_{\text{chi}}$
9. **Return**：此变量的时间间隔的边界。

3. 半监督并行 DeepFM 模型介绍

（1）原始 DeepFM 模型

在这一部分中，讨论原始 DeepFM 模型的嵌入层、FM 组件和深度组件。

1) 嵌入层：数据分组将不同的连续变量离散转换为具有不同维度的稀疏 one-hot 向量。嵌入层的主要功能是将它们转换为相同大小的密集向量。每个嵌入层都是一个参数矩阵，阶数为 $k_i \times e$，这里，k_i 是第 i 类离散变量的间隔数量。统一嵌入尺寸 e 是一个超参数。在这些层的帮助下，那些 one-hot 向量被转换为具有统一形状的密集向量。嵌入层的另一个功能是替代 FM 分量的辅助向量，这将在后面解释。

2) FM 组件：因子分解机（Factorization Machine，FM）组件是一种与深度神经网络（DNN）相比来说不可替代的组件。这是因为 DNN 仅具有从所有变量中提取高维特征的能力。但是，也有一些低维特征有待发现，它们通常会被高维特征淹没。例如，当两个变量同时变化时，它们值的组合可能会对预测目标产生隐含影响。因此，引入 FM 组件来探索低维特征。FM 的目标函数，如式（4-4）所示，是一阶线性回归和二阶多项式的总和。

$$Y_{FM} = b + \sum_{i=1}^{n} w_i x_i + \sum_{i=1}^{n-1} \sum_{j=i+1}^{n} w_{ij} x_i x_j \tag{4-4}$$

式中，n 为变量的数量；x_i 为第 i 个变量；w_i 和 b 分别为一阶线性回归式的权重和偏差；w_{ij} 为变量 i 和 j 的二阶多项式参数。

$$Y_{FM} = b + \sum_{i=1}^{n} w_i x_i + \sum_{i=1}^{n-1} \sum_{j=i+1}^{n} w_{ij} x_i x_j \tag{4-5}$$

$$\begin{aligned}
&\sum_{i=1}^{n-1} \sum_{j=i+1}^{n} \langle \boldsymbol{v}_i, \boldsymbol{v}_j \rangle x_i x_j \\
&= \frac{1}{2} \sum_{i=1}^{n} \sum_{j=1}^{n} \langle \boldsymbol{v}_i, \boldsymbol{v}_j \rangle x_i x_j - \frac{1}{2} \sum_{i=1}^{n} \langle \boldsymbol{v}_i, \boldsymbol{v}_i \rangle x_i x_i \\
&= \frac{1}{2} \Big(\sum_{i=1}^{n} \sum_{j=1}^{n} \sum_{k=1}^{p} v_i^{(k)} v_j^{(k)} x_i x_j - \sum_{i=1}^{n} \sum_{k=1}^{p} v_i^{(k)} v_i^{(k)} x_i x_i \Big) \\
&= \frac{1}{2} \sum_{k=1}^{p} \Big(\Big(\sum_{i=1}^{n} v_i^{(k)} x_i \Big) \Big(\sum_{j=1}^{n} v_j^{(k)} x_j \Big) - \sum_{i=1}^{n} (v_i^{(k)})^2 x_i^2 \Big) \\
&= \frac{1}{2} \sum_{k=1}^{p} \Big(\Big(\sum_{i=1}^{n} v_i^{(k)} x_i \Big)^2 - \sum_{i=1}^{n} (v_i^{(k)})^2 x_i^2 \Big)
\end{aligned} \tag{4-6}$$

特征组合由二阶多项式实现。为了简化计算，对于每个特征 x_i，构造一个 p 维辅助向量 $\boldsymbol{v}_i^T = (v_i^{(1)}, v_i^{(2)}, \cdots, v_i^{(p)})$。这里，$p$ 是一个超参数。那么，多项式参数 w_{ij} 可以用内积 $\langle \boldsymbol{v}_i, \boldsymbol{v}_j \rangle$ 代替，见式（4-6）。通过设置嵌入尺寸 e 到 p，辅助向量可以用嵌入参数代替。式（4-5）可以通过训练嵌入层来优化。

3）深度组件和参数共享：深度组件是一个能够提取高维特征的 DNN。DNN 各层的前向传播如下：

$$a^{(l+1)} = f(W^{(l)} a^{(l)} + b^{(l)}) \tag{4-7}$$

式中，a 为每一层的输出；l 为隐层的索引；W 和 b 分别为权重和偏置。ReLU 函数作为激活函数如下：

$$f(x) = \begin{cases} x, & x > 0 \\ 0, & x \leq 0 \end{cases} \tag{4-8}$$

初始时，深度组件与 FM 组件共享嵌入层，这意味着密集向量也是 DNN 的输入。整个模型的输出如下：

$$Y_{DeepFM} = Y_{FM} + Y_{Deep} \tag{4-9}$$

（2）半监督并行 DeepFM 模型

修改后的半监督并行 DeepFM（SS-PDeepFM）模型如图 4-4 所示。对原始的 DeepFM 模型有两个主要修改。

第一个修改是参数共享被并行化取代。为了避免数据分组造成的信息丢失，嵌入层的参数共享被移除，使得 DeepFM 模型的两个组件可以并行处理离散数据和连续数据。具体来说，只有 FM 组件会从嵌入层接收密集向量。深度组件将直接将归一化数据作为输入。因此，数据分组造成的信息丢失不会对深度组件产生影响。SS-PDeepFM 模型的最终预测是基于两个分量的综合输出，即

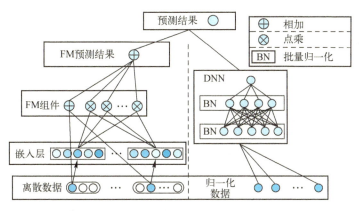

图 4-4 SS-PDeepFM 模型示意图

$$Y_{\text{DeepFM}} = t_1 Y_{\text{FM}} + t_2 Y_{\text{Deep}} \tag{4-10}$$

式中，Y_{FM} 和 Y_{Deep} 是两个组件的输出。考虑到不同工业系统的线性度不同，t_1 和 t_2 是自动训练以平衡 FM 和 DNN 贡献的权重。

关于无标签样本的问题，第二个修改将 MR 嵌入 BP 算法中。这是通过在目标函数中引入由式（4-11）定义的 MR 项来实现的。

$$\hat{\gamma} = \frac{1}{2} \sum_{i,j} \theta_{ij} |\hat{y}_i - \hat{y}_j|^2 \tag{4-11}$$

式中，$\hat{y}_i$ 和 $\hat{y}_j$ 表示关于样本 i 和 j 的预测；θ_{ij} 是用来衡量两个样本之间相似度的参数。存在多种用于相似性测量的方法。在本节中，利用了高斯函数，如式（4-12）所示。这里只有归一化的数据才会用于距离计算。

$$\theta_{ij} = e^{-\frac{(x_i - x_j)^2}{2\sigma_\theta^2}} \tag{4-12}$$

式中，σ_θ 是一个超参数。式（4-11）通常以其矩阵形式计算如下：

$$\hat{\gamma} = \text{Tr}(\hat{Y}^T L \hat{Y}), \quad L \in \mathbf{R}^{(N_1 + N_u) \times (N_1 + N_u)} \tag{4-13}$$

式中，$L = D - \Theta$ 是图拉普拉斯矩阵，Θ 表示元素为 θ_{ij}，$i, j \in \{1, 2, \cdots, N_1 + N_u\}$ 的相似矩阵，D 是对角元素为 $D_{ii} = \sum_{j=1}^{N_1 + N_u} \theta_{ij}$ 的对角矩阵。

原始 BP 算法要最小化的目标函数由正则化项和经验误差项组成，即

$$L = \frac{1}{2} \|\boldsymbol{\beta}\|^2 + \frac{1}{N_1} \|Y - \hat{Y}\|^2 \tag{4-14}$$

模型参数 $\|\boldsymbol{\beta}\|^2$ 的复杂性被限制以防止过拟合。经验误差用于衡量标签值 Y 和对应的预测值 $\hat{Y}$ 之间的距离。为了将其转换为半监督模式，将一个额外的 MR 项嵌入目标函数中。此外，比率 $\frac{N_1}{N_u}$ 对预测性能十分敏感。因此，从标签广播生成的软标签也被纳入经验误差。最终修改的损失函数如下：

$$L_{ss} = \frac{1}{2} \|\boldsymbol{\beta}\|^2 + \frac{\|Y_{\text{solid}} - \hat{Y}_{\text{solid}}\|^2 + \|Y_{\text{soft}} - \hat{Y}_{\text{soft}}\|^2}{N} + \frac{\lambda_1}{2} \text{Tr}(\hat{Y}^T L \hat{Y}) \tag{4-15}$$

式中，λ_1 为权衡超参数；N 为每个训练过程中固定样本和软样本的总和数。

综上所述，在训练阶段，用于计算目标函数的样本是带有固定标签的原始有标签样本和带有软标签的增强标签样本。在所有这些样本上计算修改后的经验误差和额外的 MR 项。这样就可以在有标签和无标签的情况下进行参数样本优化，以便获得更多与质量相关的信息。

4.2.2　基于小波数据增强的无标签数据预测方法

时间序列传感器数据的挖掘主要集中在两个方面：基于特征的方法和基于网络的方法。基于特征的方法提取手工制作的基于特征的表示，例如时间特征或频率特征。通常通过传感器信号的均值或方差来计算时间特征。通过信号处理方法，如功率谱比，获得频率特征（PSR）和平均频率（MNF）。然而，基于特征的方法依赖于专家经验，费时费力。深度学习的快速发展已经彻底改变了时间序列传感器数据的建模方法。深度学习模型成功的关键是足够多的有标签训练样本。当目标域中没有可用的有标签数据时，许多深度学习模型无法正确分类时间序列。通常，在深度学习中，源域和目标域中的数据服从相同的分布。当源域和目标域数据分布存在差异时，深度学习方法的性能可能会急剧下降。其次，整个频谱上的频域信息有利于实现更好的域自适应过程，而该部分信息并未被考虑到。

为了缓解上述挑战，本书提出了小波增强来处理时间序列传感器数据。具体方法为采用时频域隐层空间中的多层小波混合数据增强方法来学习域不变性。小波混合方法丰富了训练样本，并利用了来自无标签时间序列传感器数据的可用信息。

Mixup 在图像数据增强中得到了广泛的应用，然而在时间序列的无监督领域自适应中存在两个挑战。首先，直接将 Mixup 应用于原始时间序列传感器数据是不可行的。因为来自传感器的时间序列总是具有非稳态和低信噪比。其次，半监督学习方法数据分布通常是不变的，而在无监督领域自适应中，源域和目标域之间的数据分布是不同的。

为了解决这些问题，采取多层小波混合（WMIX）来对时频域空间进行扩展。小波变换是一种多分辨率的去噪方法，对于波动性时间序列数据的预测是有效的。应用离散小波分解层从包括低频子序列和高频子序列的时间子序列中逐层提取多级时频特征。相应的分解方法如下：

$$h^1(i+1) = \sigma(W^1(i)x^1(i) + b^1(i)) \tag{4-16}$$

$$h^h(i+1) = \sigma(W^h(i)x^h(i) + b^h(i)) \tag{4-17}$$

进一步，设置融合的系数大于 0.5，相应表达式如下：

$$r = \max\{B(\alpha, 1-\alpha), 1-B(\alpha, 1-\alpha)\} \tag{4-18}$$

通过融合伪标签和真实标签，得到增强后的伪样本标签。直观上，我们期望用有标签的源域时间序列数据训练的任务分类器在无标签的目标域时间序列数据上也能表现良好，实现无监督的知识迁移和领域自适应。在对抗性领域自适应中，领域分类器以间接的方式约束特征生成器生成可传递的特征。也就是说，任务分类器在训练过程中不能直接包含目标域数据的信息。此外，为了充分利用这些无标签的目标域数据，在训练过程中为任务分类器提供更多的目标域信息或提示，有必要提高目标域模型的性能。通过多层小波混合（WMIX）方法，新集成的数据同时包含了源域数据和目标域数据两个域的信息。然后，任务分类器可以直接包含训练期间目标域数据的信息，从而使训练过程更加稳定，降低分类训练误差。

4.3 非均衡数据增强表征建模方法

当前工业大数据在不同行业领域积累的规模日趋增大,其分布广泛存在不均衡的现象。例如,在设备健康管理的故障预测与诊断任务中,有缺陷的样本数据远少于正常的样本数据。同时,由于工业制造业逐渐向分布式、模块化发展,不同工厂、车间采集的数据汇聚到一起时,数据难以做到完全的均衡。而随着工业设备的不断复杂化、集成化,可能出现一些新的未知的状况,缺乏历史数据。数据不平衡会导致数据分析模型性能不佳,因为它们倾向于挖掘数据量更多的类别的特征。面向这一问题,本节介绍一种工业数据的隐式扩充方法,使得模型更加关注与不平衡信息有关的预训练信息。在这之后,介绍一种面向非均衡工业数据的标签解构多输入处理架构,通过解构工业数据的标签,实现在使用原有数据的情况下,尽可能扩展工业数据的标签空间,实现非均衡工业数据的智能处理。

4.3.1 工业数据隐式扩充方法

在工业生产过程中,低质量的产品虽然比较少出现,但是如何及时预测低质量产品的生产也十分重要。由于工业数据可能存在大量的无标签数据,具有不平衡的特点,因此,训练阶段一般分为预训练和微调阶段,对这两个阶段分别进行数据增强。在预训练阶段,引入了一种面向不平衡数据的预训练方法,通过在预训练阶段,不仅进行传统无监督/自监督的预训练,而且将有标签的不平衡的损失加入预训练过程,使得模型更加关注与不平衡信息有关的预训练信息。另一方面,在微调阶段,可以对不平衡数据进行过采样,平衡数据分布,提高模型的预测精度。同时,引入了基于一致正则化(Consistent Regularization)的思想,通过控制无标签数据的输出,实现隐式的数据扩充。由于高质量和低质量的样本一般数目较少,因此模型对这些样本的预测效果较差。

鉴于此,假设不平衡数据集为 X_s,其中,对每个具有标签的样本,定义一个梯度下降的损失如下,其中,B_1 是每批量中的样本个数,m 是控制训练过程的超参数。

$$\text{loss}_{\text{pretrained}} = \frac{1}{B_1} \sum\nolimits_{\text{batch}} \text{pretrained\_loss} + m \sum\nolimits_{\text{sampled}} (y_s - \hat{y}_s)^2 \quad (4-19)$$

其中,预训练的损失将在 4.4.2 节介绍,第一项是采样过程中包含不平衡样本的预训练损失,第二项是对不平衡样本引出多层全连接层后的不平衡样本预测结果。通过将标签引入损失,模型在预训练阶段能够更加关注不平衡样本的相关信息。

同时,在微调阶段,一致正则化的思想也能够实现隐式的标签扩充。由于存在着大量的无标签样本等待有效利用,引入半监督学习中的一致正则化思想和标签扩充思想,来缓解不平衡数据的问题,如式(4-20)所示,其中,B_u 是每批量中无标签样本的个数,I 是指示函数,ε 是超参数。

$$\text{loss}_{\text{finetuned}} = \frac{1}{B_1 + B_u} \Big(\sum\nolimits_{\text{batch}} \text{finetuned\_loss} + \sum\nolimits_{\text{sampled}} (\text{error}^u \leqslant \varepsilon) \cdot \text{error}^u I \Big) \quad (4-20)$$

其中,微调损失将在 4.4.2 节详细介绍。第二项是一致正则项,用来比较模型对不平衡数据的预测结果和真实结果的差距,如下:

$$\text{error}^u = \text{model}(x_i^u) - \text{model}(x_j^u) \quad (4-21)$$

我们知道，只有模型对两个相邻不平衡样本的预测结果的差距小于门控函数的阈值时，才不计入损失。一般来说，本项也可以推广为模型中特征的相似度差距，比如将 error^u 定义为模型两个中间层特征之间的 KL 散度等。

最终，可以在微调阶段加入模型的过采样或者降采样，去限制每个批量的 B_l 和 B_u 的大小相同，从而控制每个批量不平衡样本的数目。但是这种过采样的方法一般不适用于不平衡样本过于稀少的情况。

4.3.2 面向非均衡工业数据的标签解构多输入智能处理架构

缺乏数据是实际工业形势下的一个普遍问题。首先，随着工业过程和工业设备结构的日益复杂，许多未知的状况将不可避免地发生，然而缺少历史数据对其进行定量分析。因此，这些未知的条件往往是无法预测的，可能导致许多无法估量的后果。其次，由于工业物联网大数据是大规模的、不间断地生成的，从不同设备采集的数据可能是不均衡的。不同类别的样本量可能差异很大，收集到的历史数据的分布也可能与实际分布不匹配，极大地限制了工业数据分类模型的准确性。最后，从不同边缘收集数据对工业数据分类模型进行协同训练是一种可行的方法，然而这些场景的工作条件可能存在明显差异，导致训练模型的场景适应能力较差，可能产生不必要的成本。

考虑到边缘计算的实时性能力和工业云的强大计算力，本节提出了一种智能数据处理方法——标签解构的多输入卷积神经网络（Label-Split Multi-Input Convolutional Neural Network，LM-CNN）。数据在各工业现场的边缘层预处理后，被上传到云平台的服务器上。这些数据将用于训练工业数据分类模型。随着数据的更新，模型不断地进行增量演化。根据每条边的特殊性要求，对云中的模型进行压缩并传输到每条边，以满足分类任务的实时要求。对更新后的数据进行重新采样和聚合，进行特征增强，训练初始多输入多输出（Multi-Input Multi-Output，MIMO）分类模型。同时，利用另一组经过标签解构处理的重采样数据，对预训练后的模型进行微调，得到全局分类模型。之后针对特定边缘应用场景对模型进行压缩，将压缩后的模型传输至该边缘，用于实时分类任务。

基于标签解构的多输入卷积神经网络的工业数据分类模型构建包含两部分，分别为基于多输入多输出卷积神经网络的模型预训练，以及标签解构的模型微调。在构建模型之前，需对数据进行标签解构处理。

1. 基于多属性标签解构的标签采样空间扩展

大多数神经网络都可以利用高质量的历史数据很好地分类数据。然而，缺乏数据是实际工业形势下的一个普遍问题。准确预测特定数据的一个先决条件是能够获得此类数据的历史数据。本节提出的方法，即使没有历史数据，也能对某些数据做出相对可靠的预测。因此，需要扩大数据标签的采样空间，通过提取已知数据的特征来获得未知数据的知识。工业设备数据往往包含大量的信息，各种数据中同时存在一些信息，这就导致了这些数据之间的相关性。对某一数据的分类模型的训练过程可以采用其他类别的样本。例如，可以采用两个位置相同但直径不同的滚动轴承故障的振动信号来补充彼此的训练集。

以滚动轴承故障诊断为例，工业数据分类系统需要确定故障轴承的位置、直径和负载。假设故障的标签可以描述为载荷 $i(i=1,2,\cdots,I)$ 下第 j 个位置 $(j=1,2,\cdots,J)$ 的第 k 种直径的故障 $(k=1,2,\cdots,K)$。传统的故障分类方法通常训练鉴别器进行 M 个分类（M 是故障数，

$M \leqslant IJK$),从而使得模型忽视标签的相似性。同时,若某两个标签相似的故障的特征高度相似,故障之间经常会发生故障误诊。将那些与该故障相似的故障称为"标签相似数据"(Labeled Similar Data,LSD),将相似的属性称为子标签。

通过定义 LSD,可以降低误分类的概率。数据的 LSD 的历史数据可以用作工业数据分类模型的增强数据。这里采用一种通过描述每个子标签来扩大标签采样空间的方法。这些未知数据的子标签对应的数据分布可以通过分析它们的 LSD 来捕获,因为目标数据与它的 LSD 子标签相同。如果一个类别的各种属性可以通过其 LSD 来表征,那么就没有必要维护大量的这类数据。当然,这需要数据的 LSD 的数量足够多。此外,由于分类任务被更简单的任务所取代,LSD 不再是对分类任务的干扰。

由于子标签之间的耦合,标签解构后的分类准确率高于解构前。假设对于数据分类,$p(T) > p(LSD_i) > p(O_j)$,其中,$p(T)$ 表示目标类别的概率,$p(LSD_i)$ 和 $p(O_j)$ 分别表示第 i 个 LSD 和第 j 个其他类别的概率。虽然模型对 LSD 的预测可能有偏差,但其影响仍然可以通过预测剩余的 LSD 来减少。若类别有 S 个子标签,本例中工业数据分类的预测函数可以重构为

$$\hat{p}_\theta(T|x) = \sum_{s=1}^{S} p_\theta(L_s|x) \geqslant p_\theta(L_1, \cdots, L_S|x) \tag{4-22}$$

2. 基于 MIMO 的数据增强方法和神经网络预训练模型

对于神经网络的输入 x,分类模型的输出 $\hat{y}$ 为概率分布 $p_\theta(\hat{y}|x)$,这无疑给预测带来了不确定性。在 MIMO 配置的神经网络中,假设存在 M 个类别,网络同时接收 M 个输入并提供 M 个输出,其中,每个输出为其对应输入的预测,如图 4-5 所示,M 为重构的标签数。对于同时输入模型的 M 个样本,每个样本都从 M 个类别中进行概率采样。数据类别不是在每个位置都是固定的。重新采样样本的数量可以是原始样本的指数倍,因此数据聚合是一种数据增强方法。同时,由于它是一种重采样方法,因此不受数据不平衡问题的影响。这种神经网络的配置可以"免费"提供集成。只要计算量略微增加,就可以捕获各种类别之间的差

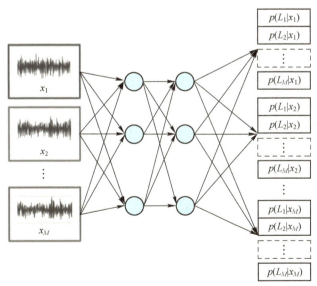

图 4-5 MIMO 结构的神经网络对输入数据的预测

异。通过这种"集成"重采样方法，重采样的数据可以相较于原始数据更好地匹配应用场景的特征。

该模型由两个部分组成：一个特征提取模块和一个感知器。将 CNN 模块更改为一个 MIMO 结构来提取隐藏的局部特征。相比之下，感知器用捕获的特征对数据进行分类。这里对传统神经网络的训练过程进行了改进。M 个样本作为一个整体拼接在一起，并同时输入神经网络。损失函数是 M 个集合的预测的负自然对数，即

$$L_M(\theta) = \mathop{E}_{\substack{x_1, y_1 \in X \\ \vdots \\ x_M, y_M \in X}} \left[\sum_{m=1}^{M} -\log p_\theta(y_m | x_1, \cdots, x_M) \right] \tag{4-23}$$

在评估时，输入数据被平铺 M 次，即 $x_1 = x_2 = \cdots = x_M$。由于每个输入都是相同的，模型的每个输出可以独立预测数据类。此外，该模型的 M 个输出可以通过一个全连接的网络进行"集成"，以提供更准确的预测。

$$p_\theta(\hat{y}|x) = \sum_{m=1}^{M} \alpha_m p_\theta(y_m | x_1, \cdots, x_M) \tag{4-24}$$

MIMO 可以提高鲁棒性，减少不确定性，但分类任务的类别特异性没有变化。事实上，由于 MIMO 结构可以被认为是一种"集成"，因此可以考虑"子网络"的类别特异性的重采样方法。如果一个子网络更关注一个特定的类别，那么该子网络描述该类别的能力就会增强。此外，从宏观的角度来看，整个网络可以探索每个类别的特异性特征以及类别之间的异同性。

在重采样时，可以考虑子标签的影响。各个子网络的关注度，从高到低，为目标类别、其 LSD 和其他类别。假设原始标签被分成 N 个子标签。对于子标签 $n(n=1,\cdots,N)$，应确保目标标签的采样概率为 $\Phi_T > 0.5$，即

$$\Phi_T = \prod_{n=1}^{N} \phi_n > 0.5 \tag{4-25}$$

对于 LSD 和其余类别，采样概率 Φ_{LSF} 和 Φ_O 分别为

$$\Phi_{LSF} = \prod_{n_1=1}^{N_1} \phi_{n_1} \prod_{n_O=1}^{N-N_1} (1 - \phi_{n_O}) \tag{4-26}$$

$$\Phi_O = \prod_{n_O=1}^{N} (1 - \phi_{n_O}) \tag{4-27}$$

式中，N_1 为 LSD 的相似标签的数量；ϕ_{n_l} 表示 LSD 的第 l 个子标签的采样概率。

对于没有样本的类别，可以利用其 LSD 中的数据来构成其训练数据。其训练数据的重采样概率为

$$\Phi_{LSF} = \frac{1}{1 - \prod_{n=1}^{N} \phi_n} \prod_{n_1=1}^{N_1} \phi_{n_1} \prod_{n_O=1}^{N-N_1} (1 - \phi_{n_O}) \tag{4-28}$$

$$\Phi_O = \frac{1}{1 - \prod_{n=1}^{N} \phi_n} \prod_{n_O=1}^{N} (1 - \phi_{n_O}) \tag{4-29}$$

3. 针对子标签的基于多任务学习的网络自适应微调

本节提出了一种预训练-微调的训练方法。在预训练阶段捕捉类别之间的差异；在微调阶段，利用类别之间的相关性来捕获子标签内的差异。

微调阶段用于对子标签进行分类，标签在此之前进行解构。根据数据情况和数据内包含的多重属性，如工件的类型、工件上的位置、目标的直径、设备的负载等，将标签分成子标签。假设有 N 个子标签，每个子标签可以划分为 c_n 类 ($n=1,\cdots,N$)，那么可以将解构的子标签融合为 $\prod_{n=1}^{N} c_n$ 个类别标签。

在微调阶段，使用预先训练的模型为每个子标签设计一个分类器（也可以将几个子标签融合成一个）。在这一阶段，CNN 层的结构保持不变，只修改了 MLP 层的结构。

在预训练模型中采用感知机进行数据分类。对于解构的子标签，感知机反而不能突出子标签的局部特异性。因此，这里考虑一个径向基函数（Radial Basis Function，RBF）神经网络。RBF 神经网络包含三层，即输入层、隐层和输出层。输入层用径向基函数非线性地投影到隐层上。然后，隐层被映射到具有全连接层的输出层。径向基的激活函数可以表示为

$$R(x) = \sum_{k=1}^{K} \exp\left(-\frac{1}{2\sigma^2}\|x_k - c_i\|^2\right) \tag{4-30}$$

式中，σ 和 c_i 为高斯核的参数。

损失函数的计算在训练模型时也考虑了类别特异性。本节采用的 MIMO 模型总共有 M 个数据的 M^2 个输出，输出 O_{ij} 表示第 i 个子网络的输入样本被预测为第 j 个数据的可能性（$i,j=1,\cdots,M$）。总损失的定义如下：

$$L_M(\theta) = \mathop{E}_{\substack{x_1,y_1 \in X \\ \vdots \\ x_M,y_M \in X}} \left[\xi L_M^{\mathrm{T}}(\theta) + \eta L_M^{\mathrm{LSD}}(\theta) + \zeta L_M^{\mathrm{O}}(\theta)\right] \tag{4-31}$$

式中，L^{T}、L^{LSD} 和 L^{O} 分别表示目标类别、LSD 和其他类别对应的子网的损失（对应于子网的具体位置，而不是真实样本）；ξ、η 和 ζ 为系数，$\xi \geq \eta \geq \zeta > 0$。

模型的预训练和微调流程如图 4-6 所示。预训练模型的 CNN 层重新训练，MLP 层被 N 组 RBF 模块代替（N 是分割子标签的数量）。每个径向基函数模块用于预测类别属于该子标

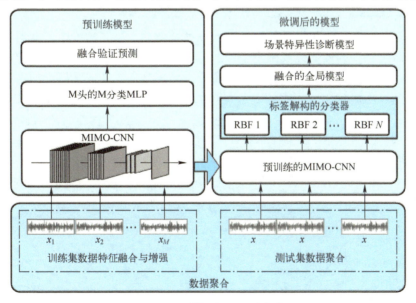

图 4-6　LM-CNN 模型的预训练与微调流程

签内的哪个类别。每个RBF模块的预测结果通过一个全连接层融合为最终的预测结果。

之后根据场景特异性对全局工业数据分类模型进行压缩，将压缩后的模型传输至该边缘，用于实时工业数据分类。该调优可分为两个步骤。首先，由于单个边缘侧的条件相对于全局边缘侧较简单，不需要考虑所有的类别。因此，压缩的第一步是对全局模型进行剪枝，其中与目标边缘无关的输入和输出神经元被修剪（模型输入的每个位置都与特定的类别相关）。其次，要对后修剪模型进行微调以提高准确性。将预修剪模型蒸馏为后修剪模型。全局模型倒数第二层的输出作为后剪枝模型学习的教师标签。在此步骤中，仅将目标边缘的类别和这些类别的LSD作为训练样本进行蒸馏。

4.4 缺失数据增强表征建模方法

本节主要详细介绍针对低质工业数据采用的预处理方法，包含低质数据的缺失特征处理、对高维数据进行的特征选择、对无标签数据进行标签广播、对不平衡数据进行数据增强和扩充四个部分。其中，值得注意的是，标题中的缺失指的是低质数据缺失特征、缺失标签这两个方面。

目前，大多数研究中采用的缺失特征补全方法一般分为几大类：第一类是基于统计信息的方法，采用均值、中位数和众数等进行数据补全；第二类是基于朴素贝叶斯的方法，采用基于条件概率的缺失特征补全方法；第三类基于树模型的方法，根据缺失特征在树分裂节点的增益大小选择缺失特征所在的叶节点，然后通过叶节点的均值补全等。本节认为这些特征补全方法容易忽略两种特点：第一是缺失特征不是独立存在的，它不仅与缺失特征值列所在的统计属性有关，而且与当前时刻样本的所有属性息息相关；第二是这些补全方法一般容易忽略时间序列中可能存在着样本关联性特征，如不同类别的样本（运行故障或运行良好）的统计特性不一定相同，强行补全的准确率低。

4.4.1 面向低质数据的缺失特征自动补全方法

本节提出了一种两阶段的低质数据缺失特征补全方法。第一阶段主要利用传统的特征补全方法。首先将无缺失的训练样本聚类，计算待补全数据与各聚类簇之间的相似度，为每个补全数据分配一个聚类簇。随后对每个聚类簇分别采用基于统计或者树模型等的传统特征补全方法。整体的算法流程如算法4-4所示。具体来说，相似度函数$s(\boldsymbol{x})$一般可以使用加权的均方根误差（RMSE），如式（4-32）所示。对于每一个缺失样本，计算缺失样本到每个聚类中心的距离，以分配每个缺失样本到具体的数据簇。式中，N是所有有效样本的个数；D是数据的特征维度；x_j^i表示第j个样本的第i维度特征；a_k是第k个聚类中心。值得注意的是，考虑到工业过程变量之间可能具有不同的范围，在式中加入了一个总体标准偏差项，如下：

$$s(\boldsymbol{x}) = \begin{cases} \operatorname*{argmax}\left(\left|\sum_{i=1}^{D} \dfrac{(a_k - \hat{x}_i)^2}{\sqrt{\sum_{j=1}^{N}\left(x_j^i - \dfrac{1}{N}\sum_{j=1}^{N} x_j^i\right)^2}}\right|^2\right), & \hat{x}_i \text{ 可用} \\[2em] \operatorname*{argmax}\left(\left|\sum_{i=1}^{D} \dfrac{0}{\sqrt{\sum_{j=1}^{N}\left(x_j^i - \dfrac{1}{N}\sum_{j=1}^{N} x_j^i\right)^2}}\right|^2\right), & \hat{x}_i \text{ 不可用} \end{cases} \quad (4\text{-}32)$$

算法 4-4　使用 K-means 算法进行聚类与类内特征补全算法

1. Require：
2. K-means 算法聚类中心数目 k；
3. 可容忍的 K-means 迭代误差大小 eps，训练轮数 epochs；
4. 特征补全函数，相似度函数 $s(\boldsymbol{x})$；
5. $x_i \in \boldsymbol{x}$，其中，x_i 是数据集中的第 i 个样本；
6. Procedure：
7. 随机初始化 k 个样本作为聚类中心：$A = a_1, a_2, \cdots, a_k$
8. Repeat：
9. 　　计算每个样本 x_i 到所有聚类中心 A 的距离；
10. 　　分配每个样本 x_i 到离它最近的聚类中心 c_i；
11. 　　对每个类别，重新计算新的聚类中心 a_j^{new}；
12. 　　$a_j^{\text{new}} = \dfrac{1}{|c_j|} \sum_{x \in c_j} x$；
13. 　　计算当前的迭代误差大小 $e = \sum_{i=1}^{i=k} (a_i - a_i^{\text{new}})^2$；
14. Until：$e <$ eps 或者达到可以停止的轮次 epochs
15. 获取最后的聚类中心，$a^{\text{final}} = a_1^{\text{final}}, a_2^{\text{final}}, \cdots, a_k^{\text{final}}$；
16. 对 i 从 1 到 k：
17. 　　使用 $s(\boldsymbol{x})$ 计算每个缺失样本到每个聚类中心 a_i^{final} 的距离；
18. 　　分配每个缺失的样本到它最近的聚类中心 c_j；
19. 　　使用补全函数 $f(\boldsymbol{x})$ 补全缺失特征的样本；
20. **Return** $\boldsymbol{x}^{\text{filled}}$

同样，也可以简单地设置补全函数 $f(\boldsymbol{x})$，如使用统计方法和均值等。下面介绍基于 LightGBM 的缺失特征节点分配方法。定义决策树为 $f_{\text{tree}}(\boldsymbol{x}) = w_{q(\boldsymbol{x})}$，其中，$\boldsymbol{x}$ 为输入样本，$q(\boldsymbol{x})$ 代表样本 $\boldsymbol{x}$ 所在的节点，w 为该节点的叶节点取值，值得注意的是，如果缺失特征样本被分配在这个节点，那么通常用这个节点统计特性对该样本进行填充。假设决策树的叶节点个数是 T，那么，在构建 LightGBM 模型时，第 t 次迭代的目标函数 Objective 为

$$\begin{aligned}
\text{Objective}^{(i)} &= \sum_{i=1}^{n} \text{loss}(y_i, \hat{y}_i^t) + \sum_{i=1}^{t} \Omega(f_i) \\
&= \sum_{i=1}^{n} \text{loss}(y_i, \hat{y}_i^{t-1} + f_t(x_i)) + \sum_{i=1}^{t} \Omega(f_i) \\
&= \sum_{i=1}^{n} \left[\text{loss}(y_i, \hat{y}_i^{t-1}) + \text{loss}(y_i, f_t(x_i)) + g_i f_t(x_i) + \frac{1}{2} h_i f_t^2(x_i) \right] + \sum_{i=1}^{t} \Omega(f_i) \\
&= \text{Constant} + \sum_{i=1}^{n} \left[g_i f_t(x_i) + \frac{1}{2} h_i f_t^2(x_i) \right] + \Omega(f_t) \\
&= \text{Constant} + \sum_{i=1}^{n} \left[g_i w_{q(x_i)} + \frac{1}{2} h_i w_{q(x_i)}^2 \right] + \gamma T + \frac{1}{2} \lambda \sum_{j=1}^{T} w_j^2 \\
&= \text{Constant} + \sum_{j=1}^{T} \left[\left(\sum_{i \in I_j} g_i \right) w_j + \frac{1}{2} \left(\sum_{i \in I_j} h_i + \lambda \right) w_j^2 \right] + \gamma T
\end{aligned} \tag{4-33}$$

式中，$\hat{y}_i^t$ 为第 i 个样本的第 t 次迭代预测结果；y_i 为样本的真实值；$\sum_{i=1}^{t} \Omega(f_i)$ 为直到 t 次迭代所有决策树的正则损失项；$f_t(x_i)$ 为第 t 次构建的基决策树；g_i 为损失函数的导数；h_i 为损失函数的二阶导数。值得注意的是，在式（4-33）的第 2~3 行使用了近似泰勒展开对损失函数进行展开。在式（4-33）的第 3~4 行将前 $t-1$ 次不变项如正则项和损失函数转化为常数。对式（4-33）求取一阶导数，可以得到每个叶节点对应的权重取值如式（4-34）所示，可以进一步优化式（4-33）成式（4-35）。

$$w_i^{\text{best}} = \frac{\sum_{i \in I_j} g_i}{\sum_{i \in I_j} h_i + \lambda} \tag{4-34}$$

$$\text{Objective}^{(i)} \approx -\frac{1}{2} \sum_{j=1}^{T} \frac{\left(\sum_{i \in I_j} g_i\right)^2}{\left(\sum_{i \in I_j} h_i + \lambda\right)} + \gamma T \tag{4-35}$$

基于式（4-35），可以对每个缺失样本可能在的节点计算损失，并分配缺失特征到损失较小的方向，最后所有叶节点的 w_i^{best} 均值（针对回归问题）或者众数（针对分类问题）去填补缺失样本了。

4.4.2 基于两阶段预训练的缺失特征表征方法

由于基于自监督学习的多维度特征信息挖掘需要依赖于一些基础的模型结构，在本节中，时序信息的提取以常用的长短时间记忆单元（LSTM）为例，时序特征信息挖掘以深度神经网络（Deep Neural Network，DNN）为例。在模型的预训练阶段，首先对 LSTM 自动编码器（Autoencoder）进行无监督预训练（Unsupervised Pretraining），以获得时序数据的表征信息。随后将得到的时序特征和连续输入特征并联（Concat），并输入一个基于深度神经网络的自动编码器中进行第二阶段的自监督预训练（Self-Supervised Pretraining）。自监督的预训练损失包含两个部分，一部分是缺失的特征预测损失，另一部分是缺失的时间序列的预测损失。

1. 基于无监督的多元特征补全方法

预训练阶段包含两个部分（见图 4-7），首先是利用 LSTM-Autoencoder 进行时序信息的提取。工业过程变量之间的关系非常复杂，时序和非时序的特征会影响需要预测的关键指标。因此，通过 LSTM 自动编码器重构输入时间序列，从潜在表征（Latent Embedding）中获取时间特征，从而能够使后续 DNN 更好地预测关键指标。LSTM 自动编码器由两个 LSTM 组成：一个编码器和一个解码器。编码器将输入序列转化为特征向量（潜在表征），如式（4-36）所示。随后解码器将潜在表征进行重构，重构的损失为真实序列和重构序列的均方误差，式中，B、T 分别是样本的个数和序列的长度。

$$e_1 = \text{LSTMEncoder}(x^c) \tag{4-36}$$

$$x^{c'} = \text{LSTMDecoder}(e_1) \tag{4-37}$$

$$\text{loss}_1 = \frac{1}{B} \sum_{b=1}^{B} \sum_{j=1}^{T} \| x_{b,j}^{c'} - x_{b,j}^{c} \|^2 \tag{4-38}$$

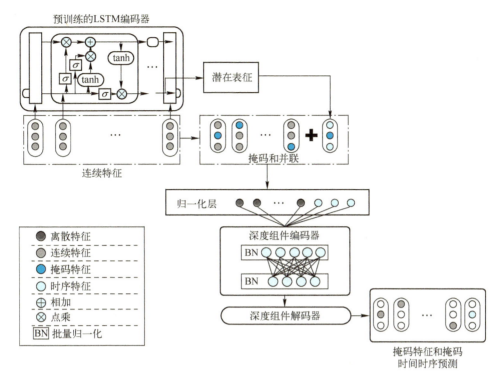

图 4-7 预训练阶段示意图

为了减少重构损失,编码器倾向于在潜在表征中保存尽可能多的时序特征。随后,隐层表征与原始的输入序列并联输入 DNN 中如下:

$$s = \text{Concat}(\text{flatten}(x^c), e_1) \tag{4-39}$$

2. 基于自监督的序列特征不补全方法

自监督学习利用辅助任务从海量的无监督数据中挖掘监督信息,并通过构建的监督信息对网络进行训练。因此,模型可以通过自监督训练目标学习更有效的表征,从而提高模型的预测精度。在本节中,如图 4-8 所示,提出了两个自监督学习任务来挖掘来自两个领域的原始数据信息。任务 1 试图预测缺失的特征列,而不考虑时序的相关性,因此模型可以挖掘特征之间的相互依赖关系。任务 2 试图预测缺失的时间序列以捕捉时序数据之间动态的变化关系。其中,图 4-8 左边为任务 1,图 4-8 右侧为任务 2。

时间	i_1	i_2	...	i_{21}	i_{22}
x_0 1:00:00	50.22	23.8	...	?	4255.9
x_1 1:00:20	?	23.8	...	4288.5	4246.8
x_2 1:00:40	50.22	?	...	4302.7	?
x_3 1:01:00	50.22	23.8	...	?	4228.6

时间	i_1	i_2	...	i_{21}	i_{22}
x_0 1:00:00	50.22	23.8	...	4274.4	4255.9
x_1 1:00:20	50.22	23.8	...	4288.5	4246.8
x_2 1:00:40	50.22	23.8	...	4302.7	4237.7
x_3 1:01:00	?	?	...	?	?

时间	i_1	i_2	...	i_{21}	i_{22}
x_0 1:00:00			...	4274.4	
x_1 1:00:20	50.22		...		
x_2 1:00:40		23.8	...		4237.7
x_3 1:01:00			...	4316.9	

时间	i_1	i_2	...	i_{21}	i_{22}
x_0 1:00:00			...		
x_1 1:00:20			...		
x_2 1:00:40			...		
x_3 1:01:00	50.22	23.8	...	4316.9	4228.6

图 4-8 两种自监督任务图

从数学的形式上讲，可以定义一个 0, 1 值的掩码 $M \in \{0,1\}^{\{B \times D\}}$，深度组件编码（Deep Component Encoder）输入 $(1-M)s$，同时解码重构的特征 $M\hat{s}$ 如下：

$$e_2 = \text{DeepComponentEncoder}((1-M)s) \tag{4-40}$$

$$\hat{s} = \text{DeepComponentDecoder}(e_2) \tag{4-41}$$

在自监督学习的情况下，解码器最后一层全连接层会乘以 M，因为在自监督预训练阶段只考虑被遮掩的特征。自监督的训练损失 loss_2 如式（4-42）所示，由于工业过程的数据特征以及隐层的表征具有不同的范围，一个归一化项被加入 loss_2 中，除此之外，在每次迭代中，$M_{b,j}$ 以概率 p 从伯努利分布中进行采样。总的来说，在两阶段预训练中的 loss_1 和 loss_2 都可以引入不平衡数据的信息，从而在训练阶段关注不平衡数据的特征。

$$\text{loss}_2 = \frac{1}{B}\sum_{b=1}^{B}\sum_{j=1}^{D}\left|\frac{(\hat{s}_{b,j}-s_{b,j})M_{b,j}}{\sqrt{\sum_{b=1}^{B}\left(s_{b,j}-\frac{1}{B}\sum_{b=1}^{B}s_{b,j}\right)^2}}\right|^2 \tag{4-42}$$

值得注意的是，由于在自监督预训练阶段是通过一种掩码形式的学习，模型在此阶段不仅能够学得一个良好的表征，而且通过对训练完备模型的输入缺失数据进行遮掩，模型能够实现对缺失特征的更加精确补全。

3. 两阶段预训练优点分析

值得注意的是，本节采用了两阶段预训练，第一阶段采用无监督的预训练，第二阶段采用自监督的预训练。因此下面将从两个角度阐述这样设计的优点：

第一个原因是两阶段自监督预训练很容易产生误差累积的问题，具体源于预训练和微调的目标函数不同。在预训练阶段，模型学习如何重构输入，而在微调阶段，通过添加多层感知机作为预测头，模型可以对分类、回归或者其他问题进行预测。如果对 LSTM 做自监督的预训练，那么从第一阶段的自监督预训练到第二阶段自监督预训练，可能会导致误差进一步累计，进而影响模型性能。因此，这里采用第一阶段无监督预训练、第二阶段自监督预训练。

第二个原因是两阶段无监督预训练无法做特征补全以及更好的挖掘信息。无监督的预训练一般被认为只是对输入进行简单的压缩。而自监督预训练通过掩码的预测，能够提高预训练任务的难度。具体而言，通过对多时间步的时序序列的掩码预测，能够有利于模型提取时间序列中工业数据的时序特性；对单一时间步的特征间掩码，能够有利于模型提取非时序数据中数据特征间的隐式相关性。

综上，无监督预训练和自监督的预训练设计相对而言更具有合理性。

4.5 典型应用案例

4.5.1 基于 SS-PDeepFM 的泡沫浮选产品质量预测（无标签）

1. 实验平台和数据集

在选矿过程中，泡沫浮选是一种利用不同的疏水性从废脉石中分离有价值矿物的提纯工艺。通过使用表面活性剂和其他化学试剂，有价矿物比废脉石更疏水。根据气泡对矿物表面的选择性粘附，气泡会附着更多的疏水颗粒。泡沫浮选前，需将矿石粉碎研磨成细颗粒

(粒度一般小于0.1 mm)。然后将颗粒与水混合,形成矿浆。这个过程叫作解放。接下来,将用一些化学药剂处理泥浆,包括表面活性剂和起泡剂。浆液在送风和起沫的作用下,由搅拌器搅拌产生气泡。而更多的疏水颗粒(有价值的矿物质)会粘在气泡上。然后,气泡漂浮到浆液的顶部,从而形成泡沫。最后,所附有价值的矿物将被收集和浓缩,并送往进一步的工艺进行精炼。整个过程如图4-9所示。

在泡沫浮选槽中,通过传感器测量不同的工艺变量。有价值的矿物和杂质每小时取样一次。实验室纯度(%)和杂质(%)的分析需要两个小时。其他工艺变量包括试剂流动速度和矿浆pH值每20秒测量一次。因此,有标签样本与无标签样本的比例为1:199。以纯化矿物中残留杂质的比例作为评价提纯工艺的质量指标。

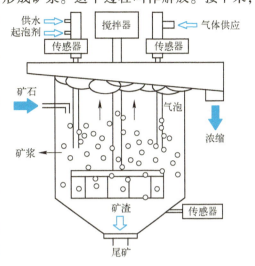

图4-9 泡沫浮选过程

本节所使用的数据集是从实际浮选过程中获得的。总共有3670个有标签样本,每个样品有22个过程变量和一个实验室分析的标签。从数据集中选取3000个样本作为训练集,采集的另外670个样本作为测试集。经过数据装箱、数据归一化和特征选择,每个样本包含一个4d离散化向量、一个11d归一化向量和一个1d标签。

2. 实验结果及分析

通过与SVR、LGB、VAE-WGAN、VAE-NN、GSTAE、SS-PDeepFM和SSFAN方法的对比实验,验证了LSTM-DeepFM方法的有效性和优越性能。在实验中,SVR和LGB由于有标签样本较少,作为基线模型效果不佳,而VAE-WGAN和VAE-NN虽然可以有效处理小样本问题,但是由于是生成式模型,在模型知识迁移方面表现不佳。SS-PDeepFM虽然可以对无标签数据做一定数据增强,但只能广播到有限无标签样本,大部分无标签样本被丢弃,且无法考虑时序信息。从表4-2的实验结果也可以得知,LSTM-DeepFM在该类问题上效果最佳。

表4-2 LSTM-DeepFM与其他方法结果对比

方 法	测试结果	
	RMSE	MAE[①]
SVR	0.8315±/	0.6006±/
LGB	0.8091±0.0092	0.6083±0.0118
VAE-WGAN	0.7985±0.0116	0.5847±0.0164
VAE-NN	0.7806±0.0063	0.5454±0.0085
GSTAE	0.7735±0.0068	0.5296±0.0097
SS-PDeepFM	0.7650±0.0036	0.5206±0.0073
SSFAN	0.7571±0.0033	0.5235±0.0092
LSTM-DeepFM	**0.7497±0.0026**	**0.5091±0.0071**

① MAE指绝对平均误差(Mean Absolute Error)。

实验中，首先比较了不同的阈值以及不同的嵌入大小的影响，结果如图 4-10 所示，可以看出，尽管选择一个更小的特征集能够在训练阶段产生很好的效果，但是在验证集上表现并不好。一方面，特征选择有效缩短了参数搜索空间，加速模型收敛；另一方面，太少的特征会破坏模型的鲁棒性，因此，本实验选择保留 70% 的特征，用来防止过度降低对于未知数据的泛化能力。

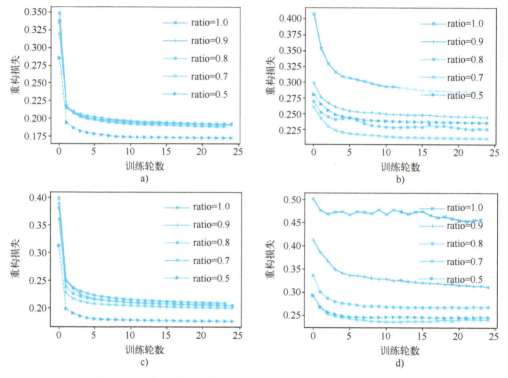

图 4-10 实验中不同特征选择比（ratio）和嵌入大小的比较
a) 嵌入维度为 24 的重构损失（训练集）　b) 嵌入维度为 24 的重构损失（验证集）
c) 嵌入维度为 12 的重构损失（训练集）　d) 嵌入维度为 12 的重构损失（验证集）

为确定掩码值的比例，实验中又比较了不同的掩码值的影响，从图 4-11 可以看出，当掩码值较小时，模型收敛更快，而大的掩码值会使得预训练和微调两个阶段的过程收敛困难。

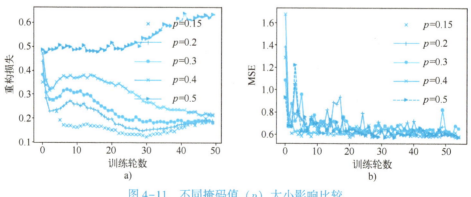

图 4-11 不同掩码值（p）大小影响比较
a) 预训练阶段　b) 微调阶段

进一步，做了不同元素的消融实验，从表 4-3 可以看到去掉 LSTM、SSL、Feature Selection、DFM 部分对结果均会有一定的影响，且去掉 DeepFM 对于整个实验结果的影响最大。

表 4-3 LSTM-DeepFM 消融实验

方 法	RMSE	MAE	复 杂 度	耗时/ms
SS-PDeepFM	0.7650±0.0036	0.5206±0.0073	$O(ld^2+kn_c)$	0.3069
LSTM-DeepFM	**0.7497±0.0026**	**0.5091±0.0071**	$O(th^2+ld^2+kn_c)$	0.6650
-LSTM	0.7533±0.0030	0.5119±0.0079	$O(ld^2+kn_c)$	0.3456
-SSL	0.7599±0.0059	0.5175±0.0085	$O(th^2+ld^2+kn_c)$	0.6650
-Feature Selection	0.7518±0.0041	0.5102±0.0084	$O(th^2+ld^2+kn_c)$	0.7151
-DFM	0.7714±0.0050	0.5289±0.0062	$O(th^2)$	0.2980

4.5.2 基于 LM-CNN 的轴承故障诊断（不平衡、零样本）

1. 实验平台和数据集

为了验证 LM-CNN 的有效性，在凯斯西储大学电气技术实验室提供的广泛使用的轴承故障数据集 CWRU 上进行了对比实验。该数据集由加速度计在 4 种负载条件下（0、1 hp[⊖]、2 hp 和 3 hp）收集，提供 4 种健康状态：正常、内圈故障、外圈故障和球故障。传感器分别记录采样频率为 12 kHz 时风扇端和驱动端的加速度数据以及采样率为 48 kHz 时驱动端的加速度数据。

以 12 kHz 采样的驱动端加速度信号用于故障诊断实验。为了测试该方法的性能，分别在球（B）、内圈（IR）和外圈（OR）6 点钟位置选择了损坏为 7 mil[⊖]、14 mil 和 21 mil 的故障，本实验中的每个故障包含重采样前训练集中的 470 个样本，每个样本包含 512 个采样点的信号。在实验中，每个故障的标签被分成两个子标签——位置和直径。

2. 实验结果及分析

共进行了三组实验验证 LM-CNN 的性能。首先，通过实验比较了 LM-CNN 与现有几种方法处理数据不平衡问题的性能；之后进行了消融实验，验证了 LM-CNN 的故障诊断的准确性、鲁棒性以及对缺失数据的未知故障的诊断能力。

基于 LM-CNN 的数据增强方法是针对数据不平衡和数据量少的问题。通过实验验证了所提出的方法对处理数据不平衡问题的性能。各个故障在 1 hp、2 hp 和 3 hp 时的加速度信号被用作训练和测试数据集。表 4-4 显示了各个不平衡数据集的故障数据比例。构造了 4 种不同的数据融合器来模拟不同的不平衡数据分布。如果 Idx1 中每个故障的样本比例相等，则可以认为 Idx1 是一个平衡的数据集。在 Idx2~4 中，B、IR 和 OR 被分成不同的比例，其中 30%、20% 和 10% 的样本用于训练，而测试样本保持在 50% 用于比较。

另外，比较了 LM-CNN 与一些故障诊断的最新方法，从表 4-5 可以看出，LM-CNN 实现了更高的准确率和更小的标准差，而且标准差得到了显著的降低，说明模型稳定性更好。

⊖ 1 hp＝745.7 W。

⊖ 1 mil＝2.54×10⁻⁵ m。

表 4-4　各个不平衡数据集的故障数据比例

类别	训练样本（%）				测试样本（%）
	案例1	案例2	案例3	案例4	Idx 1/2/3/4
B07	50	30	20	10	50/50/50/50
B14	50	30	20	10	50/50/50/50
B21	50	30	20	10	50/50/50/50
IR07	50	20	30	20	50/50/50/50
IR14	50	20	30	20	50/50/50/50
IR21	50	20	30	20	50/50/50/50
OR07	50	10	10	30	50/50/50/50
OR14	50	10	10	30	50/50/50/50
OR21	50	10	10	30	50/50/50/50

表 4-5　LM-CNN 模型与其他模型结果对比（%）

模型	案例 1	案例 2	案例 3	案例 4
Yang 等	98.21±0.44	97.95±0.66	98.15±1.00	91.38±1.35
Tra 等	98.42±0.50	98.31±0.59	98.15±0.58	92.53±0.71
Wen 等	98.55±0.66	97.81±0.58	98.43±0.67	92.86±1.51
Chen 等	99.39±0.20	99.33±0.00	99.33±0.00	97.68±0.98
MIMO-CNN	99.46±0.42	99.40±0.33	99.34±0.46	99.12±0.39
LM-CNN	**99.72±0.08**	**99.42±0.09**	**99.44±0.06**	**99.32±0.17**

进一步，比较了故障数据缺失场景下，不同模型的性能表现，从表 4-6 可看出 LM-CNN 在特殊场景下依然有较高的准确率，且模型速度也控制在较为合理的区间内。其中 Acc、AccL、AccD 和耗时分别代表诊断准确率、对位置的诊断准确率、对故障直径的诊断准确率和诊断时间。事实上，实验结果也表明了 MIMO 增强结构并没有实质改善诊断模型的效果，尽管抽取到了有效的特征模式，但是 MIMO 增强更类似于采用一种集成的思想使得模型逼近性能上限，要真正在故障诊断模型产生效果，需要再加一步将集成的信息转换为对目标有价值的信息，而 LM-CNN 通过带有标签分割的微调更好地解决了数据缺失场景下的故障诊断任务，证明了标签分割方法具有良好的信息解释和处理能力。

表 4-6　LM-CNN 的消融实验

模型	ResNet18				ResNet34			
	Acc	AccL	AccD	耗时/s	Acc	AccL	AccD	耗时/s
CNN	0.879	—	—	0.015	0.908	—	—	0.023
MIMO-CNN	0.892	—	—	0.022	0.898	—	—	0.032
Separated	0.903	0.917	0.928	0.018	0.916	0.933	0.934	0.027
LM-CNN	**0.912**	0.919	0.933	0.021	**0.922**	0.934	0.935	0.032

最后，验证了该模型对缺乏各种类型数据的样本的诊断能力。将训练集中剔除三个故障 B21、IR07 和 OR14，确保其余故障包含所有 LSF，每个子标签对应的 LSF 数大于 1。从

表4-7中可以看出，LM-CNN对样本缺失具有鲁棒性，其中Acc(lost)表示没有训练数据的故障诊断率。即使在训练集缺少一类数据的情况下，故障诊断能力也可以类似于基本模型（比较表4-4和表4-5中的Idx2和MIMO-CNN）。此外，在这种情况下，LM-CNN的精度远远高于未经微调的模型。

表4-7 样本缺失场景下不同模型对比

模 型	零样本故障	ResNet18				ResNet34			
		Acc	AccL	AccD	Acc(lost)	Acc	AccL	AccD	Acc(lost)
MIMO-CNN	B21	0.801	—	—	0.004	0.812	—	—	0.004
LM-CNN	B21	0.875	0.885	0.924	0.223	0.885	0.887	0.941	0.242
MIMO-CNN	B21,OR14	0.739	—	—	0.008,0.008	0.749	—	—	0.008,0.008
LM-CNN	B21,OR14	0.783	0.805	0.901	0.101,0.467	0.791	0.811	0.882	0.101,0.421
LM-CNN	B21,OR14,IR07	0.699	0.728	0.798	0.103,0.458,0.536	0.702	0.768	0.787	0.101,0.486,0.531

第 5 章

工业多源异质数据深层融合建模方法

由于工业数据采集系统的多样性，工业智能化应用中涉及的工业数据广泛存在多源异构特点。这些多源异构的数据中包含海量的重要工业情报，然而由于数据结构的复杂性难以被有效挖掘。因此，迫切需要智能化的处理方法实现工业多源异构数据的高效融合。如何将这些数据高效融合、精准表征，是工业数据分析的重要任务。基于此，本章主要介绍工业多源异质数据深层融合建模方法，解决工业异质关联数据难以融合建模的问题以及工业多源高维度数据难以融合建模的问题。

5.1 概述

在工业互联网系统中，从各种来源收集的大量工业数据中包含了不同类型的变量，其中一些变量是样本的常量属性，具有时不变性。例如，离散制造作为现代工业的一个典型分支，通常由多个阶段串联而成，其中，供应商选择、原材料类型等不同变量在每个样本中都是固定值。此外，还有一些变量是电子传感器记录的监测数据的时间序列，例如，在时变过程中记录的加工装置的扭矩。因此，关于从制造过程的各个方面收集的制造数据的问题是复杂和异构的。由于工业数据的多源异质特性，数据驱动的方法通常在建模方面存在困难。比如，泡沫浮选是采矿业中一个重要的工业过程。它利用矿物和杂质之间的亲水性差异来提纯有用的矿物。然而，由于复杂的物理化学反应机制，工业过程数据自然是低质量、高噪声的，同时具有高度的非线性时间相关性。

为了有效地处理多源异构数据，已有许多文献发表，包括机理建模方法和数据驱动方法。对于前者，基于各生产系统的机理构建预测模型。Mao 等人提出了一种基于状态空间方程的机械装配过程精度预测方法。Ma 等人建立了产品合格率与制造过程可靠性之间的关联机理模型。通过重新定义机理规律，对传统热力学模型进行了修正，以预测不同废水条件下鸟粪石的沉淀。但是，每个模型都针对特定的工业过程进行了详细的分析。这意味着这些方法应该作为其他生产系统的通用评估方法加以改进。特别是随着生产结构的日益复杂，机械建模方法逐渐不适用于质量预测问题。

此外，数据驱动方法将复杂的工业过程作为黑盒系统，关注对复杂的工业数据进行处理以解决质量预测问题。例如，浅层模型用于复杂工业过程的回归分析。Shi 等人提出了一种基于梯度增强算法的烟草产品质量控制集成方法。Xie 等人提出了一种改进的偏最小二乘（appls）算法，用于过程工业的故障检测。Yin 等人提出了一种主成分回归和改进 PLS 回归相结合的多元统计方法，用于葡萄酒生产过程的质量预测。虽然这些方法都取得了较好的效果，但浅层模型对工业过程下复杂非线性关系的探索能力相对不足。因此，这些工业数据处理技术需要不断改进，才能在复杂的工业系统中得到应用。

深度学习（DL）模型是数据驱动方法的另一种范式，通过采用各种表示学习技术从工业数据中提取质量相关特征，以解决工业过程分析问题。Su 等人将 BP 算法与粗糙集理论结合在数据挖掘模型中进行产品质量预测。Yeh 等人提出了一种编码器-解码器框架，用于分析生产线上不同传感器记录的多元时间序列。此外，也有一些研究使用极限学习机（ELM）进行更有效的产品质量评估。Yao 等人针对工业过程低采样率问题，提出了一种基于层次 ELM 的评价方法。Zhang 等人还提出了一种基于核的 ELM 模型，以实现更有效的食品安全预测。然而，这些研究大多集中在单维工业数据的分析上。随着现代工业过程的日益多样化，需要一种既涉及时不变变量又涉及时间序列的通用方法来进行多源异构数据分析。

同时，工业物联网大数据通常是从制造流程中的不同阶段、不同工厂、不同生产线生成和收集的，例如，汽车车身生产过程中的装配、喷漆分属不同阶段，但都会影响生产产品的最终质量。因此，这两个过程的监控数据都反映着产品的质量信息。其次，工业流程的复杂化和集成化，使得工业数据间的信息高度耦合，通常具有非常高的相关性，因此工业数据可能具有多重属性，例如，汽车装配厂生产线的生产过程监控数据，既蕴含着产品质量相关信息，也隐藏着生产设备健康状况的情报。无疑将这些来自不同阶段、场景的数据深度融合建模，对于数据驱动的工业应用具有非常重要的意义。然而目前的工业 AI 模型，大多没有关注这种跨空间的融合。

综上所述，开发智能的工业异质数据深度融合建模方法是十分必要的。关于这个目的的主要挑战如下：首先，需要一种既涉及时不变变量又涉及时间序列的通用方法来进行异构关联数据的融合建模；其次，需要一种涉及多来源、多属性、高维度的数据融合的通用方法来进行数据的跨空间融合建模。

本章针对工业异质关联数据难以融合建模的问题，提出了一种基于深度-宽度-序列（WDS）网络架构的工业数据异质特征融合范式，并在此之上提出了一种基于注意力机制的工业多特征融合表征建模方法。针对工业多源高维度数据难以融合建模的问题，提出了一种基于张量链的量化分布式长短期记忆器（QTT-DLSTM）的工业多源高维度数据融合建模方法。

5.2　工业异质关联数据融合建模方法

随着现代工业过程的日益多样化，需要一种既涉及时不变变量又涉及时间序列的通用方法来进行多源异构数据分析。浅层模型对工业过程下复杂非线性关系的探索能力相对不足。因此，这些工业数据处理技术需要不断改进，才能在复杂的工业系统中得到应用。关于这个目的的主要挑战如下：首先，浅模型缺乏从大规模和复杂的工业数据中探索隐含非线性质量关系的能力；其次，现有方法大多只能对工业数据进行固定维度的分析，需要将其扩展到多源异构工业数据；最后，在没有额外限制的情况下，由于缺乏训练样本，现有方法对缺陷产品的预测可能不可靠。总的来说，现有数据驱动的软测量方法仍存在以下 3 个主要挑战：

1）目前虽然许多模型被用来建模工业异质数据（工业数据的时序特征、低质高噪、大量的无标签数据等）。然而，上述的模型一般仅对工业数据的特定特征进行分析和建模，无法实现多种工业数据特征的融合学习。特别是随着工业结构的日益复杂，对于工业多源异质数据的预测问题，仍然缺乏一个系统的预测性框架。

2）很多现有的模型一般从时间序列和单个时间步进行建模。但是更重要的是考虑时间序列中的动态时间相关性，以及每个时间点中产品质量变量和过程变量的内在非线性关系，现有的模型很少同时考虑这两种关系。

3）现有的一些特征融合方法，如早期融合和晚期融合等，不适用于工业数据特征耦合情况。简单地在多特征之间并联输入网络，往往缺乏对特征与时间序列相互依赖关系的有效挖掘。

5.2.1 基于深度-宽度-序列（WDS）网络架构的工业数据异质特征融合范式

本节提出了一种深度-宽度-序列（Wide-Deep-Sequence，WDS）网络架构的工业数据异质特征融合范式，主要贡献如下：首先，提出了一种改进的深度-宽度（Wide-Deep）模型，从工业定常变量中提取质量信息。宽度模型（Wide Model）中的特征交叉和深度模型的表示层（Representing Layer，RL）分别有助于提取低维特征和高维特征。其次，提出了一种用于工业时间序列分析的时域特征提取方法。在此基础上，提出了从时序特征中提取质量信息的序列模型。最后，在代价敏感学习的基础上，设计了一种带有惩罚机制的联合训练策略，将子模型的训练过程结合起来，提高了模型对缺陷样本的敏感性。

1. 模型总体框架

WDS 模型总体框架如图 5-1 所示，包括数据预处理、WDS 模型和评估策略三个主要部分。为清楚表达该架构的工作过程，下面简要介绍架构的每个部分。

首先对原始数据进行数据预处理。在本节中，将进行数据编码和规范化，以更好地表示原始数据。由于冗余是工业数据的一个明显特征，因此需对不同类型的变量进行特征选择和时序特征提取。

预处理后，选取关键变量，提取时域特征。考虑到这两类数据的量纲差异，提出了关键变量的改进 Wide-Deep 模型。此外，还添加了序列模型来处理时序特征。高维特征通过深度模型和额外的表征提取，其中，特定的低维特征通过特征交叉在宽度模型中探索。同时，利用序列模型的长短期记忆（LSTM）对时序特征进行处理，分析整个加工过程的信息。

最后，将在联合训练策略下导出质量预测，其中，WDS 模型的输出是三个子模型输出的加权和。基于代价敏感学习技术，设计了惩罚机制，以确保有缺陷的样本对模型训练有更大的影响。

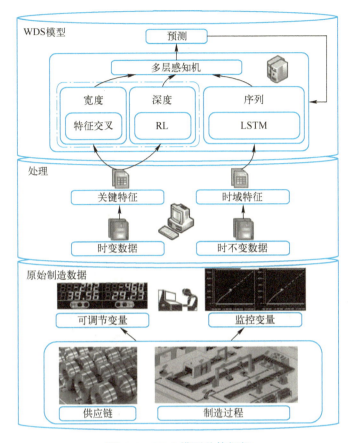

图 5-1　WDS 模型总体框架

2. 改进的宽度-深度模型

WD 模型最初由谷歌提出，用于点击率（CTR）预测。在这里使用并改进了该模型来处理关键变量的数据，如图 5-2 所示。宽度模型用于从具有分类值的变量中提取低维特征。相比之下，高维特征将从深度模型中的所有关键变量中导出。

具有特征交叉的宽度模型：宽度模型用于存储某些关键变量的特定组合，这超出了深度模型的能力。在复杂的制造过程中，一些独立变量的组合可能会对产品质量产生隐性影响。使用特征交叉来捕捉这种特定组合。具体而言，特征通过逻辑运算符"∧"交叉连接两个独立变量。例如，有两个独立的分类特征，包括加工过程中使用的原材料类型和供应链中该原材料的供应商选择。从它们衍生出的交叉特征，持有类似"material = iron ∧ supplier = company X"的形式，是一个新构建的具有分类价值的特征。

具体而言，对于具有 g 个可能不同值的关键时不变变量 f，使用一个独热（one-hot）向量表示该变量上每个样本的值。例如，$v_f=(0,1,\cdots,0)$ 表示样本获得变量 f 的第二个值的可能性，$v_f \in \mathbf{N}^{1 \times g}$。对于每个样本，为了在特征 f_1 和特征 f_2 上实现特征交叉，通过式（5-1）和式（5-2）组合 v_{f_1} 和 v_{f_2}。然后可以通过式（5-3）和式（5-4）导出交叉特征。对于每个样本，对每两个独立的关键变量进行组合。因此，对于 p 个自变量，将有 C_p^2 个交叉特征。

$$f_1 \wedge f_2 = v_{f_1} \boldsymbol{\Phi}(v_{f_2})^{\mathrm{T}} \tag{5-1}$$

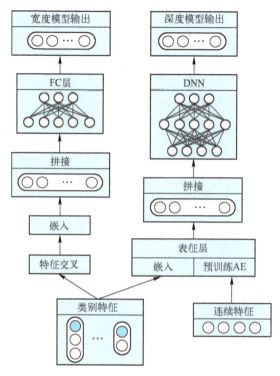

图 5-2　改进的宽度-深度模型

$$\boldsymbol{\Phi} = \begin{bmatrix} 0 & 1 & \cdots & g_2-1 \\ g_2 & g_2+1 & \cdots & 2g_2-1 \\ \vdots & \vdots & & \vdots \\ (g_1-1)g_2 & (g_1-1)g_2+1 & \cdots & g_1g_2-1 \end{bmatrix} \quad (5-2)$$

式中，$\boldsymbol{v}_{f1}$ 和 $\boldsymbol{v}_{f2}$ 是 g_1 和 g_2 维 one-hot 向量；$\boldsymbol{\Phi} \in \mathbf{N}^{g_1 \times g_2}$ 是组合 $\boldsymbol{v}_{f1}$ 和 $\boldsymbol{v}_{f2}$ 的辅助矩阵。

$$\boldsymbol{v}_{f_1 \wedge f_2} = [a_0, a_1, \cdots, a_{g_1 g_2 - 1}] \quad (5-3)$$

$$a_i = \begin{cases} 0, & i \neq f_1 \wedge f_2 \\ 1, & i = f_1 \wedge f_2 \end{cases} \quad (5-4)$$

之后，导出的 one-hot 向量 $\boldsymbol{v}_{f_1 \wedge f_2}$ 将通过嵌入层转换为密集向量。任何交叉特征 $f_1 \wedge f_2$ 的嵌入层是 $g_1 g_2 \times e$ 的参数矩阵。密集向量 $\boldsymbol{d}_{f_1 \wedge f_2} \in \mathbf{R}^{e \times 1}$ 是交叉特征的更合理表示。最后，对于每个样本，所有密集向量将连接在一起，形成一个如下所示的宽向量：

$$\boldsymbol{X}_w = \boldsymbol{d}_{f_1 \wedge f_2} \oplus \boldsymbol{d}_{f_1 \wedge f_3} \oplus \cdots \oplus \boldsymbol{d}_{f_{p-1} \wedge f_p} \quad (5-5)$$

式中，$\boldsymbol{X}_w$ 是由所有交叉特征构造的宽向量；$\oplus$ 表示向量拼接操作。然后由全连通层（FC层）提取所有交叉特征的质量信息，如下式所示：

$$\begin{aligned} \boldsymbol{h}_w &= \mathrm{L\_ReLU}(\boldsymbol{W}\boldsymbol{X}_w + b) \\ &= \mathrm{L\_ReLU}(\boldsymbol{W}(\boldsymbol{d}_{f_1 \wedge f_2} \oplus \cdots \oplus \boldsymbol{d}_{f_{p-1} \wedge f_p}) + b) \end{aligned} \quad (5-6)$$

式中，$\boldsymbol{h}_w$ 是宽度模型的输出向量；$\boldsymbol{W}$ 和 b 分别是权重项和偏置项。Leaky_ReLU（L_ReLU）函数作为非线性函数，定义如下：

$$L\_ReLU(x) = \begin{cases} -kx, & x<0 \\ x, & x \geq 0 \end{cases} \quad (5-7)$$

式中，k 是一个超参数。

使用表征层改进的深层模型：通过结合一个额外的表征层来改进深层模型，深度神经网络（DNN）的性能将得到提高，从类别变量和连续变量中提取质量信息，其中，表征层是根据它们的不同特征设计的。

表征层由嵌入层和自动编码器（AE）组成。如前所述，任何分类变量 f 上的每个样本的值都由一个单一向量 v_f 表示。对于每个 f，存在一个将 v_f 转换为密集向量 d_f 的嵌入层。嵌入层解决了分类变量的稀疏性问题，极大地提高了模型的收敛性。

AE 是一种预训练的无监督模型，通常用于数据压缩和特征提取。在预训练阶段，编码器将输入向量转换为内部特征，解码器将其重建回解码后的向量，可以用以下公式来说明：

$$f_e = X \rightarrow F \quad (5-8)$$

$$g_d = F \rightarrow X' \quad (5-9)$$

式中，X 和 X' 分别是原始向量和重建向量；F 是内部编码特征。通过调整编码器 f_e 和解码器 g_d 的参数对模型进行预训练，公式如下：

$$f_e, g_d = \underset{f,g}{\operatorname{argmin}} \| X - g[f(X)] \|^2 \quad (5-10)$$

在本节中，引入 AE 来扩展连续变量以获得更好的表示。在预训练阶段，使用对称密集神经网络作为编码器和解码器的架构，如图 5-3 所示。输入向量 $X=(x_1, x_2, \cdots, x_n)$ 由所有 n 个连续变量组成。编码器通过以下公式将 X 转换为 F：

$$F = L\_ReLU(W_e X + b_e) \quad (5-11)$$

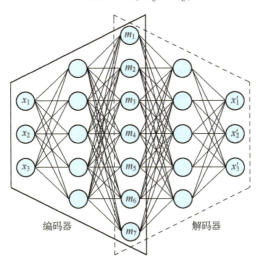

图 5-3 对称密集神经网络的编码器-解码器结构

式中，W_e 和 b_e 分别是编码器的权值和偏置项。编码器通过以下公式从 F 中检索 X'：

$$X' = L\_ReLU(W_d F + b_d) \quad (5-12)$$

式中，W_d 和 b_d 分别是解码器的权值和偏置项。预训练通过梯度下降使损失最小化，如式（5-13）所示。然后，内部特征将继承输入向量的质量信息。预训练后，将编码器单独取出，与嵌入层组成表征层。

$$\begin{aligned}\text{Loss} &= \|\boldsymbol{X}-\boldsymbol{X}'\|^2 \\ &= \|\boldsymbol{X}-f[g(\boldsymbol{X})]\|^2 \\ &= \|\boldsymbol{X}-\text{L\_ReLU}(\boldsymbol{W}_d(\text{L ReLU}(\boldsymbol{W}_e\boldsymbol{X}+b_e))+b_d)\|^2\end{aligned} \quad (5-13)$$

综上，嵌入层将分类变量转换为密集向量，而 AE 将连续变量扩展为编码特征。将密集向量与编码后的特征拼接成一个长向量 $\boldsymbol{a}^{(0)}$。将这个长向量输入 DNN 进行质量信息提取。DNN 的作用机理如下：

$$\boldsymbol{y}^{(l)} = \text{L\_ReLU}(\boldsymbol{W}^{(l)}\boldsymbol{a}^{(l)}+b^{(l)}) \quad (5-14)$$

$$\boldsymbol{a}^{(l)} = \begin{cases} \boldsymbol{d}_{f_1}\oplus\cdots\oplus\boldsymbol{d}_{f_n}\oplus\boldsymbol{F}, & l=0 \\ \boldsymbol{y}^{(l-1)}, & \text{其他} \end{cases} \quad (5-15)$$

式中，$W^{(l)}$ 和 $b^{(l)}$ 分别是 DNN 中第 l 个隐层的权值和偏置项。DNN 的最后一层的输出向量 $\boldsymbol{h}_d$ 包含不同变量的质量信息，是改进的深度模型的输出。在表征层的帮助下，改进的深度模型能够分析类别变量和连续变量的数据并合并这些分析结果。

序列模型：序列模型由单层 LSTM 模型和隐含层组成，从提取的时间序列特征中获取质量信息。在该模型中，利用 LSTM 将不同子阶段的时间序列特征转化为信息流。

对于 M 个时变变量中的每一个，其沿加工过程的数据序列都被同样地分割为 N_s 个子阶段。在每个子阶段中，首先将 M 个变量的 t 个时序特征拼接成一个 $1\times(6M)$ 的长向量。每个子阶段的长向量将输入 LSTM 的相应时间单元中。因此，LSTM 的序列长度为 N_s，每个时间单元的输入维数为 $t\times M$，对于每个时间单元，输入与输出的关系如下：

$$\begin{aligned}f_t &= \sigma(\boldsymbol{W}_f[h_{t-1},\boldsymbol{X}_t]+b_f) \\ &= \sigma(\boldsymbol{W}_f[h_{t-1},TF_1^{(t)},\cdots,TF_M^{(t)}]+b_f)\end{aligned} \quad (5-16)$$

$$\begin{aligned}i_t &= \sigma(\boldsymbol{W}_i[h_{t-1},\boldsymbol{X}_t]+b_i) \\ &= \sigma(\boldsymbol{W}_i[h_{t-1},TF_1^{(t)},\cdots,TF_M^{(t)}]+b_i)\end{aligned} \quad (5-17)$$

$$\begin{aligned}\tilde{c}_t &= \tanh(\boldsymbol{W}_c[h_{t-1},\boldsymbol{X}_t]+b_c) \\ &= \tanh(\boldsymbol{W}_c[h_{t-1},TF_1^{(t)},\cdots,TF_M^{(t)}]+b_c)\end{aligned} \quad (5-18)$$

$$c_t = f_t\odot c_{t-1}+i_t\odot\tilde{c}_t \quad (5-19)$$

$$\begin{aligned}o_t &= \sigma(\boldsymbol{W}_o[h_{t-1},\boldsymbol{X}_t]+b_o) \\ &= \sigma(\boldsymbol{W}_o[h_{t-1},TF_1^{(t)},\cdots,TF_M^{(t)}]+b_o)\end{aligned} \quad (5-20)$$

$$h_t = o_t\odot\tanh(c_t) \quad (5-21)$$

式中，$\boldsymbol{W}_f$、$\boldsymbol{W}_i$、$\boldsymbol{W}_o$ 和 $\boldsymbol{W}_c$ 分别为遗忘门、输入门、输出门和单元的权值矩阵；b_f、b_i、b_o 和 b_c 为相应的偏置项；h_t、c_t 分别为各单元的隐藏状态和单元状态；f_t、i_t、o_t 分别为三个门的状态值；提取了第 t 个子阶段的 TD 特征 $TF_1^{(t)},\cdots,TF_M^{(t)}$ 形成输入向量 $\boldsymbol{X}_t$ 的第 t 个单元；$\odot$ 表示元素积；σ 为 sigmoid 函数，如下式所示：

$$\sigma(z) = (1+\exp(-z))^{-1} \quad (5-22)$$

最后一个时间单元包含了之前时间单元的信息，具有整个加工过程的质量信息。因此，最后一个时间单元的隐藏状态将被输入 FC 层，FC 层最终提供序列模型的输出 h_s。

3. 联合训练和评估

在本小节中，将介绍如何将不同模型提取的特征组合成一个全面的预测。此外，本节还提出了一种带有惩罚机制的评估策略,以减少不可靠的预测。

联合训练策略:WDS 模型在 JT 策略下训练,有助于得到基于三个子模型的综合预测。如式(5-23)所示,WDS 模型的最终预测是三个子模型输出的加权和,即

$$y_{WDS} = k_W y_W + k_D y_D + k_S y_S \tag{5-23}$$

其中,y_{WDS} 是预测;y_W、y_D 和 y_S 分别是三个子模型的输出向量;k_W、k_D 和 k_S 是要训练的加权向量。

带罚项机制的评估:同样,我们期望 WDS 模型在所有训练样本上都能获得较高的全局精度预测。在工业数据分析的情况下,假阳性(FP)预测尤其不受欢迎。这是因为将真正的缺陷产品预测为合格产品可能会导致严重的后果。然而,工业数据的分布通常是不均匀的,这意味着只有有限数量的缺陷产品样品可供分析。如果没有训练的限制,模型对缺陷产品的样本会不够敏感。针对上述要求,提出了一种带有惩罚机制的评价策略。在这种机制下,基于代价敏感学习对原始的经验损失进行修正,使得缺陷产品样本对模型的训练过程有更大的影响。最后,在可接受的范围内适当牺牲全局精度,以提高模型对缺陷产品样本的敏感性。

具体来说,可接受范围是根据每个样品的标签来决定的。所有不在这个范围内的预测都被归类为不可靠预测,包括所有的 FP 预测和一些假阴性(FN)预测。然后,将对数惩罚因子引入均方误差(MSE)函数,如式(5-24)和式(5-25)所示,对不可靠的预测进行惩罚。算法 5-1 阐述了具有惩罚机制的联合训练过程。

算法 5-1 联合训练条件下的 WDS 模型与惩罚机制

输入:迭代时间 n_t;标签值 y;交叉特征 X_W;深度输入 X_D;时域特征 X_S。

输出:WDS 模型的最终预测 $\hat{y}_{nt}$。

步骤:

1. **for** $i = 1$ to n_t **do**:
2. 从 WDS 模型中获得 X_W、X_D、X_S 的宽输出向量 h_W、h_D、h_S;
3. 计算 h_W、h_D、h_S 的加权和为 $\hat{y}_i$;
4. 通过修正的损失函数计算 $\hat{y}_i$ 和 y_{score} 之间的经验误差;
5. 更新 WDS 模型的所有参数和加权参数;
6. **end**
7. 返回 $\hat{y}_{n\_epoch}$

$$L(y, \hat{y}) = \frac{1}{N} \sum_{i=1}^{N} f(y_i, \hat{y}_i)(y_i - \hat{y}_i)^2 \tag{5-24}$$

$$f(y_i, \hat{y}_i) = \begin{cases} 1 + k_1 \ln \left| \dfrac{2\hat{y}_i + \varepsilon}{y_i + \hat{y}_i + \varepsilon} \right|, & 0 \leqslant y_i < \hat{y}_i \\ 1, & y_i - e \leqslant \hat{y}_i \leqslant y_i \\ 1 + k_2 \ln \left| \dfrac{2y_i + \varepsilon}{y_i + \hat{y}_i + \varepsilon} \right|, & 0 \leqslant \hat{y}_i < y_i - e \end{cases} \tag{5-25}$$

式中,$\hat{y}_i$ 是对标签 y_i 的预测;e 是可接受范围的宽度。为避免数学误差,ε 取值较小。作为超参数,k_1 和 k_2 是两种不可靠预测的权衡术语。一方面,当 $\hat{y}_i$ 大于 y_i 时,罚值 $f(y_i, \hat{y}_i)$ 与 $\hat{y}_i / y_i$ 的比值呈正相关;另一方面,当 y_i 和 $\hat{y}_i$ 的差值大于 e 时,$f(y_i, \hat{y}_i)$ 与 $y_i / \hat{y}_i$ 的比值呈正相关。

基于边界条件和每种情况下的权衡项k_i,$f(y_i,\hat{y}_i)$被限制在$(1,1+k_i\ln 2]$的范围内。为了保证训练过程的稳定性,修正损失函数计算的误差通过 BP 算法更新 WDS 模型的所有参数和 JT 的加权参数。在惩罚机制的作用下,WDS 模型对不同类型的样本经过足够的迭代后,能够给出准确可靠的预测结果。

5.2.2 基于注意力机制的工业多特征融合表征建模方法

在本节中,提出了一种数据驱动自监督的 LSTM-DeepFM 方法,并且用注意力机制对模型结构进行了改进,提高了工业多特征融合表征性能,主要内容分为以下 3 个方面:

1) 提出了一种新的用于复杂工业过程预测的系统软测量框架,包括一种处理数据序列的方法。该方法基于对大量过程数据的表示学习来处理工业数据噪声。同时,它利用自监督学习有效地提取隐藏在大量无标签数据中的有用信息。因此,可以很好地实现各种工业数据特征的融合学习。

2) 针对复杂环境下的多特征提取问题,提出了一种 LSTM-DeepFM 结构。LSTM-Autoencoder 可以提取工业数据中的时间信息。通过融合这些信息,DeepFM 可以更好地建模过程变量和关键指标之间的隐含相关性。

3) 针对潜在多维信息的多领域特征挖掘问题,提出了一种基于自注意力的多特征融合方法,解耦了多特征之间的复杂关联,提高了特征与时间序列依赖关系挖掘能力。

接下来将详细介绍上述三方面内容。

1. 方法总体框架

基于注意力机制的工业多特征融合表征与预测框架如图 5-4 所示。其主要包含三大部分:数据预处理、模型预训练过程和模型微调过程。具体而言,LSTM-DeepFM 是工业多特征融合表征建模方法一个范式,具体的多种特征提取组件可以采用不同的提取模块进行模型的组装,并通过注意力机制对特征提取能力进行增强。

其中,数据预处理和模型预训练的主要功能已经在前文中详细进行了介绍。下面主要介绍微调阶段。在微调阶段,使用预训练的 LSTM 编码器从连续特征中提取时间特征。随后,将与潜在嵌入相连的连续特征进行归一化,并直接输入预训练后的深度神经网络编码器,进行高维特征的提取。同时,离散特征被输入嵌入层和因子分解机(FM)组件中,用于低维特征提取。最后,可以通过自动的权重对两种融合的输出进行自适应的加权,或者使用基于注意力机制加权的方式,预测最后关键指标。

2. 工业多特征提取模块

上述的数据驱动的工业场景多特征融合表征与预测框架,使用如 LSTM-DeepFM 模型,实现对大量无标签数据、异质数据的提取和建模。下面将对工业场景中存在的离散、连续、连续中的时序等特征的具体特征提取模块进行介绍,并为后面的验证和多模块的消融实验和复杂度分析打下基础。

离散特征提取组件:离散特征的关键提取组件是 FM 组件。FM 组件已在 4.2 节中介绍。
连续特征提取组件:常见的连续特征提取组件是深度神经网络。深度的全连接神经网络主要由多层的全连接层堆叠而成,具体而言,定义从第 l 层到第 $l+1$ 层的映射

$$a^{(l+1)} = \text{Activation}(W^{(l)}a^{(l)}+b^{(l)}) \tag{5-26}$$

式中,$W^{(l)}$ 与 $b^{(l)}$ 分别是权重项和偏置项。同时,非线性的激活函数可以设置为参数化的线

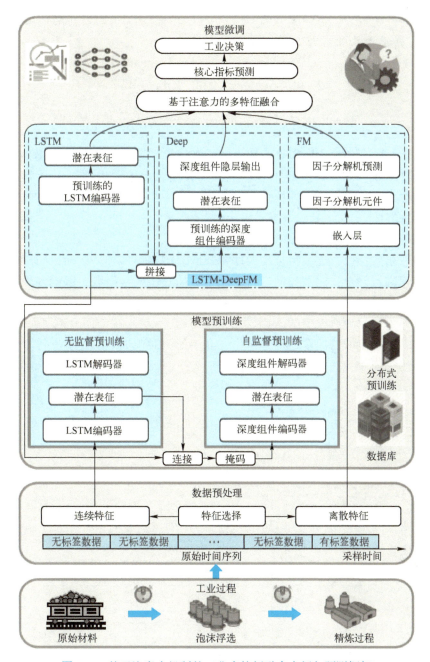

图 5-4　基于注意力机制的工业多特征融合表征与预测框架

性整流单元，如下式所示：

$$\mathrm{PReLU}(x) = \max(0, x) + \alpha \cdot \min(0, x) \tag{5-27}$$

时序特征提取组件：常见的时序特征提取组件有长短时间记忆单元（LSTM），以及 Transformer 等。LSTM 已在前文多次提到。除了 LSTM，Transformer 也是一个常见的用于时序特征建模的组件，它可以通过自注意力机制从工业时间序列中学习到时序特征的长期依赖性。此外，Transformer 可以进行并行化的训练，从而支持对大型数据集的训练，极大地提高模型的训练速度。Transformer 主要由多个基础单元堆叠而成，每个单元主要包含多头注意力与前馈神经网络两个部分。假设输入 X 为某一层的单元输出（如果在第一层，指预处理后的时序序列），那么多头注意力如下：

$$\text{MultiHeadSelfAttention} = \text{Concat}(\textbf{head}_1, \textbf{head}_2, \cdots, \textbf{head}_d) \tag{5-28}$$

$$\textbf{head}_i = \text{Attention}(\textbf{QW}_i^Q, \textbf{KW}_i^K, \textbf{VW}_i^V) \tag{5-29}$$

$$\text{Attention}(\textbf{Q}, \textbf{K}, \textbf{V}) = \text{softmax}\left(\frac{\textbf{QW}_i^Q(\textbf{KW}_i^K)^{\text{T}}}{\sqrt{d_k}}\right)\textbf{VW}_i^V \tag{5-30}$$

式中，$\textbf{Q} \in \textbf{R}^{n \times d_k}$，$\textbf{K} \in \textbf{R}^{n \times d_k}$，$\textbf{V} \in \textbf{R}^{n \times d_v}$ 为输入的三种表征形式；$\textbf{W}_i^Q \in \textbf{R}^{d_k \times d'_k}$，$\textbf{W}_i^K \in \textbf{R}^{d_k \times d'_k}$，$\textbf{W}_i^V \in \textbf{R}^{d_v \times d'_v}$ 为三个可训练的参数矩阵。经矩阵相乘，多头注意力的输出结果为一个 $n \times (hd'_v)$ 的序列。通过多头注意力，模型可以建模多个时序序列之中相互的作用关系，有效地提高了模型的时序特征提取能力。

3. 基于注意力机制的多特征融合模块

已知的提取离散特征、连续特征和时序特征的模型有很多种。然而，如何对这些不同模块学习到的知识进行融合，以及如何进行不同模块的知识融合提取，解耦多特征之间的复杂关联，提高特征与时间序列依赖关系挖掘能力仍然十分重要。

多特征融合模块构造：模型的微调阶段如图 5-5 所示，在前面介绍了如何对模型进行预训练以及实现多域特征的提取。在本节中，介绍如何对预训练的模型进行微调。首先，在微调阶段，掩码矩阵 M 被移除，一个嵌入层和一个 FM 组件被加入模型中，以实现异质数据的融合建模。

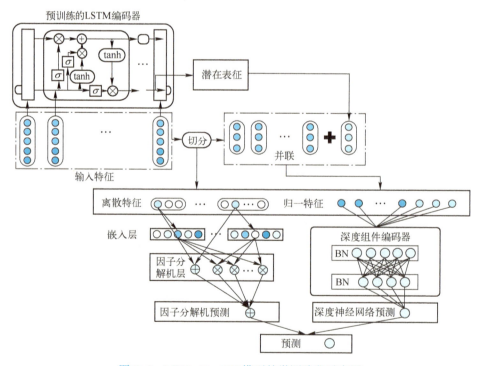

图 5-5 LSTM-DeepFM 模型的微调阶段示意图

离散特征提取部分主要通过 FM 组件进行。首先通过 K-means 离散化将一些连续特征转化为稀疏的 one-hot 变量，也由于数据本身存在着来自供应链阶段的离散数据，嵌入层被用

于将离散特征转化为相同的维度 k 的密集向量,并作为 FM 组件的输入,如下:

$$\boldsymbol{v}_i = \text{EmbeddingLayer}(\boldsymbol{x}_i) \tag{5-31}$$

$$\boldsymbol{y}_{\text{fm}} = \text{FMComponent}(\boldsymbol{x}^{\text{d}}) \tag{5-32}$$

式中,$\boldsymbol{x}^{\text{d}}$ 是离散的特征。同时,在微调阶段,掩码 $\boldsymbol{M}$ 被移除,因此,引入了深度组件提取其中的连续特征,如式(5-33)所示。注意到,此时的 s 实际上包含了从 LSTM 中提取的时序信息。

$$\boldsymbol{e}_2 = \text{DeepComponentEncoder}(\boldsymbol{s}) \tag{5-33}$$

$$\boldsymbol{y}_{\text{deep}} = \boldsymbol{W}\boldsymbol{e}_2 \tag{5-34}$$

如图 5-5 中显示了精细调谐阶段 LSTM-DeepFM 的模型结构。在原始 DeepFM 模型中,FM 组件和 Deep 组件共享相同的嵌入层。离散特征和归一特征都被转换为相同大小的向量,这可能会带来更多的计算成本。此外,为了使深度组件受益于自监督训练,去除了 FM 组件和深度组件的参数共享。因此,FM 组件和深度组件可以单独训练。

在实现中,只将离散变量输入 FM 组件中。深度组件将归一化特征作为输入。最后,LSTM-DeepFM 的综合输出基于以下两个部分。注意到为了通用性,式(5-35)并没有将不平衡损失考虑在内。

$$\boldsymbol{y}_{\text{lstm-deepfm}} = \beta_1 \boldsymbol{y}_{\text{fm}} + \beta_2 \boldsymbol{y}_{\text{deep}} \tag{5-35}$$

式中,β_1 和 β_2 被初始化为 0.5,并且设置为可训练的参数。考虑到离散特征和连续特征提取对最终预测结果的贡献,比如,假设在微调过程中自监督的损失函数为 L,同时这个函数也是 $\hat{y}$ 的函数,那么随机梯度下降可以用于优化 β_1 和 β_2,如下:

$$\beta_1 = \beta_1 - \text{lr} \frac{\partial L}{\partial \hat{y}} \frac{\partial \hat{y}}{\partial \beta_1} = \beta_1 - \frac{\partial L}{\partial \hat{y}} \cdot \text{lr} \cdot y_{\text{deep}} \tag{5-36}$$

$$\beta_2 = \beta_2 - \text{lr} \frac{\partial L}{\partial \hat{y}} \frac{\partial \hat{y}}{\partial \beta_2} = \beta_2 - \frac{\partial L}{\partial \hat{y}} \cdot \text{lr} \cdot y_{\text{fm}} \tag{5-37}$$

式中,lr 是学习率。

总的来说,与预训练阶段相比,微调阶段相对计算复杂度低。在训练前阶段,需要使用大量有标签和无标签样本进行无监督的预训练和自监督的预训练。然而,在微调阶段,仅使用有标签样本对模型参数进行微调,同时考虑到微调阶段的不平衡损失。基于自监督学习任务,模型在微调阶段收敛速度更快,泛化性能更好。通过这种方式,可以在预训练阶段充分利用有标签和无标签的样本,学习到异质样本的表征,在微调阶段,多种特征进行提取和融合,因此,可以很大程度地提高模型的特征提取能力。

基于注意力机制的多特征融合:第 2 小节中,只是对多特征通过可学习权重进行了简单地建模,但是,如何更有效地对多特征进行融合建模是一个难题,现有的方法一般采用网络结构中信息融合的方式。如设计多组数据特征提取层,在网络中实现多组输入信息的融合,提高模型对多组输入的特征之间的信息提取能力。但是,这种方式的一种缺点是学习的多种特征可能会互相影响,因此损害模型的性能。这里采用了一个基于注意力机制和门控机制的多特征融合方法,这种方法的优点是能够让模型自适应地学习多种特征的输出对最终预测结果的贡献,从而避免多个特征在网络学习过程中互相影响。

下面假设有 L 种特征,其中,第 i 个特征的中间层特征设为 $\boldsymbol{H}_i$。那么,对提取的不同特征,可以采用 sigmoid 函数控制模型的输出,并且用哈达玛积控制信息的流动。对 $\boldsymbol{H}_i$ 进行信

息流动的控制，可得

$$\hat{H}_i = (H_i W + b)\sigma(H_i V + c) \quad (5-38)$$

式中，W、b、V、c 是可学习的权重矩阵。同时，对 H_i 进一步利用自注意力进行多特征之间的交互学习，首先，H_i 通过一个线性矩阵 W_i^{tr} 映射到相同的隐层维度，如式（5-39）。随后，通过式（5-36）~式（5-38）进行多层特征之间的自注意力。最终 $\hat{H}_{tr}$ 作为下一层网络的输入。

$$\hat{H}_{tr} = W_i^{tr} H_i \quad (5-39)$$

<u>多特征融合模块优点分析</u>：传统的多特征融合模块使用早期融合难以解耦各个输入之间的关系，而采用晚期融合相对而言更加简单，使用两个可学习的参数去学习 FM 组件和深度组件的重要性信息。但是这样的学习设置有两种缺点，首先是梯度通过两个组件流动，并且两个组件互不干扰，因此，两个组件的预测结果很容易互相影响。可能会出现当 FM 组件性能较差的时候，FM 组件的预测结果带偏深度组件的预测结果。因此，可以采用 Scipy 去单独训练两个组件，以及学习两组件在验证集的最优参数。其次是两个组件缺乏特征之间的建模关系，仅将预测结果加权相加，但是在组件内部，缺乏建模离散和连续特征之间的相互耦合关系。

因此，基于注意力的多特征融合模块更加合理，因为基于注意力的多特征融合建模能够实现层次融合和晚期融合结合的方法，在设计上更加合理以及实验结果表现更加有效。

5.3 工业多源高维度数据融合建模方法

工业大数据除异质、多模态的特点之外，还具有多源、多属性的特点。首先，工业数据通常是从全工厂的各个场景、流程生成和收集的。各种智能传感器，如光传感器、温度传感器、压力传感器和相机，被用于收集有关工业生产过程、环境和产品质量的数据。收集到的物联网大数据具有多属性且复杂。另外，工业大数据主要包括两种不同的类型——大规模全局数据和小规模局部数据。例如，在一段时间内（一个月到一年）的产品物流，有某些类型的产品的运输数据（运输速度和地理位置）。另一个例子是，从汽车装配厂生产线和全厂汽车加工中生成和收集的数据可以分别视为大规模全球数据和小规模本地数据。最后，大多数工业大数据是数据流的形式，因为数据是在工业生产中不断产生的。这给工业大数据的集成带来了严峻的挑战。一个挑战的例子是在不同类型数据学习、协调和整体处理的过程中对工业大数据的表征。

针对这一问题，本节提出了一种基于张量链的量化分布式长短期记忆器（Quantized TT-Based Distributed Long Short-Term Memory，QTT-DLSTM），用于工业大数据的处理和分析。其主要贡献如下：①提出了一种分层计算模型来处理不同类型的工业数据（全局数据和局部数据）；②通过将工业大数据分解为 QTT 形式，提出了一种将权重矩阵分割成裂结构的分布式计算方法，以提高计算效率；③在①和②的基础上，提出了一种新的基于分布式结构的 LSTM 学习模型，以减少学习时间，提高训练效率。

5.3.1 张量及其操作

一个维度通常用于表示一个属性。张量运算包括基本运算，如内积、外积、模型 n 积、克罗内克积和张量分解方法,如 HOSVD、张量序列分解和 QTT 分解。此外,在算法 5-2 中总结了 QTT 及其计算过程。

算法 5-2　量化张量链

输入:N 阶张量 $A \in \mathbf{R}^{I_1 \times \cdots \times I_n \cdots \times I_N}$,其中,$I_n$ 为第 n 阶的维数,$1 \leq n \leq N$。而给定的精度是 ε。
输出:A 的 QTT 核 U_k。
步骤:
1. 初始化包含维度 J_l 的集合 C,$1 \leq l \leq L$,从输入 A 到重构的 L 阶张量 $B \in \mathbf{R}^{J_1 \times \cdots \times J_l \cdots \times J_L}$;
2. A 通过集合 C 折叠成一个新的 L 阶张量 $B = \text{reshape}(A, C)$;
3. 计算截断值:$\delta = \dfrac{\varepsilon}{\sqrt{d-1}} \|B\|_F$,$r_0 = 1$;
4. **for** $k = 1$ to $(L-1)$ **do**:
5. 　　$C = \text{reshape}\left(B, \left[r_{k-1} n_k, \dfrac{\text{numel}(C)}{\eta_{k-1} n_k}\right]\right)$;
6. 　　计算 δ-截断 SVD:$C = USV^{\text{T}} + E$,$r_k = \text{rank}_\delta(C)$,$\|E\|_F \leq \delta$;
7. 　　得到核张量:$U_k = \text{reshape}(U, [r_{k-1}, n_k, r_k])$;
8. 　　$B = SV^{\text{T}}$;
9. **end for**
10. 得到 $U_k = B$;
11. 返回 QTT 核 $U_1, \cdots, U_L$。

5.3.2　针对 QTT-DLSTM 的计算框架

在本节中,讨论 QTT-DLSTM 计算框架的总体结构,该计算框架包括预处理、建模和应用三个主要部分。在各个数据源,对输入数据进行 QTT 分解、筛选、归一化等处理。QTT-DLSTM 将从多个数据源获取预处理数据,然后将一些规则反馈到应用平面。

1. 数据源侧预处理

本节利用高阶高维数据组织和表示工具张量对收集到的数据。然后,利用高维张量分解方法 QTT 对收集到的数据进行第一阶段处理,通过去除冗余信息和噪声来提取高质量的数据。

在数据源,工业数据将被分解为 QTT 形式。一般来说,对于某个数据源,收集到的流数据包含有限的属性。对于张量表示,用一阶表示工业数据的一个属性,这使得工业数据张量化为低阶、高维。同时,数据源预处理模型用于预处理收集的数据,其中,数据将以块排列并分配到可用的边缘设备。因此,对于这个问题,使用 QTT 分解方法,通过对低阶和高维数据进行量化和重构,将工业数据处理为张量序列形式。然后,对量化的高阶低维数据采用 TT 分解,得到 QTT 形式的计算结果。

这里,n 阶张量表示为 $A \in \mathbf{R}^{I_1 \times I_2 \times \cdots \times I_n}$,从多属性的角度表示工业数据。为了更清楚地说明输入数据的计算过程,本节以一个时间序列数据的样本——视频数据为例。假设一个视频有 100 帧(图片),每一帧(图片)的大小为 $128 \times 128 \times 3$。然后,使用四阶张量 $A \in \mathbf{R}^{100 \times 128 \times 128 \times 3}$ 表示该视频,其中,使用第二和第三阶表示每一帧(图)的高度和宽度,使用第一和四阶分别表示帧数(图)和 RGB 通道。根据算法 5-2 中提出的 QTT 计算过程,首先对以 n 阶张量 A 表示的输入数据进行量化和重构为一个 L 阶张量。然后,如图 5-6 所示,得到张量 A 的 QTT 形式:

$$\mathrm{QTT}(\boldsymbol{A}) = \boldsymbol{A}_1 \times_1 \cdots \times_1 \boldsymbol{A}_l \cdots \times_1 \boldsymbol{A}_L$$

QTT 分解的计算过程可以用来减少参数。对于具有 $\prod_{i=1}^{N} I_i$ 参数的 N 阶张量 $\boldsymbol{A}$，通过 QTT 分解可以将其参数简化为 $\sum_{l=1}^{L} r_{l-1} I_l r_l$。一般来说，时间序列数据是高阶的。

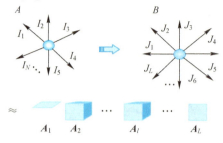

图 5-6　张量的 QTT 形式

在讨论了数据预处理之后，QTT-DLSTM 将在下一部分提出的全局模型上进行。

2. 全局模型

数据学习过程需要强大的计算和存储资源，这是在全局模型上实现的。因此，在每个边平面的数据采集和积分后进行计算。如前所述，收集到的数据被分解为 QTT 形式。更重要的是，从每个数据源集成的数据都是大规模的数据流，给全局模型上的数据学习带来了不可预测的困难。因此，本节提出了 QTT-DLSTM 来提高学习效率。这将在下面的章节中进行讨论。例如，$\mathrm{QTT}(\boldsymbol{X}_1)$、$\mathrm{QTT}(\boldsymbol{X}_2)$、$\cdots$、$\mathrm{QTT}(\boldsymbol{X}_m)$ 等不同数据源的 QTT 计算结果将作为训练模型 QTT-DLSTM 的输入。

如图 5-7 所示，所提出的 QTT-DLSTM 包含三个部分——权值矩阵的构造和分裂结构、前向计算过程和反向传播。

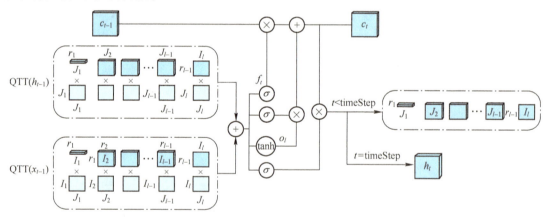

图 5-7　QTT-DLSTM 的体系结构

3. 输入数据与权矩阵之间的分布式计算

为了提高计算效率，输入数据与权矩阵之间的计算将并行进行。由于 QTT 分解的计算结果包括 L 个 QTT 核心，实现 QTT 分解结果的张量链与权重矩阵之间的分布式计算，权重矩阵 $\boldsymbol{W}$ 将分为 L 个子矩阵 $\boldsymbol{W}_1, \boldsymbol{W}_2, \cdots, \boldsymbol{W}_L, 1 \leq l \leq L$。然而，如何确定子矩阵 $\boldsymbol{W}_l$ 的大小是权重矩阵划分的主要问题。另外，对于隐层，权重矩阵设为 $\boldsymbol{U}_l \in \mathbf{R}^{J \times J}$，而子权重矩阵为 $\boldsymbol{W}_l \in \mathbf{R}^{I_l \times J_l}$，$l = 1, \cdots, L$。这样，它将给 QTT-DLSTM 模型带来两个优势。首先，由于 QTT 形式的规模较小，参数较少，便于张量 LSTM 的传输；其次，通过对 QTT 核和子矩阵的多线程计算，提高了计算效率。

QTT-DLSTM 的正向计算过程：如算法 5-3 所示，这里主要讨论 QTT-DLSTM 的前向计算过程，其包括三个步骤。

算法 5-3 QTT-DLSTM 的前向计算

输入：训练案例 $(X_1, \cdots, X_T)$, y。

输出：预测案例 y。

步骤：

1. 设置权重 $W_1, \cdots, W_l, \cdots, W_L$，$W_l \in [I_l, 4J_l]$ 和 $U_1, \cdots, U_l, \cdots, U_L$，$U_L \in [J_l, 4J_l]$，$l \in [1, L]$。
2. 初始化隐层，当 $t=0$，$\mathrm{QTT}(\boldsymbol{H}_0) = \boldsymbol{H}_{01} \times_1 \cdots \times_1 \boldsymbol{H}_{0L}$，其中 $\boldsymbol{H}_l \in [r_{l-1}, J_l, r_l]$，$r_0, r_L = 1$；
3. 获取单个样本的时间步长为 T；
4. **for** $t=1$ to T **do**：
5.   使用式（5-40）、式（5-41）计算 M_{tl}, $l \in [1, L]$；
6.   使用式（5-43）计算 H_{tl}, $l \in [1, L]$；
7. **end for**
8. 使用式（5-44）、式（5-45）计算 H_T；
9. 通过密集层和 QTT-DLSTM 反向传播计算输出 y。

首先，用 $\mathrm{QTT}(\boldsymbol{H}_0) = \boldsymbol{H}_{01} \times_1 \cdots \times_1 \boldsymbol{H}_{0L}$ 初始化隐层的 QTT 链，其中，$r_0, r_L = 1$。其次，M_t 是 LSTM 正向计算过程的中间值，由 $M_t = [\widetilde{F}_t, \widetilde{I}_t, \widetilde{O}_t, \widetilde{C}_t'] = [W_f, W_i, W_o, W_c] x_t + [U_f, U_i, U_o, U_c] h_{t-1} + b$ 计算。QTT-DLSTM 的正向计算过程根据式（5-40）进行计算，式中的每个符号 M_t、F_t、I_t、O_t 和 X_t' 都是 QTT 链的形式。

$$M_t = [\widetilde{F}_t, \widetilde{I}_t, \widetilde{O}_t, \widetilde{C}_t']$$
$$F_t, I_t, O_t, C_t' = \sigma[\widetilde{F}_t], \sigma[\widetilde{I}], \sigma[\widetilde{O}_t], \tanh[\widetilde{C}_t] \tag{5-40}$$
$$F_t = F_{t1}, \cdots, F_{ti}, \quad F_{ti} \in [r_{i-1}, r_i, J_i]$$

为了理解式（5-40），将 QTT-DLSTM 根据式（5-41）训练过程的中间值 $\mathrm{QTT}(M_t) = (M_{t1}, M_{t2}, \cdots, M_{tL})$ 进行计算。

$$\begin{cases} M_{t1} = X_{t1} \times_1 W_1 + H_{(t-1)1} \times_1 U_1 + B_1 \\ M_{t2} = X_{t2} \times_1 W_2 + H_{(t-1)2} \times_1 U_2 + B_2 \\ \quad \vdots \\ M_{tl} = X_{tl} \times_1 W_l + H_{(t-1)l} \times_1 U_l + B_l \\ \quad \vdots \\ M_{tL} = X_{tL} \times_1 W_L + H_{(t-1)L} \times_1 U_L + B_L \end{cases} \tag{5-41}$$

式中，$U_l \in [I_l, 4J_l]$，$M_{tl} \in [r_{l-1}, r_l, 4J_l]$。每个子张量 M_{tl} 将根据下式得到

$$M_{tl} = \sum_{q=1}^{I_l} X_{tl(r_{l-1},q,r_l)} W_l(q, J_l) + \sum_{q=1}^{J_l} H_{(t-1)l(r_{l-1},q,r_l)} U_l(q, J_l) + B_l \tag{5-42}$$

所提出的张量 LSTM 被组合成一个 L 阶张量 M_t，但选择以一个 QTT 链的形式转移所有后续的传播。之后如式（5-43）所示，将 M_{tl} 分离为 F_{tl}、I_{tl}、O_{tl} 和 X_{tl}，得到隐层 H_t。

$$\begin{aligned} C_{tl} &= F_{tl} C_{t-1(l)} + I_{tl} C_{tl}' \\ H_{tl} &= O_{tl} \sigma(C_{tl}) \end{aligned} \tag{5-43}$$

最后，对于隐层 H_t，它将被分为两种情况。如果当前时间 t 小于时间步长，则 $\mathrm{QTT}(H_t)$ 包括 $\mathrm{QTT}(H_{t1}, \cdots, H_{tL})$，并直接视为时间的输入 $(t+1)$。如果当前时间 t 等于时间步长，则将 h_t 合并到 1 阶张量 H_T 中，作为式（5-44）或式（5-45）中使用的输出，用于计算与实

值的误差,并完成反向传播。

$$H_T = H_{t(1)} \times_1 \cdots \times_1 H_{tl} \cdots \times_1 H_{tL} \tag{5-44}$$

$$H_T(i_1, i_2, \cdots, i_L) = \sum_{r_0, r_1, \cdots, r_L}^{R_l} H_{t(1)}(r_0, i_1, r_1) H_{t(1)}(r_1, i_2, r_2), \cdots, H_{t(L)}(a_{L-1}, i_L, a_L) \tag{5-45}$$

从式(5-40)~式(5-44),完成了 QTT-DLSTM 的正向过程。接下来,讨论所提出的 QTT-DLSTM 的反向传播。

4. QTT-DLSTM 的反向传播

根据常规的 LSTM 反向传播过程,推导出了 QTT-DLSTM 模型在反向传播通过时间(BPTT)框架下的梯度($\partial E/\partial W_l$)。根据式(5-41),可以发现

$$\begin{aligned}\frac{\partial E}{\partial W_l} &= \frac{\partial E}{\partial H_T} \frac{\partial H_t}{\partial W_l} \\ &= \frac{\partial E}{\partial H_{tl}} \frac{\partial H_{tl}}{\partial W_l} \times_1 H_{t1} \times_1 \cdots \times_1 H_{t(l-1)} \times_1 H_{t(l+1)} \times_1 \cdots \times_1 H_{tL}\end{aligned} \tag{5-46}$$

之后,从 M_{tl} 中式(5-41)~式(5-44)的推导,得到$(\partial H_{tl}/\partial W_l)$和$(\partial H_{tl}/\partial U_l)$的后续计算

$$\begin{aligned}\frac{\partial H_{tl}}{\partial W_l} &= \frac{\partial H_{tl}}{\partial M_{tl}} \frac{\partial M_{tl}}{\partial W_l} \\ \frac{\partial H_{tl}}{\partial U_l} &= \frac{\partial H_{tl}}{\partial M_{tl}} \frac{\partial M_{tl}}{\partial U_l}\end{aligned} \tag{5-47}$$

之后,$(\partial H_{tl}/\partial M_{tl})$可以通过式(5-47)得到

$$\begin{aligned}\frac{\partial H_{tl}}{\partial M_{tl}} &= \left[\frac{\partial H_{tl}}{\partial F_{tl}} \frac{\partial F_{tl}}{\partial \widetilde{F}_{tl}}, \frac{\partial H_{tl}}{\partial I_{tl}} \frac{\partial I_{tl}}{\partial \widetilde{I}_{tl}}, \frac{\partial H_{tl}}{\partial C'_{tl}} \frac{\partial C'_{tl}}{\partial \widetilde{C}'_{tl}}, \frac{\partial H_{tl}}{\partial O_{tl}} \frac{\partial O_{tl}}{\partial \widetilde{O}'_{tl}}\right] \left[\frac{\partial H_{tl}}{\partial F_{tl}}, \frac{\partial H_{tl}}{\partial I_{tl}}, \frac{\partial H_{tl}}{\partial C'_{tl}}, \frac{\partial H_{tl}}{\partial O_{tl}}\right] \\ &= \left[\frac{\partial H_{tl}}{\partial C_{tl}} C_{t-1(i)}, \frac{\partial H_{tl}}{\partial C_{tl}} C'_{tl}, \frac{\partial H_{tl}}{\partial C_{tl}} I_{tl}, \frac{\partial H_{ti}}{\partial O_{tl}} \sigma(C_{tl})\right]\end{aligned} \tag{5-48}$$

最后,$(\partial M_{tl}/\partial W_l)$和$(\partial M_{tl}/\partial U_l)$可以从式(5-42)导出为

$$\begin{aligned}\frac{\partial M_{tl}}{\partial W_l(q, J_l)} &= X_{tl}(R_{l-1}, q, R_l) \\ \frac{\partial M_{tl}}{\partial U_l(q, J_l)} &= H_{(t-1)l}(R_{l-1}, q, R_l)\end{aligned} \tag{5-49}$$

在推导出 QTT-DLSTM 的反向传播之后,应该讨论 Ω 所需的参数。根据 QTT-DLSTM 全局神经网络的 W,由 L 个 $\Omega_l \in \mathbf{R}^{I_l \times J_l}, l \in [1, L]$ 组成,Ω 参数量等于 $\sum_{l=1}^{L} I_l J_l$。

5.4 典型应用案例

5.4.1 基于 WDS 网络的半导体生产质量预测

1. 实验平台和数据集

所使用的数据集的背景是一个离散的制造过程,其中,购买的原材料在供应链的各个阶

段通过各种加工工艺进行加工和组装成产品。对超过 11 000 个样品进行物理质量检验,每个样品都以质量评价作为关键性能指标(KPI)。其中,有 6600 个样本用于训练集,其余的作为测试集。对于每个样本,将利用供应链信息和加工过程中的各种记录作为学习模型的输入数据来预测 KPI 值。在此数据集中,可接受的范围 e 被设置为 0.015。

如表 5-1 所示,给出了必要的变量。特征选择后,保留 11 个时常变量作为关键变量。根据它们的值,11 个变量中的 7 个作为分类变量,其他的是连续变量。每个分类变量或交叉特征将被经验嵌入一个 5 维密集向量中。有 21 个交叉特征被创建作为宽度模型的输入。预先训练好的 AE 将连续变量扩展到一个 24 维的内部特征。深度模型有两个隐层,每一层有 96 个神经单元。在序列模型中,LSTM 的长度为 $N_s=10$,隐藏大小为 16。

表 5-1 数据集描述

数据源	类别	名称	描述
供应链	时不变	Var1~6	有关材料采购的信息,例如供应商、材料类型和材料直径
加工过程	时不变	Var7~16	有关机械加工温度和加工电压的信息
	时变	tVar1~5	来自不同传感器的温度记录
		tVar6	加工设备的扭矩记录
		tVar7~10	加工设备的转速记录
		tVar11~12	加工设备的拉力记录
		tVar13	加工设备的线速度记录
		tVar14~15	加工设备的流程记录
质量检验	标签	KPI	小数值,与产品质量呈正相关

2. 实验结果及分析

比较评价结果见表 5-2。在接下来的每个实验中,在模型对所有测试样本进行预测后,从它们中随机选择一个分割进行显示。为了更好地演示,给出了每种情况下的预测值和误差。在这里,误差指的是预测值与标签值之间的差异。具有惩罚策略的 WDS 模型在部分测试集上的结果如图 5-8 所示。

表 5-2 比较评价结果

模型	RMSE	MAE	UNR[①] (%)
DS	0.0053	0.0039	35.6
WDS(MSE)	0.0044	0.0030	40.5
WDS(without JT)	0.0058	0.0041	33.2
SVR-S	0.0051	0.0038	51.7
PLS-S	0.0060	0.0043	41.9
ELM-S	0.0059	0.0042	41.2
AE-ELM-S	0.0049	0.0038	34.1
WDS	**0.0048**	**0.0036**	**28.6**

① UNR 指不可信率(Unreliable Rate)。

为了证明特征交叉的有效性,去掉宽度模型,构建了一个 DS 模型进行比较,其结果如图 5-9 所示。通过对 DS 模型和 WDS 模型的比较,可以发现特征交叉在一定程度上有助于

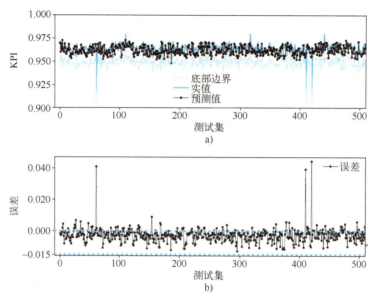

图 5-8 WDS 模型在部分测试集上的结果

a) 预测值　b) 误差

注：a) 中的虚线是可接受范围的底部边界；b) 中虚线之间的面积是可接受的范围。

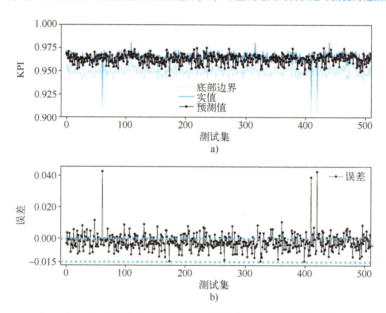

图 5-9 DS 模型在部分测试集上的结果（宽度模型被移除）

a) 预测值　b) 误差

提高模型对缺陷产品的敏感性。为了展示 JT 策略的优点，在一次实验中删除了 JT 策略。在这种情况下，独立地训练了 WD 模型和序列模型，并随后结合了它们的预测结果。此外，用原始的 MSE 损失来训练 WDS 模型，以证明惩罚机制的优势。其结果如图 5-10 和图 5-11 所示。通过与本节提出的方法的比较，可以得出 JT 策略有助于提高预测的准确性。尽管 RMSE 和 MAE 随着惩罚机制有所上升，但不可靠预测的数量有效地减少了。

第 5 章 工业多源异质数据深层融合建模方法

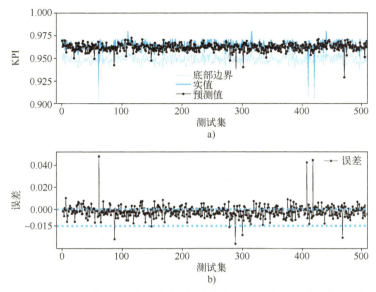

图 5-10 WDS 模型（没有 JT 策略）在部分测试集上的结果（子模型都经过独立训练）
a) 预测值 b) 误差

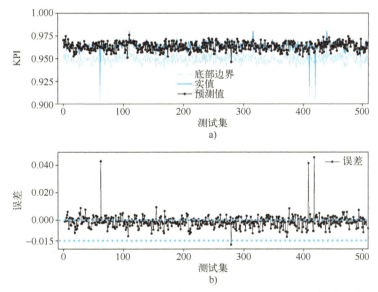

图 5-11 没有惩罚机制的 WDS 模型在部分测试集上的结果（目标函数为原始 MSE 损失）
a) 预测值 b) 误差

此外，还将 WDS 模型与现有的相应算法进行了比较。在本节中，采用支持向量回归（SVR）、PLS 和 ELM 来代替 WD 模型来处理时不变变量的数据。对于每种情况，最终的预测都是通过结合它们的预测和序列模型的输出而得出的。此外，分别使用原始数据和由预训练的 AE 提取的高维特征作为 ELM 的输入。这些实验的结果如图 5-12 和图 5-13 所示。尽管 SVR 和 PLS 在某些工业数据分析的情况下被广泛使用，但它们从复杂的工业数据中探索隐式质量信息的能力并不令人满意。通过基于 ELM 模型和 WDS 模型的比较，可以发现，WDS 模型不仅在大多数样本上具有良好的泛化性能，而且保证了对缺陷产品的敏感性。此外，通过预训练的 AE 提取的特征有助于提高预测精度。

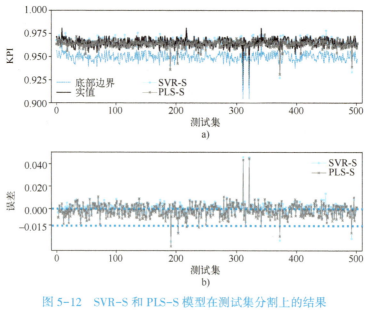

图 5-12 SVR-S 和 PLS-S 模型在测试集分割上的结果
a) 预测值 b) 误差

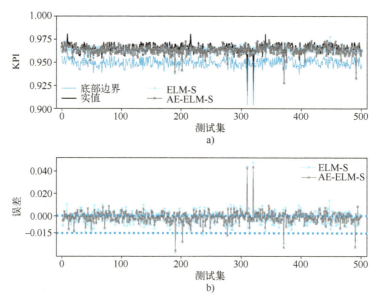

图 5-13 ELM-S 和 AE-ELM-S 模型在测试集分割上的结果
a) 预测值 b) 误差

5.4.2 基于 QTT-DLSTM 网络的离散制造产品质量预测

1. 实验平台和数据集

一个离散制造过程的数据集被用来衡量该方法的性能。在供应链阶段采购的原材料，通过各种加工步骤加工组装成产品。在该数据集中，共对超过 11000 个样本进行了物理质量检查，并将每个样本的质量评估作为关键性能指标（KPI）。这里使用了 6600 个样本用于训练集，剩下的样本用于验证集。对于每个样本，使用供应链信息和处理步骤中的各种记录作为学习模型的输入数据来预测 KPI 值。此外，在这个数据集中，每个样本被分为两部分，即时间序列数据和非时间序列数据。时间序列数据有 400~550 min 的连续记录，每分钟有 16 个时变参数和 20 个时不变参数。

下面分别针对数据源和模型进行实验。

1）针对数据源的操作：首先，进行数据清理、采样、归一化和分解等预处理，同时在所使用的 5 个数据源节点上进行。第一步是数据清理。对于工业生产数据，其噪声很大，这意味着收集到的工业数据集包含了大量的无效数据。在这方面，如果每分钟收集的数据的 36 个参数中有两个无效参数，则该时间段收集的 36 个参数将被删除。第二步是数据采样。由于每个样本有 400~550 min 的连续记录，所以每个样本选择 50 个采样点，采样步骤为样本长度除以 50。每个采样点都包含一个极高的时间序列。这样，每个采样点都包含了所有 36 个参数，包括 16 个时变参数和 20 个时不变参数。第三步是对 50 个采样点的每个参数进行归一化处理。第四步是算法 5-2 中所示的 QTT 分解。对于每个采样点，可以得到一个包含 36 个元素的向量，并分别分解为包含 2 个 QTT 核、3 个 QTT 核和 4 个 QTT 核的 QTT 形式。

如表 5-3 所示，可以发现具有 2 个 QTT 核、3 个 QTT 核和 4 个 QTT 核的单次步长的压缩比（CR）分别为 1.5、1.36 和 1.2。针对数据源的计算可以在保证训练效率的同时，通过减少训练任务来压缩原始数据，提取出高质量的训练数据。接下来，将数据源的结果发送到全局模型进行训练操作。

表 5-3　压缩比

—	压缩比（CR）
2 个 QTT 核	1.5
3 个 QTT 核	1.36
4 个 QTT 核	1.2

2）在全局模型上的操作：对于全局模型，将来自不同数据源节点的计算结果逐一输入 QTT-DLSTM 模型中。对于某个样本，将第一个采样点 X_1 的 QTT 形式输入 QTT-DLSTM 模型和第一个隐层 h_1 中。接下来，将第一个隐层 h_1 和 X_2 再次输入 QTT-DLSTM 模型中，得到第二个隐层 h_2。同样地，也可以得到 h_{50}。并且，X_1 的各个 QTT 核将分别输入 QTT-DLSTM。此外，还可以分别得到 2 个 QTT 核、3 个 QTT 核或 4 个 QTT 核的 h_{50}。然后，根据式（5-44）和式（5-45），将 h_{50} 计算为一个张量，该张量通过一个全连接层转换为一个键值。

QTT-DLSTM 模型的误差函数、准确度函数和精度函数，分别为

$$f(y_i, \hat{y}_i) = \begin{cases} 1.65(\hat{y}_i - y_i), & y_i - \hat{y}_i < 0 \\ 0.15(y_i - \hat{y}_i), & 0 \leq y_i - \hat{y}_i < 0.04 \\ 0.4(y_i - \hat{y}_i), & y_i - \hat{y}_i \geq 0.04 \end{cases} \quad (5-50)$$

$$h(y_i, \hat{y}_i) = \begin{cases} 1, & y_i - \hat{y}_i > 0.04 \\ 0, & y_i - \hat{y}_i \leq 0.04 \end{cases}$$

$$\text{Accuracy} = \frac{1}{N} \sum_{i=1}^{N} h(y_i, \hat{y}_i) \quad (5-51)$$

$$\text{Precision} = \frac{\text{Real}_{\text{validation}}}{\text{ALL}_{\text{validation}}}$$

式中，y_i 和 $\hat{y}_i$ 为 QTT-DLSTM 模型的真实值和预测密钥值；$Real_{validation}$ 为验证正确的个数；$ALL_{validation}$ 为总验证集的个数。

接下来，将对该数据集进行两组实验，即第 1 组（90%用于训练，10%的数据集用于测试验证）和第 2 组（80%用于训练，20%的数据集用于测试验证）。

2. 实验结果及分析

在本部分中，将从表 5-4 所示的 CR 以及表 5-5 和表 5-6 所示的角度来分析 QQT-DLSTM 模型的效果。CR 是不同基于张量的 LSTM 所需的权值参数量除以 vanilla LSTM 的参数量。

如表 5-4 所示，几种基于张量的 LSTM 方法的 CR，如 BT-LSTM、TT-LSTM、QTT-LSTM 和提出的 QTT-DLSTM，其中，QTT-DLSTM 的压缩比分别包括 2 个 QTT-DLSTM 核、3 个 QTT-DLSTM 核、4 个 QTT-DLSTM 核。从表 5-4 可以看出，QTT-DLSTM 的 3 个 QTT-DLSTM 核的 CR 优于几种基于张量的 LSTM 方法，并且从 2 个 QTT-DLSTM 核逐渐增加到 4 个 QTT-DLSTM 核。此外，在数据预处理的分解过程中，不仅输入参数在数据源上被压缩，而且全局模型的 QTT-DLSTM 参数也显著降低。此外，QTT-DLSTM 的训练时间小于其他几种基于张量的 LSTM 方法。

表 5-4　几种基于张量的 LSTM 方法的 CR

LSTM	BT-LSTM	TT-LSTM	QTT-LSTM	2 个 QTT-DLSTM 核	3 个 QTT-DLSTM 核	4 个 QTT-DLSTM 核
1	1.70	5.33	6.56	6	7.2	14.4

表 5-5　第 1 组数据集的准确度和精度　　　　　　　　　　（单位：%）

方法	LSTM	TT-LSTM	BT-LSTM	QTT-LSTM	2 个 QTT-DLSTM 核	3 个 QTT-DLSTM 核	4 个 QTT-DLSTM 核
准确度	87.89	92.21	92.36	92.45	93.65	**93.94**	93.22
精度	78.67	81.26	82.42	84.43	87.61	**87.61**	86.74

表 5-6　第 2 组数据集的准确度和精度　　　　　　　　　　（单位：%）

方法	LSTM	TT-LSTM	BT-LSTM	QTT-LSTM	2 个 QTT-DLSTM 核	3 个 QTT-DLSTM 核	4 个 QTT-DLSTM 核
准确度	88.25	91.71	90.92	93.29	92.36	92.93	**93.73**
精度	81.91	80.42	79.10	85.51	87.18	**88.34**	88.25

如图 5-14 所示，给出了第 1 组和第 2 组的不同 QTT 核的训练集和验证集的误差和精度。表 5-5 和表 5-6 给出了所提出的 QTT-DLSTM 和几种基于张量的 LSTM 方法的准确度和精度，如 BT-LSTM、TT-LSTM、QTT-LSTM 和 QTT-DLSTM。此外，图 5-14a~d 的实验结果为第 1 组的（90%的数据集作为训练集，10%作为验证集），图 5-14e~h 结果为第 2 组的（80%的数据集用作训练集，20%作为验证集）。

从实验结果中，如表 5-5、表 5-6 和图 5-14 所示，可以发现：①分层计算方法可以带来更高效的处理效率。由于数据被压缩，在各个数据源上进行的计算过程减少了传输数据，这样，全局模型需要的参数更少。②QTT-DLSTM 的性能与 QTT 核的数量没有直接关系。从表 5-5 和图 5-14 还可以发现 3 个 QQT 核的 QTT-DLSMT 在第 1 组数据集上具有最高准确度（93.94%）和精度（87.61%），在第 2 组数据集上具有准确度（92.93%）和最高精度

(88.34%)。在第1组和第2组数据集中,QTT-DLSTM 比其他基于张量的 LSTM 具有更高的准确度,如第1组数据集上 BT-LSTM 的准确度为 92.36%。

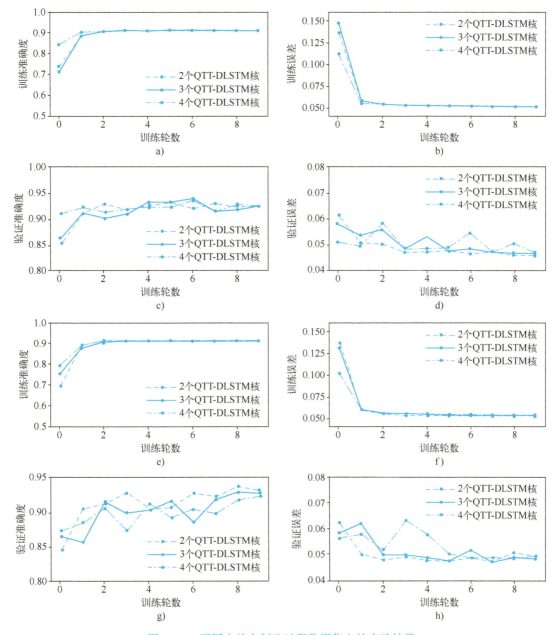

图 5-14 不同内核在制造过程数据集上的实验结果

a) 第 1 组的训练精度 b) 第 1 组的训练误差 c) 第 1 组的验证精度 d) 第 1 组的验证误差
e) 第 2 组的训练精度 f) 第 2 组的训练误差 g) 第 2 组的验证精度 h) 第 2 组的验证误差

第 6 章

工业复杂任务跨域建模方法

工业互联网领域存在大量的跨域场景，比如不同工况、不同设备、不同任务之间的迁移，但是面向新的工况、设备、任务时，之前训练好的模型大多就失效了，而跨域建模为工业复杂任务建模提供了新的解决方法。基于此，本章主要介绍工业跨域无监督域适应建模方法与工业黑盒域适应建模方法，实现在高噪声、分布漂移、标签缺失、隐私保护等条件下的跨域学习难题。

6.1 概述

工业互联网云边端架构下，传统基于单工况域、单设备域、单任务域的深度学习模型无法应对复杂的工业场景，形成了工业深度模型跨域学习挑战。当前国际主流的跨域学习研究，集中在跨域数据融合和跨域知识迁移。例如，Google、Facebook 等都提出了各自的跨域深度学习模型，但难以与工业应用结合；北京航空航天大学提出了融合跨域异构数据的 WDS 深度模型；清华大学提出了用于边缘计算的动态神经网络模型。然而，与人工智能传统应用领域相比，工业领域的跨域学习面临数据分布差异大、数据质量差、领域知识丢失、小样本等问题。目前学术界对于工业深度学习模型的研究还主要集中在单工况域、单设备域、单任务域的研究，难以满足增长的工业互联网应用需求。未来发展趋势是突破工业跨域数据表征和多任务跨域联合优化技术，实现工业深度模型跨域精准学习。

互联网时间序列数据作为工业互联网的一种重要的数据源，在工业互联网发挥着重要的作用，数据驱动的方法逐渐成为互联网领域各类工业复杂系统建模和预测分析的主要手段，实现传感器时序数据的跨域学习是目前工业互联网领域一项充满挑战的任务，具体而言，可分为以下几个挑战：

第一，工业时序跨域数据表征难。从工业互联网各个传感器采集的数据通常是多源低质的，当前的数据分析模型难以精准地融合表征时序数据并将其应用于跨域的应用中，如何做到跨域数据复杂要素统一表征，是急需解决的问题；同时针对工业场景隐私保护的问题，如何在不接触源域数据与源域模型的情况下，实现有效的跨域数据共性机理表征，也是值得研究的问题。工业互联网领域有很多资深的专家，基于专家经验的模型占据着至关重要的地位，如何将先验的专家知识融入跨域学习模型的构建中，既使领域知识得到有效利用，又为神经网络训练提供了优化方向，从而在跨域学习中表现更好，是跨域共性机理学习研究的另一重要问题。

第二，工业单一任务跨域模型联合优化难。针对工业单一因素影响的场景，即工况、设备、任务三个要素只有一个要素不同，其他要素相同。例如，同一设备同一任务但不同工况的任务，往往会遇到目标域标签缺乏、目标域分布漂移、数据低质高噪的场景，如何在该类场景设计适合于跨域联合优化的深度学习模型，是值得研究的问题。

第三，工业多任务跨域模型联合优化难。针对工业多个因素影响的场景，即工况、设备、任务三类域要有多个不同域。工业各个域的任务之间具有复杂的相关性和因果关系，这些关联关系可有效应用于工业跨域任务的优化，目前的工业深度学习模型大多忽视这种相关性，如何挖掘和利用这些相关和因果关系并将其应用于工业跨域任务的联合优化是急需解决的问题。

针对以上场景，本章针对工业场景多任务相互耦合的特性，提出一种基于元学习的跨域共性机理学习技术，从而增强工业任务的模型效果，降低过拟合，改善模型泛化性。针对工业场景多任务隐私保护的问题，本章提出一种基于黑盒域适应的跨域共性机理学习技术，在不接触源任务数据的情况下，实现有效的跨域联合优化。

6.2 工业复杂任务跨域建模方法

物联网中的多传感器技术已应用于活动识别、故障诊断、网络安全、临床诊断等多个领域。这样的传感器可以产生大量的多变量时间序列数据。最近，随着深度学习的蓬勃发展，用于传感器时间序列的深度神经模型已经成功地在这些应用中取得了良好的性能。然而，这些模型通常需要大量有标签训练数据。为了解决昂贵的数据标注问题，将无监督领域自适应模型应用于传感器时间序列。无监督领域自适应（UDA）旨在在目标域中少量无标签数据的帮助下，消除由域转移引起的差距。通常，UDA使源数据的经验风险最小化，并生成领域不变表示。尽管基于深度学习的方法在传感器时间序列数据的领域自适应方面取得了一些进展，但仍然存在的三个关键挑战。第一个挑战是，由于数据隐私规则或计算资源的限制，源模型和源域数据并不总是可访问的，而当前大多数域自适应方法在模型训练时必须要访问源数据。例如，来自不同公司的客户的信息是敏感的，不允许共享，只能面向客户提供 API 服务。第二个挑战是没有考虑传感器时间序列数据的时序属性。传感器时间序列数据具有显著的时间一致性和较低的信噪比（SNR）。现有的领域自适应方法主要是针对图像或文本数据设计的。对时间序列数据只是简单地应用图像 UDA 方法，这样可能会破坏时间序列一致性，从而损害模型的性能。第三个挑战是多源领域适应中的负向迁移效应。因为无法验证源域和目标域数据是否具有相似的分布，不相关或恶意的源域可能会导致负向迁移效应。

6.2.1 工业任务跨域无监督域适应建模方法

在复杂的工业环境中，当遇到新的工作条件时，为特定场景设计的神经网络模型可能难以维持高精度。而新工况下的监控数据大多是难以采集或无标签的，无法被利用来训练新的模型。为了解决上述问题，本节专注于构建一个具有域泛化（Domain Generalization）技术的通用训练框架，使工业数据分析模型在未知的工作条件下得以很好地泛化。首先，提出了一种基于模型不可知的元学习（Meta Learning）的训练框架 Meta-GENE，用于同构和异构域泛化。其次，在元学习框架中引入了一种梯度对齐算法来学习域不变策略，以便在未知的工作条件下进行鲁棒预测。最后，提出了一种利用异构数据来缓解资源不足问题的语义匹配技术。

图 6-1 清晰地展示了基于元学习的域泛化框架，它包括二层元学习方式下的梯度对齐、语义匹配和不可见域泛化。

1. 梯度校正

为了缓解不同相关数据域之间的域转移，这里引入了一种新的思想，即在以二层元学习的方式训练多个相关数据域时，通过梯度对齐来规范故障诊断模型的优化方向。如前所述，我们希望用多源域数据来训练模型，以减轻低资源数据问题的影响。基于经验风险最小化（Experience Risk Minimization，ERM）的优化范式倾向于学习特定领域的特性，从而在源域上实现显著的性能。ERM 简单地聚合所有源域数据，并平等地最小化损失，以优化模型的参数，如下所示：

$$\underset{\Theta}{\operatorname{argmin}} L_{\mathrm{ERM}} = \frac{1}{\|S\|} \sum^{\|S\|} L(D_{\mathrm{tr}}^{S}; \Theta) \tag{6-1}$$

当遇到不可见的域数据时，基于 ERM 的模型可能很容易崩溃，因为它记忆了不会出现在看不见的域中的域特定特征。工业数据分析模型应该学习一个领域不变的鲁棒预测策略，这需要一个约束来迫使其不嵌入特定领域的特征中。

域内梯度匹配（Inner-Domain Gradient Matching，IDGM）促进了学习多个数据域间的域不变特征的直观理论。IDGM 的核心思想是调整不同源域的优化方向，这是通过最大化每对源域梯度的内积来实现的。一般来说，每个唯一的源域都有自己的最快参数搜索的最优方向，这是单源域训练场景的捷径。如果在训练多个源域时，这些最优方向相互偏转，则模型可能不能适当地收敛，甚至不能说在不可见的域中可以很好地推广。因此，在训练过程中需要一个约束条件来调节这些最优方向。在形式上，将结构域 i 的梯度表示为 g_i，源域对的内积表示为 $g_i \cdot g_j$。当这些源域的优化方向发生冲突时，内积是负的，即 $g_i \cdot g_j<0$。为了使这些梯度对与显式约束对齐，将梯度的内积（GIP）正则化项 L_{GIP} 作为一个优化对象：

$$\underset{\Theta}{\operatorname{argmin}} L_{\mathrm{IDGM}} = L_{\mathrm{ERM}} - \beta L_{\mathrm{GIP}}$$

$$= \frac{1}{\|S\|} \sum^{\|S\|} L(D_{\mathrm{tr}}^{S}; \Theta) - \beta \frac{2}{\|S\|(\|S\|-1)} \sum_{i,j \in S}^{i+j} g_i \cdot g_j \tag{6-2}$$

式中，E 是对所有梯度对的期望；$\|S\|$ 是源域的数量。通过将 L_{GIP} 损失项重新分级为具有平衡权重 β 的额外优化对象，从而制定了 L_{IDGM} 对象。最小化梯度对齐损失 L_{IDGM} 等于最小化 ERM 损失和最大化 GIP 损失。然而，当直接优化 L_{IDGM} 损失时会出现一个棘手的问题。可以看出，计算 L_{GIP} 损失项的梯度涉及一个在高阶导数中棘手的计算问题，这带来了高计算复杂度和时间消耗。

2. 梯度近似

这里没有直接使用提出的 L_{IDGM} 损失进行模型训练，而是提出了一种有效的方法来解决这个问题，该方法在二层元学习优化框架中估计 L_{GIP} 损失的梯度，如图 6-1 所示。双层元学

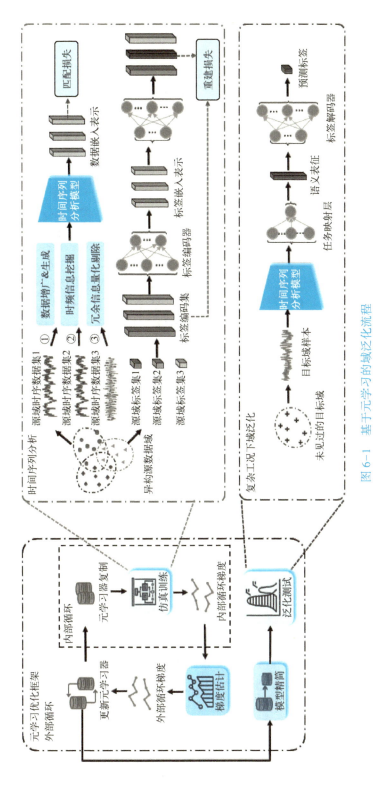

图 6-1 基于元学习的域泛化流程

习框架涉及不同层次结构中的两个更新循环——内环和外环。对于这两个更新循环，更新过程和相应的梯度表述如下：

$$\hat{g}_i = E_{(x,y) \sim \mathcal{D}_i}\left[\frac{\partial L((x,y);\Theta_i)}{\partial \Theta_i}\right] \tag{6-3}$$

$$\begin{aligned}\Theta_i &= \Theta_{i-1} - \alpha \hat{g}_{i-1} \\ &= \Theta_0 - \alpha \sum_{k=0}^{i-1} \hat{g}_k (\text{经过 } i \text{ 次迭代后更新})\end{aligned} \tag{6-4}$$

$$g_i = E_{(x,y) \sim \mathcal{D}_i}\left[\frac{\partial L((x,y);\Theta_i)}{\partial \Theta_0}\right] \tag{6-5}$$

$$\widetilde{\Theta} = \Theta_0 - \eta g_i (\text{单次外环更新}) \tag{6-6}$$

$$H_i = E_{(x,y) \sim \mathcal{D}_i}\left[\frac{\partial^2 L((x,y);\Theta_i)}{\partial \Theta_0^2}\right] \tag{6-7}$$

式中，$L((x,y);\Theta_i)$ 是更新模型的损失度量；式（6-4）中 $\hat{g}_i$ 表示内环中第 i 次迭代步骤的梯度；Θ_0 是模型的初始参数；Θ_i 是内环中经过 i 次迭代后更新的模型参数；α、η 分别为内环更新和外环更新的学习速率。对于外环，外环梯度计算为式（6-7）。g_i 表示 $L((x,y);\Theta_i)$ 相对于初始模型参数 Θ_0 的梯度；$\widetilde{\Theta}$ 是单次外环更新后的新模型参数；H_i 是损失度量的 Hessian 矩阵，即二阶梯度。

当在元学习框架中连续使用各种源域数据进行训练时，将使用 L_{IDGM} 隐式地对模型进行优化。接下来，对如何近似 L_{IDGM} 的梯度进行全面分析。泰勒展开式是用不同阶多项式逼近数学函数的有力工具，可用于梯度逼近。根据梯度近似的思想，在内环的特定步骤中，对梯度 $\hat{g}_i$ 应用二阶泰勒展开式。之后，利用一阶泰勒级数用 g_i 近似出 $\hat{g}_i$：

$$\begin{aligned}\hat{g}_i &= L'(\Theta_i) \\ &= L'(\Theta_0) + L''(\Theta_0)(\Theta_i - \Theta_0) + O(\|\Theta_i - \Theta_0\|^2) \\ &= g_i + H_i\left(-\alpha \sum_{k=0}^{i-1} \hat{g}_k\right) + O(\alpha^2) \\ &= g_i + H_i\left(-\alpha \sum_{k=0}^{i-1}(g_k + O(\alpha))\right) + O(\alpha^2) \\ &= g_i - \alpha H_i \sum_{k=0}^{i-1} g_k + O(\alpha^2)\end{aligned} \tag{6-8}$$

Θ_0 是环间参数的初始模型参数，也是泰勒级数的展开点。等式中第二行第二项可以用式（6-4）中的循环更新和 $L''(\Theta_0)$ 代替。$L''(\Theta_0)$ 被预定义为 g_i、H_i。根据泰勒级数，一阶展开式为 $\hat{g}_i = g_i + O(\alpha)$。在等式第四行，用一阶展开式代替 $\hat{g}_k$。最终，g_i 和 $\hat{g}_i$ 的关系在等式（6-8）中被定义。接下来，提供了一个关于 $\Theta_i - \Theta_0$ 如何近似 L_{IDGM} 梯度的详细证明。

$$\begin{aligned}\Theta_i - \Theta_0 &= -\alpha \sum_{k=0}^{i-1} \hat{g}_k \\ &= -\alpha \sum_{k=0}^{i-1}\left(g_k - \alpha H_k \sum_{j=0}^{k-1} g_j + O(\alpha^2)\right) \\ &= -\alpha \sum_{k=0}^{i-1} g_k + \alpha^2 \frac{2}{\|S\|!} \sum_{p,q \in S}^{p \neq q} H_p \times g_j + O(\alpha^3)\end{aligned}$$

第6章 工业复杂任务跨域建模方法

$$=-\alpha\sum_{k=0}^{i-1}g_k+\alpha^2\frac{2}{\|S\|!}\sum_{p,q\in S}^{p\neq q}\frac{\partial(g_p\cdot g_q)}{\partial\Theta_0}+O(\alpha^3)$$

$$=-\alpha\|S\|\frac{\partial L_{\mathrm{ERM}}}{\partial\Theta_0}+\alpha^2\frac{\partial L_{\mathrm{GIP}}}{\partial\Theta_0}+O(\alpha^3) \tag{6-9}$$

首先,式(6-9)中 $\Theta_i-\Theta_0$ 由式(6-4)中内环的梯度之和变换表示。利用了式(6-8)中 g_i 和 $\hat{g}_i$ 之间的相关性来替换 $\hat{g}_i$,并将其重新排列。考虑到在内环的情景训练部分将多个源域依次输入元学习模型,但哪个域应该先训练是完全随机的,可以将其简化并切换下标。$H_k\times g_j$ 的总组合是 $\|S\|!/2$,当 $\|S\|!<3$ 时,它等于 $\|S\|(\|S\|-1)/2$。注意到 H_i 等于 $\partial g_i/\partial\Theta_0$,因此 $H_p\times g_q$ 的乘积等于 $\partial(g_p\cdot g_q)/\partial\Theta_0$。显然第四行的第二项是内梯度乘积对 $g_p\cdot g_q$ 的平均梯度,第一项与所有源域的预期实验风险最小化损失相关。因此,L_{IDGM} 梯度的一阶近似可以通过 $\Theta_0-\Theta_i$ 的期望计算。同时外环更新可以转换为以下形式:

$$\frac{\partial L_{\mathrm{IDGM}}}{\partial\Theta_0}=E[\Theta_0-\Theta_i]$$

$$\widetilde{\Theta}=\Theta_0-\eta\frac{\partial L_{\mathrm{IDGM}}}{\partial\Theta_0}$$

$$=\Theta_0-\eta\left(\frac{\partial L_{\mathrm{ERM}}}{\partial\Theta_0}-\beta\frac{\partial L_{\mathrm{GIP}}}{\partial\Theta_0}\right)$$

$$\doteq\Theta_0+\eta E_{D_{\mathrm{tr}}^S}\sim S[\Theta_i-\Theta_0] \tag{6-10}$$

利用 L_{IDGM} 的近似梯度,在算法6-1中列出了二层元学习优化过程。

算法6-1 基于元学习和语义对齐的工业时序分析模型未知目标场景泛化方法

输入:多源域数据集 $D_s\in S$,$D_s=\{(x_1^s,y_1^s),\cdots,(x_n^s,y_n^s)\}$;$s\in(1,\cdots,\|S\|)$,模型的初始化参数 θ,内循环的学习率 α,外循环的学习率 η。

输出:训练好的网络参数 $\widetilde{\theta}_i$。

步骤:

for iter = 1 **to** Max_Iter **do**

1. 随机打乱多源域数据集的输入次序:$\{\hat{D}_1,\hat{D}_2,\cdots,\hat{D}_s\}=\mathrm{Shuffle}(\{D_1,D_2,\cdots,D_s\})$

2. 复制当前模型的参数:$\Phi_0=\mathrm{Copy}(\widetilde{\theta}_i)$

foreach $\hat{D}_i$ in $\{\hat{D}_1,\hat{D}_2,\cdots,\hat{D}_s\}$ **do**

3. 计算内循环的梯度:$\hat{g}_{j-1}=\dfrac{1}{n}\sum\limits^n\dfrac{\partial L(\hat{D}_j;\Phi_{j-1})}{\partial\Phi_{j-1}}$

4. 更新内循环模型参数:$\Phi_j=\Phi_{j-1}-\alpha\hat{g}_{j-1}$

end

5. 更新外循环的模型参数:$\widetilde{\theta}_{i+1}=\widetilde{\theta}_i+\eta(\Phi_s-\Phi_0)$

end for

Return $\widetilde{\theta}_i$

---

3. 语义匹配

为了通过充分利用异构域数据和实现跨域训练来解决低资源数据问题,这里提出了一种语义匹配技术来解决异构源域之间的语义差异。受看不见的标签泛化技术的启发,语义匹配技术旨在通过在语义空间中对齐特征嵌入和标签嵌入并重建标签表示来解开标签的潜在属性并统一异构标签空间。首先,原始标签被简单地编码为一个 one-hot 标签,然后被送入一个标签编码器,该编码器将 one-hot 标签映射到语义空间。然后,设计一个标签解码器,从标签中重构原始标签嵌入语义空间中,以避免标签编码过程中的标签信息损失。重构损失被定义为

$$\mathop{\mathrm{argmin}}_{\Theta_e,\Theta_d} L_{\mathrm{Recons}} = \frac{1}{S}\sum_{}^{S} L_{\mathrm{MSE}}(l,\hat{l};\Theta_e,\Theta_d) \tag{6-11}$$

式中,均方误差(MSE)是测量原始标签 l 和重构标签 $\hat{l}$ 之间的距离的标准;Θ_e、Θ_d 是标签编码器和解码器的参数。在传统的学习范式中,原始标签被用来指导模型训练和纠正偏转预测,其中,原始标签是固定的,优化过程是单向的。在本节提出的语义匹配方式中,利用由标签编码器生成的可学习的标签嵌入来进行联合模型训练。将特征提取器提取的特征表示映射到具有多层感知(MLP-Head)的特征嵌入语义空间中。为了保持这两种嵌入的一致性,将特征嵌入与标签嵌入对齐。对齐约束表示为距离损失如下:

$$\mathop{\mathrm{argmin}}_{\Theta_e,\Theta_f} L_{\mathrm{Match}} = \frac{1}{S}\sum_{}^{S} \frac{1}{\|D_S\|}\sum_{}^{\|D_S\|} L_{\mathrm{MSE}}(l,f;\Theta_e,\Theta_f) \tag{6-12}$$

式中,f 为特征嵌入;Θ_f 为特征提取器和 MLP-Head 的参数。通过最小化距离损失,可以匹配语义空间。

$$\mathop{\mathrm{argmin}}_{\Theta} L_{\mathrm{total}} = L_{\mathrm{ERM}} + L_{\mathrm{Match}} + L_{\mathrm{Recons}} - \beta L_{\mathrm{GIP}} \tag{6-13}$$

6.2.2 基于黑盒域适应的工业跨域建模方法

本节提出了一种黑盒域适应的跨域学习框架,主要贡献如下:首先,提出了一种改进的单源/多源教师-学生学习框架,引入了教师-学生学习方法从源域的黑盒预测器中蒸馏出重要的跨域信息用作目标域决策。其次,提出了一种结合自适应掩模的时序一致性损失函数,该损失函数将时间序列特有的时序一致性信息纳入损失函数设计中。最后,提出了一种 Shapley-Enhance 的多源域权重分配方法,定义了置信评分去惩罚负向迁移带来的副作用。

1. 方法总体框架

采用教师-学生模型进行框架设计,如图 6-2 所示,在教师模型中,学生模型不仅可以学习教师模型传递的知识,还可以从未标注的目标领域中获取特定的信息。给定无标签时间序列,损失函数定义为学生模型的输出概率分布与教师模型的输出概率分布之间的 KL 散度。当在目标时间序列中进行推理时,使用训练的学生模型来预测概率标签的分发。然后应用 argmax 函数得到概率最高的预测标签。教师学生模型相应的损失函数如下:

$$\hat{y}_i = \hat{p}(x_i^t,\theta_s) \tag{6-14}$$

$$L_t = \frac{1}{N_t}\sum_{i=1}^{N_t} D_{kl}(\hat{y}_i,\tilde{p}(x_i^t,\theta_t)) \tag{6-15}$$

式中,x_i^t 代表学生模型的第 i 个样本;θ_s 和 θ_t 分别代表学生模型与教师模型的网络参数;L_t 代表着不同的 KL 散度损失,通过该损失函数,学生模型不仅可学习来自教师模型的知识,而且也可以获得来自目标域无标签数据的特定知识,因此可以认为该框架适合于解决隐私保护下的黑盒域适应问题。

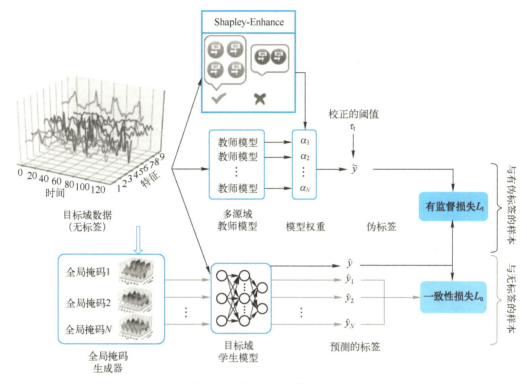

图 6-2 黑盒域适应模型框架

2. 时间一致性损失

考虑到传感器时间序列数据特性，这里遵循平滑度假设设计了一致性损失函数。平滑度假设认为同一时间序列在不同数据增强情况下鼓励相同的输出。传统方法应用时间序列掩码策略来创建增强的样本，这种方法可能会破坏传感器时间序列数据固有的时间一致性结构。然而，时间一致性对于传感器时间序列是重要的。下面通过高斯噪声和高斯模糊核函数来构建新的增强序列，以保持时间一致性结构，相应构造方法如下：

$$\tilde{x}_i = M_i \odot \bar{x}_i + (E - M_i) \odot x_i \tag{6-16}$$

$$\bar{x}_i = \begin{cases} x_i + \varepsilon_{\sigma_1}, \text{高斯噪声} \\ g_{\sigma_2}(x_i), \text{高斯模糊核函数} \end{cases} \tag{6-17}$$

式中，$\tilde{x}_i$ 代表增强后的时间序列；x_i 代表着原始的时间序列；而 $\odot$ 代表着矩阵之间的哈达玛积；$M_i \in [0,1]^{d \times t \times c}$ 是一个二值化矩阵，而 $E = \mathbf{1}^{d \times t \times c}$ 是一个全 1 矩阵，d 代表掩码转换的数量，t 代表时间序列的时间步长，c 代表每个时间步长的横向特征数量。传统的掩码方法会将掩码选中后的元素置为 0，对于时间序列而言，这种做法会破坏序列的一致性，使得序列本身的时序依赖关系遭到破坏，而基于高斯噪声和高斯模糊核函数构建的增强序列 $\tilde{x}_i$ 则不仅包含了目标域的域信息，同时也保留了原始时间序列的时序一致性信息。具体而言，采用高斯模糊方法提取传感器时间序列的趋势信息，并通过添加噪声增强传感器时间序列的局部信息。在生成增强样本之后，使用一致性正则化来构造无标签样本的损失。一致性正则化公式如下：

$$L_u = \frac{1}{N_t d} \sum_{i=1}^{N_t} \sum_{j=1}^{d} D_{kl}(f(\widetilde{x}_{i,j}^t), f(x_i^t)) \tag{6-18}$$

式中，$\widetilde{x}_{i,j}^t$ 代表来自目标域的样本 x_i^t 的第 j 个增强样本；d 代表每个目标域样本的增强样本数量；N_t 代表目标域样本的数量。基于每个样本生成 d（$d>1$）的原因是增强模型的泛化性。

3. 多源域适应加权方法

多源黑盒域适应的核心在于模型聚合机制，也就是算出不同源域模型与目标域相关的权重，权重越高代表着可迁移性越强，在获得权重以后，就可以加权得到最终的结果。传统的方法一般采用取最大 $\mathrm{argmax}_k w_k$ 或者取平均 $w_k = \frac{1}{K}$ 的简单方法，但是这类方法由于模型偏置和域偏移的存在，容易在计算结果中遗漏掉重要的信息，并且对于负向迁移问题没有得到有效解决。

受博弈论的启发，本节提出了 Shapley-Enhanced 方法来计算不同源域和目标域之间的相关性，如图 6-3 所示。当神经网络的输出概率超过某个阈值时，该预测标签是高度可信的标签。定义了一个由置信度数量与置信度程度结合的统一指标来衡量目标域对不同源域的重要性。置信度数量代表置信度标签的数量。置信度程度表示这些置信度标签的置信度。一般来说，当源域越显著且与目标域相关性越高时，置信度数量和置信度值都越大。进一步，将这些高置信度标签分为两种类型，即赞同和反对置信度标签，以缓解负向迁移影响。定义多源域为 $S = \{D_S^k\}_{k=1}^K$，对于多源域的每一个子集的组合域 S'，$S' \subseteq S$，可以得到相应的置信度得分 $F(S')$，置信度得分的计算公式如下：

$$F(S') = \sum_{x_i^t \in D_T} n_{p_i^+}(S') \cdot \mathrm{max} p_i^+(S') - \lambda n_{p_i^-}(S') \cdot \mathrm{max} p_i^-(S') \tag{6-19}$$

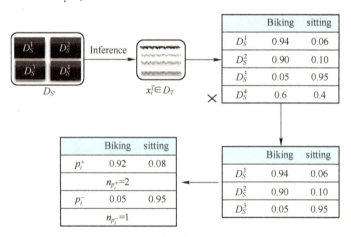

图 6-3 多源域适应加权方法示例

置信度分数是基于三个假设提出的。首先，当子集域 S' 具有较大的最大概率 $\mathrm{max} p_i^+(S')$ 时，这意味着该域具有较低的熵，预测值具有更多的信息量并且有较高的置信度。其次，有越多的源域模型指向同一预测结果，也就是 $n_{p_i^+}(S')$ 值越大时，该值越有可能成为真正的标签，因此，置信度值较高。最后，如果一个域输出结果与其他源域显著不同，大概率发生负向迁移的现象，可通过超参数 λ 控制负向迁移的惩罚程度。

下一步，将有每个子集组合域的置信度得分 $F(S')$ 转化得到某个源域 D_S^k 的置信度得

分 $G(D_S^k)$，受 Shapley 值启发，需要列出多源域的所有非 D_S^k 的域子集 $S^l \subseteq S \setminus \{D_S^k\}$。

$$G(D_S^k) = \sum_{S^l \subseteq S \setminus \{D_S^k\}} \frac{|S^l|!(K-|S^l|-1)!}{K!} \cdot (F(S^l \cup \{D_S^k\}) - F(S^l)) \quad (6-20)$$

式中，K 代表源域的数量，例如 $K=4$，$K!=4\times3\times2\times1=24$。得到量化每个源域贡献的信息增益 w_k 如下：

$$w_k = \frac{N_k \cdot G(D_S^k)}{\sum_{k=1}^{K} N_k \cdot G(D_S^k)} \quad (6-21)$$

基于上述得到的每个源域的权重，可以得到最终每个目标域样本的预测值如下：

$$\hat{y}_i = \sum_{k=1}^{K} w_k \cdot \hat{p}(x_i^t, \theta_s^k) \quad (6-22)$$

式中，θ_s^k 代表模型的网络参数；w_k 代表目标样本关于不同源域模型的权重。假设有 n 个源域模型，那么有 $\sum_{k=1}^{K} w_k = 1$。

6.3 典型应用案例

6.3.1 基于 Meta-GENE 域泛化方法的工业故障诊断

1. 实验平台和数据集

PHM 数据集是由 PHM 数据挑战赛提供的，是用于工业齿轮箱的通用数据集，被广泛用于训练故障诊断模型。PHM 数据集包含从工业齿轮箱的三个主要装置（轴、轴承和齿轮）中收集的振动传感器数据，如图 6-4 所示。这些传感器数据在一定时间内由一个转速表和两个加速度计采样。转速表安装在输入轴上，用于检测旋转速度。两个加速度计靠近输入轴和输出轴的固定板，用于测量加速度。由于齿轮的不同健康状态，收集到的传感器数据是不同的。为了构建分类任务并实现故障诊断，健康状态被视为分类的标签。PHM 数据集建立了两个故障诊断案例——螺旋和直齿，具有不同的健康状态，如表 6-1 所示。螺旋案例有 6 种健康状态，而直齿案例则有 8 种健康状态。这些健康状态归因于一系列故障模式，其中，一些故障模式在两种情况下经常发生。总的来说，PHM 数据集可以分为两个子数据集，即 6 种健康状态的螺旋齿轮子数据集和 8 种健康状态的直齿齿轮子数据集。

表 6-1 数据集描述

案例	故障模式	类别索引
螺旋	正常的	类别 1
	齿轮有缺口	类别 2
	齿轮折断、轴弯曲、轴承内部故障	类别 3
	轴承球故障，轴不平衡	类别 4
	齿轮损坏，轴承内部故障	类别 5
	弯轴	类别 6

(续)

案例	故障模式	类别索引
支线	正常的	类别 1
	齿轮缺损和偏心	类别 2
	齿轮偏心轮	类别 3
	齿轮偏心、折断，轴承滚珠故障	类别 4
	齿轮破损、缺口、偏心、轴承破损	类别 5
	齿轮损坏，轴承损坏	类别 6
	轴承内部故障，轴键槽被剪断	类别 7
	轴承滚珠及外圈故障，轴不平衡	类别 8

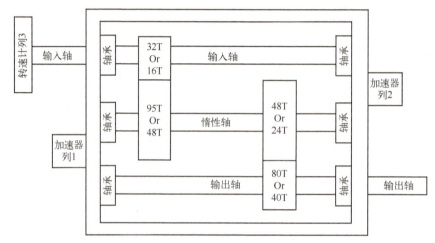

图 6-4 PHM09 设备语义图

每个 PHM 子数据集都提供了多种工作条件下的数据，包括在两种负载（高、低）下以五种转速（30 Hz、35 Hz、40 Hz、45 Hz 和 50 Hz）记录的传感器数据。这些数据通过结合转速和负载被分成了 10 个工作条件。使用 H_k、L_k，$k \in \{0,1,2,3,4\}$ 来表示高负载（H）和低负载（L）下的五种转速的工作条件。值得一提的是，不同工作条件下的数据也分为之前描述的两种健康状态（螺旋、齿轮）。通过这些不同工作条件下的数据，可以在模型训练过程中模拟领域转移。通过每个子数据集的不同健康状态集合，还可以模拟语义转移。因此，本实验从工作条件和健康状态的角度设计了多个泛化任务。

为了模拟领域转移，创建了 18 个领域泛化任务（GT0~GT17），其相应的详细信息在表 6-2 中。在每个泛化任务中，三个工作条件被用作模型训练的源域，而一个独特的工作条件则作为未见过的目标域来评估训练有素的模型。每个泛化任务的难度取决于源域和目标域之间的相似性。在本实验的设置中，GT0~GT7 模拟转速的领域转移，在所有域中负载保持一致。另外，GT8~GT17 是更复杂的情况，目标域在负载和转速上都与源域不同。为了模拟语义转移，创建了 12 个异构泛化任务，标记为 HGT0~HGT11，详细信息也在表 6-2 中。为了简化复杂性并设计更具可转移性的任务，这些异构泛化任务中的领域转移仅由不同的转速引起，负载保持不变。语义转移出现在三个源域中，其中，两个是螺旋情况，另一个是齿轮情况。目标域也是齿轮情况，但与源存在领域转移。在表 6-2 中，用 $\bar{L}$ 表示齿轮情况的数据域。

表 6-2 泛化任务描述

泛化任务	源域/目标域	泛化任务	源域/目标域
GT0	$\{H_1,H_2,H_3\}\to H_0$	GT9	$\{L_0,L_1,L_2\}\to H_1$
GT1	$\{H_0,H_2,H_3\}\to H_1$	GT10	$\{L_0,L_1,L_2\}\to H_2$
GT2	$\{H_0,H_1,H_3\}\to H_2$	GT11	$\{L_0,L_1,L_2\}\to H_3$
GT3	$\{H_0,H_1,H_2\}\to H_3$	GT12	$\{L_0,L_1,L_2\}\to H_4$
GT4	$\{H_0,H_1,H_2\}\to H_4$	GT13	$\{H_0,H_1,H_2\}\to L_0$
GT5	$\{L_1,L_2,L_3\}\to L_0$	GT14	$\{H_0,H_1,H_2\}\to L_1$
GT6	$\{L_0,L_2,L_3\}\to L_1$	GT15	$\{H_0,H_1,H_2\}\to L_2$
GT7	$\{L_0,L_1,L_3\}\to L_2$	GT16	$\{H_0,H_1,H_2\}\to L_3$
GT8	$\{L_0,L_1,L_2\}\to H_0$	GT17	$\{H_0,H_1,H_2\}\to L_4$
HGT0	$\{L_0,L_1,\bar{L}_0\}\to \bar{L}_1$	HGT6	$\{H_0,H_1,\bar{H}_0\}\to \bar{H}_1$
HGT1	$\{L_0,L_2,\bar{L}_0\}\to \bar{L}_2$	HGT7	$\{H_0,H_2,\bar{H}_0\}\to \bar{H}_2$
HGT2	$\{L_0,L_3,\bar{L}_0\}\to \bar{L}_3$	HGT8	$\{H_0,H_3,\bar{H}_0\}\to \bar{H}_3$
HGT3	$\{L_1,L_2,\bar{L}_1\}\to \bar{L}_2$	HGT9	$\{H_1,H_2,\bar{H}_1\}\to \bar{H}_2$
HGT4	$\{L_1,L_3,\bar{L}_1\}\to \bar{L}_3$	HGT10	$\{H_1,H_3,\bar{H}_1\}\to \bar{H}_3$
HGT5	$\{L_2,L_3,\bar{L}_2\}\to \bar{L}_3$	HGT11	$\{H_2,H_3,\bar{H}_2\}\to \bar{H}_3$

2. 实验结果及分析

在这部分中,将讨论 Meta-GENE 域泛化方法在领域泛化任务中的实验结果。根据泛化任务的特点,设计两个难度的实验,将数据划分为两个健康状态集合,检查所提出的方法的泛化能力。表 6-3 展示了简单的泛化任务(GT0~GT7)的结果,其中,目标域在齿轮中具有与源域相同的负载。表 6-4 展示了更复杂的泛化情况,旨在训练故障诊断模型对来自目标域的未见负载和转速的数据进行分类。在这些表格中呈现了 Meta-GENE 域泛化方法和其他基线方法,如 DANN、CORAL、VREx 和 MLDG 的全面评估结果。对于每个表格,其顶部总结了螺旋情况下故障诊断模型的准确率,而底部则是齿轮情况。从表 6-3 和表 6-4 的数据可以看出,Meta-GENE 方法在大多数泛化任务中表现优于基线方法。在每个表格的最后一列,提供了泛化任务的平均准确率。对于 GT0~GT7,在螺旋情况下,Meta-GENE 的平均准确率已经达到了 83.11%,在齿轮情况下为 98.14%。在齿轮情况下的这 8 个实验中,目标域的平均准确率超过 98%,所提出的 Meta-GENE 方法在领域泛化的正常故障诊断情况下表现出色。

表 6-3 在泛化任务 G8~G17 上的对比实验结果 (单位:%)

情况	方法	GT0	GT1	GT2	GT3	GT4	GT5	GT6	GT7	平均准确率
螺旋	ERM	67.66	77.34	86.72	76.72	66.09	54.84	77.73	66.80	71.74±9.82
	DANN	70.90	78.03	86.13	83.98	75.00	53.91	77.05	67.87	74.11±10.17
	CORAL	79.43	81.51	**89.32**	86.46	75.39	62.11	84.38	66.41	78.13±9.62
	VREx	71.25	79.38	85.63	83.44	71.72	57.66	79.22	68.75	74.63±9.14
	MLDG	77.34	78.91	88.59	84.69	73.59	61.25	81.09	67.19	76.58±9.01
	Meta-GENE	**85.16**	**84.61**	87.58	**91.56**	**80.86**	**79.22**	**86.48**	**69.38**	**83.11±6.74**

(续)

情况	方法	GT0	GT1	GT2	GT3	GT4	GT5	GT6	GT7	平均准确率
齿轮	ERM	91.67	97.29	97.81	92.71	88.02	86.35	96.56	97.29	93.46±4.50
	DANN	94.17	97.55	98.49	93.13	91.72	89.90	98.59	97.81	95.17±3.38
	CORAL	95.18	99.35	98.70	97.01	92.36	96.01	**99.87**	98.31	97.10±2.51
	VREx	94.44	98.44	98.78	94.97	92.71	91.15	97.92	96.88	95.66±2.81
	MLDG	93.54	99.06	98.02	94.90	90.10	93.23	98.23	98.33	95.68±3.22
	Meta-GENE	**97.81**	**99.74**	**99.90**	**98.23**	**93.49**	**97.40**	99.79	**98.80**	**98.14±2.11**

表6-4 在泛化任务 GT0～GT17 上的对比实验结果　　　　　　（单位：%）

情况	方法	GT8	GT9	GT10	GT11	GT12	GT13	GT14	GT15	GT16	GT17	平均准确率
螺旋	ERM	39.06	47.66	48.24	44.73	44.92	48.44	41.60	41.72	47.19	45.78	44.93±3.20
	DANN	40.63	49.84	51.25	46.95	50.31	51.33	43.28	45.70	52.66	50.63	48.26±4.11
	CORAL	46.48	49.22	53.52	49.22	53.52	54.69	47.27	**52.73**	52.86	51.30	51.08±3.03
	VREx	42.45	50.26	52.86	41.41	46.48	57.03	43.75	42.97	48.70	47.66	47.36±5.02
	MLDG	39.53	50.78	53.75	45.63	49.38	51.09	44.84	47.81	48.75	53.75	48.53±4.35
	Meta-GENE	**56.56**	**57.42**	**58.13**	**61.17**	**60.39**	**59.22**	**53.98**	50.16	**64.92**	**56.33**	**57.83±4.05**
齿轮	ERM	53.65	61.65	57.68	52.41	38.61	83.98	89.32	79.43	64.13	55.08	63.59±15.94
	DANN	57.50	66.41	62.14	57.55	48.49	85.99	91.41	82.40	70.10	61.25	68.32±14.62
	CORAL	63.54	69.53	65.32	58.59	49.48	90.63	94.37	85.94	72.05	64.48	71.47±15.21
	VREx	53.91	60.59	60.68	54.51	43.92	87.50	**95.14**	81.25	70.14	61.98	66.96±16.30
	MLDG	56.46	64.17	58.23	55.31	42.29	85.52	91.77	83.13	67.50	58.54	66.29±15.72
	Meta-GENE	**73.59**	**79.11**	**77.34**	**68.28**	**59.90**	**93.85**	95.00	**87.03**	**78.33**	**65.47**	**77.79±11.65**

特别地，在一些齿轮情况下的实验（GT1、GT2、GT6）中，目标域中的故障诊断准确率超过了99%。对于更难的任务 GT8～GT17，Meta-GENE 方法也在螺旋和齿轮情况下实现了令人满意的平均准确率，分别为 57.83% 和 77.79%。同时还计算了混淆矩阵来评估 Meta-GENE 方法的预测。图6-5可视化了健康状态集合中泛化任务 GT3 和 GT11 的混淆矩阵。混淆矩阵中的元素 (i,j) 是将类 i 分类为 j 的概率。从混淆矩阵中，可以发现在更复杂的泛化情况（GT11）下，Meta-GENE 方法可能会误分类一些类别。当目标域中的数据同时随着转速和负载的变化而产生时，故障诊断模型的表现下降是合理的。

为了展示 Meta-GENE 方法的可行性，将其与基线方法 ERM 进行了比较。Meta-GENE 方法在 GT0～GT7 中表现优于 ERM 方法，在螺旋和齿轮情况下分别提高了 15.85% 和 5.01%。在 GT8～GT17 中，Meta-GENE 方法分别在两种情况下比 ERM 提高了 28.71% 和 22.33%，这是一个显著的增强。因此，可以验证 Meta-GENE 方法能够在未见领域中很好地泛化。为了说明 Meta-GENE 方法的优越性，采用传统的迁移学习方法，如 CORAL、DANN，作为比较方法进行泛化场景的比较。这里将 Meta-GENE 方法与新颖的领域泛化框架 MLDG 进行了比较，如表 6-3 和表 6-4 所示，Meta-GENE 方法在大多数泛化任务中优于传统的迁移学习方法，这证明了所提出的方法能够学习到更具泛化性的特征表示，并具有领域不变信

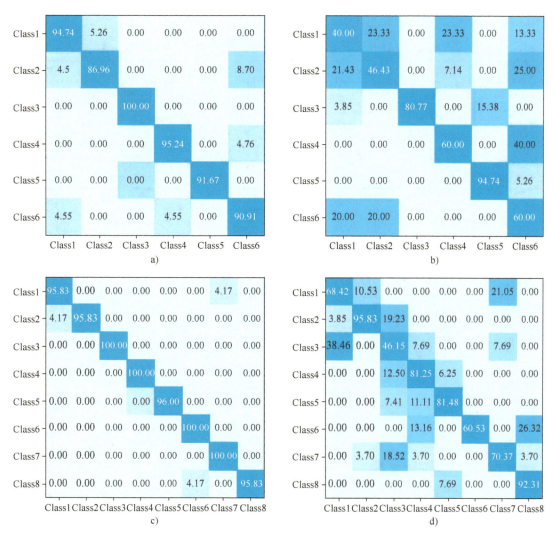

图 6-5 关于泛化任务 GT3 以及 GT11 的混淆矩阵
a) GT3（螺旋情况） b) GT11（螺旋情况） c) GT3（齿轮情况） d) GT11（齿轮情况）

息。特别地，在两种健康状态的更难的泛化任务中，与表现良好的 CORAL 方法相比，Meta-GENE 的准确率提高了 13.21% 和 8.84%。这表明 Meta-GENE 方法对于具有复杂工作条件和故障模式的泛化任务更具鲁棒性。

通过任务 HGT0~HGT11，对 Meta-GENE 方法在异构领域泛化方面的能力进行了评估。表 6-5 总结了 Meta-GENE 方法在这些任务上的详细结果。实验结果也在图 6-6 中说明，其中，x 轴表示任务名称，y 轴表示在未见领域中的故障诊断准确率。星号表示 Meta-GENE 方法的性能，而三角形表示 AGG 基线。这里将 Meta-GENE 和 AGG 的实验结果放在同一图中进行比较，因为 AGG 可用作 Meta-GENE 在语义匹配模块上的消融研究中的比较对象。如图 6-6 所示，Meta-GENE 方法在 12 个异构泛化任务中的 10 个任务中均超过了 AGG 基线。Meta-GENE 方法在 12 个任务中平均准确率为 85.20%，而 AGG 基线仅为 84.20%。这表明本节提出的语义匹配方法提供了一种可行的方式，利用异构领域数据中的语义偏移来抵制领域偏移的影响，并实现跨领域泛化。

表 6-5　Meta-GENE 与 AGG 基线在异质泛化任务上的比较

方法	HGT0	HGT1	HGT2	HGT3	HGT4	HGT5
AGG	92.62	78.65	66.15	**96.27**	81.60	91.15
Meta-GENE	**93.75**	**79.62**	**67.11**	94.27	**84.82**	**92.19**
方法	HGT6	HGT7	HGT8	HGT9	HGT10	HGT11
AGG	97.92	88.25	75.72	**89.81**	74.25	78.07
Meta-GENE	**98.96**	**88.54**	**77.75**	87.50	**75.66**	**82.29**

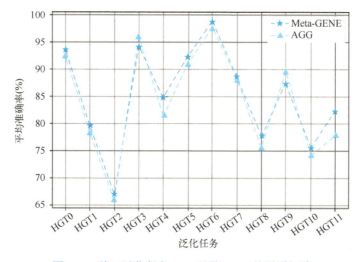

图 6-6　关于泛化任务 GT3 以及 GT11 的混淆矩阵

为展示 Meta-GENE 方法在领域泛化任务中的有效性，实验中提供了多个源域的特征嵌入和标签嵌入的可视化。这些嵌入通过 t-SNE（t 分布随机邻居嵌入）映射到较低维度的表示中。具体来说，在图 6-7 中，提供了两个异构泛化任务 HGT0 和 HGT6 的嵌入可视化。这些任务的目标是使用来自不同工作条件和异构标签空间的数据来训练模型，以实现对未见工作条件的泛化。为了验证 Meta-GENE 方法在不同负载下的有效性，选择了 HGT1 和 HGT6 任务作为可视化对象，分别代表低负载和高负载。图 6-7 的顶部部分说明了 HGT1 任务中 L_0、L_1、$\overline{L}_0$ 的特征嵌入和 $\overline{L}_1$ 的标签嵌入，而底部部分显示了 HGT6 任务中 H_0、H_1、$\overline{H}_0$、$\overline{H}_1$ 的嵌入。如图 6-7a、b 所示，Meta-GENE 方法可以将不同旋转速度的数据在特征空间中很好地对齐。类似地，图 6-7e、f 也展示了 Meta-GENE 方法在 HGT6 任务的高负载条件下实现的对齐效果。这些结果表明，Meta-GENE 方法能够捕捉到在各种工作条件下的不变知识，如由负载或旋转速度变化引起的知识。通过将图 6-7c、g 中的特征嵌入与对应的图 6-7d、h 中的标签嵌入进行比较，进一步观察到每个类的特征表示分布与语义空间中标签嵌入的分布类似。这个发现证实了匹配损失在促进标签嵌入的学习方面是有效的。

第 6 章 工业复杂任务跨域建模方法

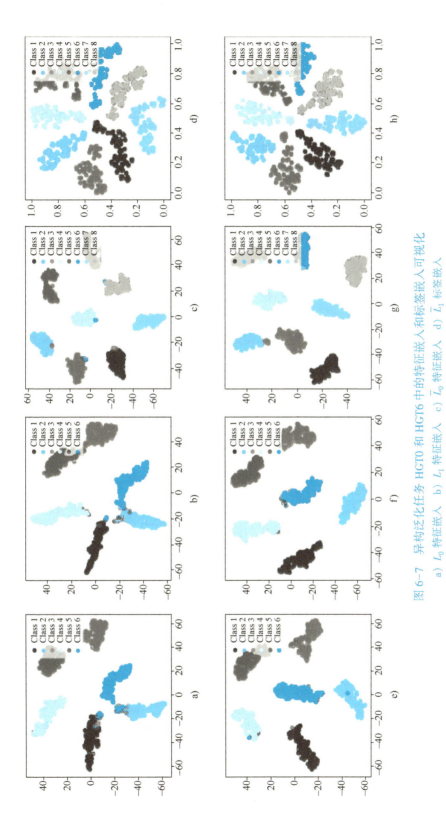

图 6-7 异构泛化任务 HGT0 和 HGT6 中的特征嵌入和标签嵌入可视化

a) L_0 特征嵌入 b) L_1 特征嵌入 c) $\bar{L}_0$ 特征嵌入 d) $\bar{L}_1$ 标签嵌入
e) H_0 特征嵌入 f) H_1 特征嵌入 g) $\bar{H}_0$ 特征嵌入 h) $\bar{H}_1$ 标签嵌入

6.3.2　基于黑盒域适应方法的行为识别

1. 实验平台和数据集

HAR 数据集是经典的人体动作识别数据集，由 30 名志愿者携带带有嵌入式惯性传感器的腰部智能手机进行日常生活活动的记录构建而成。该数据集总共选取了 30 名志愿者，年龄范围在 19~48 岁。每个人在腰部佩戴智能手机进行六项活动（走路、上楼、下楼、坐下、起立、躺下）。同时使用嵌入式加速度计和陀螺仪采集数据，原始数据是以 50 Hz 的恒定速率捕获了 3 轴线性加速度和 3 轴角速度。传感器的信号首先通过噪声滤波器进行预处理，然后每个样本以 2.56 s 这一固定的时间窗口选取数据，也就是 128 个采样点的数据。而传感器加速度信号具有重力和身体运动分量，使用巴特沃斯低通滤波器将其分离为身体加速度和重力加速度。假设重力只有低频分量，因此使用截止频率为 0.3 Hz 的滤波器。在每个时间窗口中，计算了时域和频域的特征向量。获得的数据集被随机分成两组，其中，70% 的志愿者被选择用于生成训练数据，剩下 30% 的志愿者被选择用于生成测试数据。该数据经常用于传感器时间序列分类与传感器时间序列聚类。

Uwave 数据集是一个经典的手势数据集，由 33 个参与者执行 8 个不同的手势来采集得到，每个手势每人每天进行 10 次采集。WISDM 数据集是另一个经典的人体动作识别数据集。数据收集自 51 名受试者，他们每人进行 18 项活动，每次 3 分钟。原始的加速度计和陀螺仪传感器数据以 20 Hz 的频率从智能手机和智能手表上收集。每个设备（电话、手表）和传感器类型（加速度计、陀螺仪）的传感器数据存储在不同的目录中。

WISDM 数据集由 36 个受试者收集，执行与 HAR 数据集相同的任务。但是由于类不平衡的问题，数据集更具挑战性。

2. 实验结果及分析

1）单源：表 6-6~表 6-8 中展示了在数据集 HAR、Uwave 和 WISDM 上的跨域时间序列分类结果。这三个表描述了每个数据集随机选择的 14 个问题的目标分类精度（源→目标），实现了用户之间的域自适应。例如，表 6-6 中的 0→2 表示在 HAR 数据集上从用户 0 到用户 2 的适应。为了与其他黑箱方法相比，这里采用了相同的骨干 Transformer。它涵盖了 1DCNN 和注意模型的优势。可以看到 B2TSDA 在 HAR 上达到 76.4%，在 Uwave 上达到 74.6%，在 WISDM 上达到 70.9%，在 HAR、Uwave 和 WISDM 上分别比最强的黑盒基线高出 0.4%、0.7% 和 1.9%。同时还使用了不同的骨干来测试结果，以验证 B2TSDA 在消融研究中是一种模型不可知的方法。

表 6-6　在 HAR 数据集上的单源域适应的性能　　　　　　　　　　（单位：%）

方法	0→2	1→3	1→4	1→5	1→8	3→4	3→6	3→7	4→5	4→8	5→8	6→7	6→8	7→8	平均准确率
MT	61.4	80.6	56.9	88.1	82.4	86.2	64.5	78.9	72.9	64.7	84.4	83.6	66.6	67.5	74.2
HL	61.6	79.9	56.5	88.3	82.5	86.3	64.8	79.1	73.4	65	84.7	83.6	66.5	67.9	74.3
SL	62.7	81.3	57.3	89.6	83.1	87.1	64.7	79.6	73.8	66.1	85.1	84.2	67.2	69.2	75.1
SP-UDA	**63.9**	81.9	57.9	89.4	83.4	87.2	**65.6**	79.4	73.2	66.1	85.8	84.2	67.4	68.5	75.3
IterLNL	61.1	83.7	59.9	89.5	83.5	87.3	64.9	79.5	75.2	66.0	85.7	85.7	67.7	70.5	75.7
DINE	62.9	84.3	59.2	89.8	83.5	88.3	64.5	79.6	75.3	66.5	86.1	85.9	67.6	69.8	76.0

(续)

方法	0→2	1→3	1→4	1→5	1→8	3→4	3→6	3→7	4→5	4→8	5→8	6→7	6→8	7→8	平均准确率
B2TSDA	63.3	**84.8**	59.4	**90.7**	**84.6**	**89.0**	64.8	**80.0**	**75.0**	66.7	**86.2**	**86.1**	68.0	**72.2**	**76.4**
SHOT	62.2	80.8	57.2	88.3	82.8	86.7	64.5	79.1	73.9	65.2	85.0	83.9	67.3	68.6	74.7
A2NET	62.5	83.4	57.7	90.3	84.1	87.4	64.4	79.5	74.4	65.8	85.7	84.6	67.5	70.1	75.5
GSFDA	61.7	80.1	57.0	88.2	82.5	86.6	64.8	79.1	73.4	64.9	84.9	83.6	66.7	68.2	74.3

表 6-7 在 Uware 数据集上的单源域适应的性能　　　　（单位：%）

方法	1→4	1→5	1→6	1→7	2→6	3→4	3→7	3→8	4→5	4→6	4→7	4→8	5→6	5→8	平均准确率
MT	94.8	67.5	63.0	72.9	88.2	77.5	88.9	92.5	67.5	46.1	61.4	65.9	67.0	42.5	71.1
HL	95.0	67.5	62.5	73.2	77.7	89.5	92.5	67.3	45.5	62.9	65.7	66.3	43.0	71.3	
SL	94.6	71.3	65.4	76.1	91.8	79.3	90.4	92.9	69.1	45.5	61.3	68.0	67.0	45.0	72.7
SP-UDA	95.7	70.4	**64.6**	75.7	91.8	79.1	90.2	93.0	69.8	44.5	64.8	70.5	67.3	42.1	72.8
IterLNL	92.9	45.7	48.4	39.3	92.0	82.9	87.7	93.2	50.0	43.6	61.6	**71.4**	**70.9**	25.7	64.7
DINE	96.4	72.0	64.5	75.9	**93.8**	80.4	91.8	**95.0**	69.9	47.1	65.2	68.2	68.6	46.4	73.9
B2TSDA	**96.7**	**73.5**	64.2	**76.6**	93.1	**80.5**	93.0	94.0	**70.5**	**48.9**	**66.7**	69.6	68.4	**49.1**	**74.6**
SHOT	95.2	70.0	62.7	73.4	89.3	76.4	90.7	91.2	68.2	45.0	65.0	66.1	65.5	41.1	71.4
A2NET	95.4	68.9	63.6	75.0	90.5	78.4	89.8	92.9	67.7	45.4	62.9	67.1	66.1	43.9	72.0
GSFDA	94.6	66.8	63.4	73.6	89.8	78.0	90.1	94.2	68.0	45.2	62.7	66.6	66.6	44.5	71.7

表 6-8 在 WISDM 数据集上的单源域适应的性能　　　　（单位：%）

方法	1→25	2→22	3→13	4→20	4→28	4→31	5→6	6→13	6→15	7→23	9→11	10→16	11→25	12→27	平均准确率
MT	58.7	64.2	78.6	68.0	68.6	63.8	69.2	70.4	61.7	52.0	61.8	67.5	60.1	67.8	65.2
HL	57.7	65.4	79.2	69.5	68.6	64.4	69.5	73.0	63.3	49.1	62.8	66.9	58.7	68.7	65.4
SL	58.1	65.0	78.0	69.0	69.3	64.9	68.8	67.3	59.8	54.6	62.8	68.9	57.7	66.7	65.1
SP-UDA	59.1	65.0	75.5	70.5	68.6	63.2	69.2	67.9	61.3	53.1	64.1	70.1	57.7	66.7	65.1
IterLNL	62.8	**70.5**	82.4	72.0	69.3	62.1	68.2	77.4	62.1	47.6	57.0	68.1	61.4	68.7	66.4
DINE	62.4	67.7	81.8	71.5	72.9	66.1	71.0	76.7	64.8	**59.0**	69.5	71.8	61.4	69.3	69.0
B2TSDA	**62.8**	70.1	**84.2**	**74.0**	**74.0**	**67.8**	**73.5**	**79.8**	**69.5**	56.1	**73.2**	**74.0**	**64.4**	**69.5**	**70.9**
SHOT	59.0	73.2	63.5	69.0	69.5	59.8	73.2	71.5	62.9	59.3	65.0	68.5	62.7	68.7	66.1
A2NET	61.7	73.6	75.5	72.0	64.6	59.8	73.5	72.3	66.4	53.5	67.4	76.3	59.1	67.8	67.4
GSFDA	61.1	70.5	78.6	68.5	66.6	67.8	75.7	74.8	68.3	46.9	71.8	73.7	60.1	67.2	68.0

2）多源：这里还研究了多源域黑盒时序列域自适应的性能。对 HAR、Uwave 和 WISDM 的结果分别如表 6-9~表 6-11 所示。表 6-9 中的→1 表示，选择用户 1 的数据作为目标域，并选择其他用户作为源域来实现多源域的自适应。可以发现 B2TSDA 在所有三个数据集上都得到了有竞争力的结果。KD3A 使用源域的大小，但不提供源域的信息。这里应用的 KD3A 是一个简化版本。我们注意到 B2TSDA 在多源黑盒域自适应中取得了较好的效果。在 WISDM 数据集，B2TSDA 的分类准确率为 78%，优于最先进的方法 SimK3DA（76.4%）。

表 6-9　在 HAR 数据集上的多源域适应的性能　　　　　　　　　　　　　（单位：%）

Model	→1	→2	→3	→4	→5	→6	→7	→8	平均准确率
CMSS	74.4	26.5	83.9	86.2	88.1	**82.8**	78.9	82.3	75.4
DAEL	80.3	**39.7**	90.3	86.3	88.7	76.9	76.2	86.8	78.2
KD3A	89.3	36.7	91.7	88.7	90.4	82.2	85.7	87.6	81.5
B2TSDA	**90.2**	36.2	**94.0**	**90.6**	**90.7**	82.1	**86.1**	**87.8**	**82.2**
SHOT	80.5	36.5	88.9	89.2	87.1	79.2	80.9	84.3	78.3
DECISION	78.4	30.5	86.5	88.2	89.3	81.0	82.2	85.6	77.7

表 6-10　在 Uware 数据集上的多源域适应的性能　　　　　　　　　　　（单位：%）

Model	→1	→2	→3	→4	→5	→6	→7	→8	平均准确率
CMSS	81.6	58.6	81.8	77.5	56.1	88.2	88.9	92.5	78.2
DAEL	93.9	51	93.9	94.8	77.3	58.2	85.2	88	80.3
KD3A	**92.7**	74.6	94.4	94.4	81.1	89.8	88.6	90.5	88.3
B2TSDA	92.6	**74.6**	**96.1**	**95.1**	**81.3**	**89.9**	**88.9**	90.7	**88.7**
SHOT	93.1	59.6	95.7	95.6	78.5	60.6	85.6	87.2	82.0
DECISION	94.9	54	96.2	95.3	79.4	58.7	85.7	89.5	81.7

表 6-11　在 WISDM 数据集上的多源域适应的性能　　　　　　　　　　（单位：%）

Model	→2	→4	→6	→8	→10	→12	→14	→16	平均准确率
CMSS	56.2	75.9	74.7	57.1	69.2	70.8	65.1	73.4	67.8
DAEL	63.9	82.7	82.2	52.2	81	80.8	57	79.1	72.4
KD3A	69.3	86.2	82.5	63.6	82	84.9	62.8	79.9	76.4
B2TSDA	**71.9**	**86.2**	**82.5**	**67.2**	**85.4**	**85.8**	**63.4**	**81.4**	**78.0**
SHOT	57.4	81.9	71.7	58.9	68.6	69.6	62.7	79.4	68.8
DECISION	61.0	86.1	77.4	60.7	66.2	70.2	59.7	78.2	69.9

实验中也比较了黑盒域适应方法的模型无关性，将学生网络替换成不同的网络结构，如 FCN、Transformer、XceptionTime、XCMPlus、GRU、ResCNN。如图 6-8 所示，可以发现即使

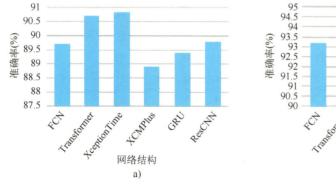

图 6-8　在基于 B2TSDA 的任务 1→5 和 UWAVE 数据集的任务 3→8
上训练不同数量的目标域数据时的分类精度说明
a) 任务 1→任务 5　b) 任务 3→任务 8

一个简单的网络结构相比于复杂模型也能实现更高的准确率。因此，在教师-学生网络中，教师网络可以选择复杂模型实现效果提升，而学生网络使用简单网络提高模型效率。在图6-9中也比较了不同网络参数在 HAR 数据集上的敏感性，α 参数控制一致性损失的影响程度，λ 参数控制负向迁移的惩罚力度，从图中可以看出，最佳的 α 和 λ 分别为 0.6 和 0.4，实际情况需要根据具体的场景任务调整。

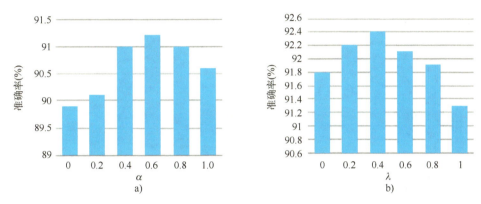

图 6-9 基于 B2TSDA 的不同参数下训练时的分类精度说明
a）对 α 的敏感性　b）对 λ 的敏感性

第 7 章

工业AI分布式高时效轻量化建模方法

由于工业应用有轻量化和高时效性的需求，因此常用的深度学习模型难以满足工业应用的需求。而随着云计算与边缘计算技术的发展，云边缘分布式的工业AI架构成为解决这一问题的可行方案。基于此，本章着重介绍工业AI分布式高时效轻量化建模方法，包括工业云边分布式AI模型框架、轻量化工业AI模型构建方法、工业AI模型轻量级自适应知识蒸馏方法和动态自适应工业AI模型构建方法。

7.1 概述

工业数据作为工业互联网流淌的血脉，是工业互联网赖以发挥价值的核心支撑。如何对工业互联网环境下的大规模、分布式工业时序数据进行高效处理分析，成为近年来学术界和产业界的研究热点。

基于云端的工业互联网计算范式虽然能够提供巨大的计算能力、高可伸缩性和可靠性，但随着数据流量与连接设备的激增，以及工业特定领域实时性要求增大，将所有数据传输到云中进行处理并不现实。工业互联网的发展将带来更多的传感器和更大量的数据采集，基于人工智能的工业互联网通常需要快速的计算服务来处理大数据。当数据量过大时，集中的处理方法难以及时响应，同时服务器和互联网设备之间交换的大量数据可能会导致网络拥塞，从而影响对延迟敏感的工业互联网系统性能，因此近似和分布式计算十分必要。与工业互联网的计算相关，边缘计算是一种将云计算扩展到网络边缘的分布式计算架构，它将计算推到网络和数据源的边缘，被认为是互联网中卸载计算任务的可行计算基础。边缘计算通过网络边缘附近的小型数据中心提供分布式计算服务。与云计算相比，边缘计算能够提供实时性数据分析，增加网络能力，避免网络数据传输的拥塞，从而实现大数据分析任务卸载和减少流量传输，因此边缘计算适合具有超低延迟要求的应用程序以及用于内容交付和缓存。然而，计算密集型任务并不非常适合边缘设备，但是边缘设备可以执行部分计算来补充云计算，从而减少网络流量和延迟。利用边缘计算来支持工业互联网，将智能融入边缘无疑是一个很好的发展趋势。丁凯等人提出一种基于云边协同的智能工厂工业互联网架构以及边缘节点、云端应用服务的配置方法。

智能制造是智能产业的关键组成部分,在一定程度上高度依赖深度学习的智能处理和边缘计算的快速响应。在边缘产生和收集的大量数据,需要更强大、更智能的本地处理能力,以充分释放大数据的潜在潜力,从而满足日益增长的各种应用需求。近年来,边缘计算和深度学习在各自的领域得到了快速的发展和巨大的成功,最近在深度学习方面的突破为边缘应用场景带来了曙光,在信息感知、数据管理、决策等方面提供了强大的能力。这两种技术的融合可以进一步创造新的机会,增强许多新兴应用程序的开发能力。事实上,边缘计算已经逐渐与人工智能相结合,使许多智能工业分析成为可能。Wu 等人重点研究了工程系统的剩余有用寿命估计,并提出使用普通的长短期记忆循环神经网络来获得良好的剩余使用寿命预测精度。Wang 等人重点研究了无线基站备用电池的剩余使用寿命分析。他们假定采用基于网络的架构来准确预测电池的剩余能量和剩余使用寿命,从而进一步实现基站间的电力配置。

然而,在发展迅猛的应用需求的驱动下,工业互联网时序数据的处理分析正面临着新的瓶颈挑战问题:

1)当前工业云端为主的处理架构难以适应工业现场应用需求。从架构角度出发,工业互联网连接的终端设备产生的数据,当前主流方式是汇集至工业云平台、在云端进行大数据训练、学习与分析。这类经典处理架构适合大规模、全局性、长周期的数据处理分析,然而工业云所连接的远端工业现场存在着大量低时延、小数据处理分析需求,例如,高价值机床刀具损伤预测、发动机扇叶健康预测等典型应用,往往等不及云端训练分析出来的精准预测模型。近年来边缘计算的兴起为传统云计算的不足提供了新的机遇,然而在工业领域、云端与边缘的协同(云边协同)仍处于概念框架阶段,缺乏深入融合工业人工智能的理论架构。

2)大量 AI 领域的深度学习模型,发展出了多种适合工业时序数据分析预测的工业数据分析模型,在精准性方面获得不断提升。然而,这些工业数据分析模型大多以单一模型结构的形态存在,并未考虑工业互联网环境下工业云端与对应的多个工业现场对于数据分析模型的分布式要求。

3)当前工业数据分析模型效率难以满足工业现场毫秒级实时性需求。当前研究界提出的工业数据分析模型主要关注分析预测的精准度的提升,而忽略了模型在实际应用中的时间效率问题。工业现场应用通常对时延有着严格要求,例如,机器人高速产线半成品质检、高价值机床刀具监测等应用要求在 20 ms 甚至 10 ms 内做出分析预测。然而当前能达到高精准度、具有多层复杂结构的数据分析模型大多难以满足工业应用毫秒级需求。

针对这些需求和挑战,本章建立了针对工业数据的、工业云端与现场边缘端智能化融合协同的理论架构,解决工业云边智能协同数据处理架构问题;研究了新型的适合工业云端与边缘端分布式协同智能处理的高精准数据分析模型,解决工业云边协同 AI 模型构建问题;探索了在可接受的一定精度前提下,轻量化的快速高效的工业 AI 模型轻量化建模方法,以及工业 AI 模型蒸馏方法,解决工业 AI 模型压缩优化与加速问题;开发了根据工业现场实际需求的自适应动态工业 AI 模型构建方法,解决工业 AI 模型自适应配置问题。

7.2 工业云边分布式 AI 模型框架

本节首先根据当前工业时序预测的高精度高实时性的要求设计工业云边协同预测框架；随后介绍当前处理预测工业时序数据的算法基础，包含时间卷积机制及自注意力机制，为在第 3 章中对时序处理算法改进提供基础与参考；最后介绍针对工业时序预测的两种评价指标，为在第 3 章中从源头处改进模型预测，减少滞后预测提供参考。

7.2.1 云边协同工业数据分析框架

云边协同计算与数据驱动相结合的时序数据分析框架如图 7-1 所示，其主要包含三大部分：工业设备端、边缘端和云端。

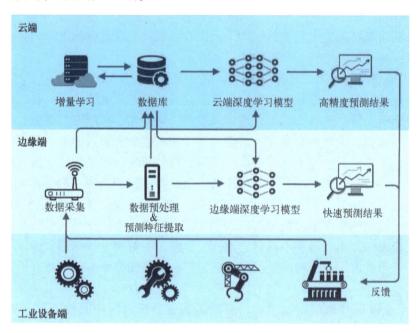

图 7-1 云边协同计算与数据驱动相结合的时序数据分析框架

1. 工业设备端

在工业设备端中，工业互联网时序数据源源不断地产生与收集，如某工业设备中轴承在水平和竖直方向的实时震动速度与加速度、某工业发动机的实时工作温度等。各个工业设备中由多源智能传感器采集的海量时序数据不断地被发送至边缘端的数据接收模块并等待后续处理。当工业设备只需要单源传感器采集数据时，该设备对应的时序数据会在边缘侧整合成单通道时序数据。当工业设备需要多源传感器采集数据时，该设备对应的时序数据会在边缘侧整合成多通道时序数据。

2. 边缘端

在边缘端中，数据接收模块接收从工业设备端发送的海量多源数据，并依据各个工业设备数据产生源头及作用合并成各自对应待预测的单通道或多通道时序数据，进行数据预处理，并首先存储于边缘本地。边缘本地存储的工业原始数据和预处理数据可周期性或人工上传同步至云端数据库中,以增加训练样本,供在云端进行模型增量学习,提高模型预测能力。

针对边缘端预测模型,可通过人工设定或被动式地从云端数据库同步下载最新模型参数至边缘端,构建边缘端预测模型。在进行预测任务时,边缘端对实时采集并预处理完成的时序数据进行特征提取,形成预测模型的特征输入,随后将带有该实时特征的预测请求发送至本地边缘端和云端。边缘预测模块通过置放于边缘端的轻量化预测模型处理时序特征实时得到预测结果,为用户预测后的处理操作提供参考。云端的预测结果延迟返回至边缘端,并为用户的实时处理操作提供修正参考。

3. 云端

在云端中,数据库会存储边缘端周期性或人工上传的工业时序原始数据和预处理数据,以供增量学习模块使用,同时会根据边缘端用户请求或预测精度更新时下发最新模型参数至当前云端和边缘端,以更新模型参数,提高预测精度。云端预测模块实时接收边缘端发送的包含实时时序特征的预测请求进行高精度预测,并返回发送给边缘端。

云端增量学习模块可依据云端数据库中存储的数据对现有的边缘与云端预测模型进行增量训练,实现参数更新,进一步提高预测精度。训练完成后模型参数存储于云数据库中,并可主动推送至云端与边缘端。

4. 云平台的增量学习方法

一般来说,已有的预测模型用足够的训练集训练可以获得良好的预测结果。当原来的培训集足够时,从头开始的再训练将花费更多的时间得到最优模型。同时,在最优模型上继续训练需要花费相同的训练时间,同时可能会导致过拟合。这两种方法都会更新模型的所有参数。因为实际应用中新收集的数据与数据库中存在的数据结构高度相似,因此不必更新模型的所有参数。在该节中提出一种神经网络参数更新的增量学习方法,在短时间内提高模型预测精度,避免过拟合,如图7-2所示。

假设云端数据库中存放的已有充足数据集为 ψ,新采集的数据为 ϕ,现置放于边缘端与云端的预测模型的模型参数由数据集 ψ 训练得到。新的数据集 ψ' 与需要更新的参数 P_f' 会通过数据集为 ψ、ϕ 和增量学习方法得到,其主要步骤如下:

算法7-1　基于部分时间卷积网络参数更新的增量学习方法

输入:原始数据集 ψ,新采集数据集 ϕ,时间卷积网络多层卷积块参数 P_s,多层感知机参数 P_f,学习率 l_r,训练轮次 e。

输出:数据集 ψ',时间卷积网络多层感知机参数 P_f'。

步骤:
1. $\psi' \leftarrow \psi + \phi$
2. $P_f' \leftarrow P_f$
3.   **for** $e = 1 \rightarrow e$ **do**:
4. $P_f' \leftarrow \text{BPalgorithm}(\psi', P_s, P_f', l_r)$
5.   **end for**
6.   **Return** ψ',P_f'

首先,新采集的数据会与原始数据整合形成新的数据集,随后,冻结ST-LTCN与MT-LTCN的多层步长卷积块中的参数,使其不会在训练过程中更新。ST-LTCN与MT-LTCN的

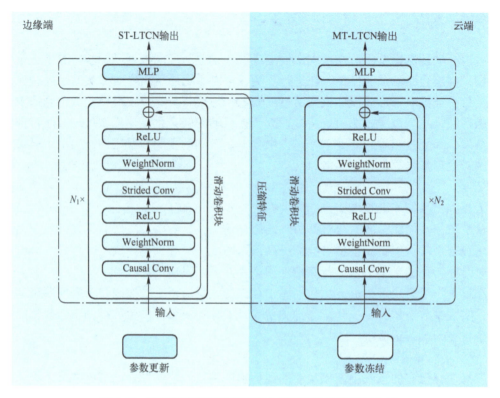

图 7-2　基于部分时间卷积网络参数更新的增量学习方法

顶层 MLP 参数会通过新训练集以小学习率进行更新。该部分参数更新的过程在算法 7-1 中表示为 BPalgorithm(ψ', P_s, P'_f, l_r)。训练结束后，新的数据集、轻量化时间卷积网络更新后的模型参数将会存放于云端数据库中。该增量方法继续现有模型训练，但只以小学习率更新部分参数，避免了模型过拟合，同时减少了训练时间。

7.2.2　云边环境下多边缘工业数据协同分析框架

由于单一工业边缘产生的数据可能难以支撑工业数据分析模型的构建和训练，同时考虑到边缘计算的灵活性、实时性能力和云计算的强大计算力，本节提出了一种云边环境下多边缘工业数据协同分析框架，由工业设备端、边缘端和云端三部分组成，如图 7-3 所示。

1. 工业设备端

在工业设备端中，来自不同工业场景、不同设备的工业物联网数据源源不断地产生与收集。各个工业设备中由多源智能传感器采集的海量时序数据不断地被发送至边缘端的数据接收模块并等待后续处理。

2. 边缘端

在各个边缘端中，数据接收模块接收从工业设备端发送的海量多源数据，并依据各个工业设备数据产生源头及作用合并成各自对应待预测的工业数据，进行数据预处理（这些数据可能存在缺失、冗余和有噪声的问题，应对收集到的数据进行补充，剔除离群值和去噪），并首先存储于边缘本地。边缘本地存储的工业原始数据和预处理数据可周期性或人工上传同步至云端数据库中，以增加训练样本，供在云端进行模型训练。

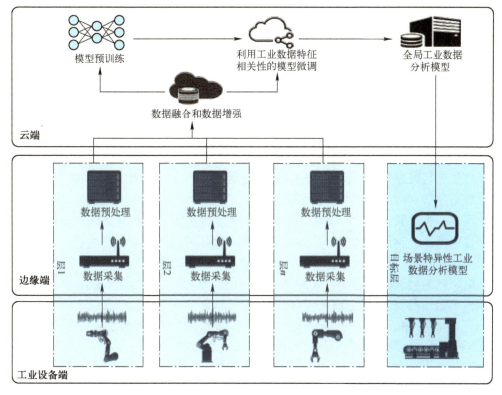

图 7-3　云边环境下多边缘工业数据协同分析框架

针对边缘端预测模型,可通过人工设定或被动式地从云端数据库同步下载最新全局模型参数至各个边缘端。同时,由于下载的全局模型可能需要较高的存储和计算资源,各个边缘端可依据本地的数据存储模块的数据对全局模型进行蒸馏,构建边缘端场景特异性的预测模型,实现模型轻量化和模型精度提升。在进行预测任务时,边缘端对实时采集并预处理完成的时序数据进行特征提取,形成预测模型的特征输入,随后将带有该实时特征的预测请求发送至本地边缘端和云端。边缘预测模块通过置放于边缘端的轻量化预测模型处理时序特征实时得到预测结果,为用户预测后的处理操作提供参考。云端的预测结果延迟返回至边缘端,并为用户的实时处理操作提供修正参考。

3. 云端

在云端中,数据库会存储并融合边缘端周期性或人工上传的工业时序原始数据和预处理数据,以供云端全局模型的预训练和微调,同时会根据边缘端用户请求或预测精度更新时下发最新模型参数至当前云端和边缘端,以更新模型参数,提高预测精度。云端预测模块实时接收边缘端发送的包含实时时序特征的预测请求进行高精度预测,并返回发送给边缘端。

云端模型预训练模块可利用融合后的多个边缘端上传的数据,面向各边缘端的任务,训练基础模型(Foundational Model),之后利用各边缘端数据的特征相关性对基础模型微调,形成全局工业数据分析模型。同时预训练和微调模型依据云端数据库中存储的数据对现有的边缘与云端预测模型进行增量训练,实现参数更新,进一步提高预测精度。训练完成后模型参数存储于云数据库中,并可周期性或人工下发至各个边缘端。

7.3 轻量化工业 AI 模型构建方法

1. 轻量化时间卷积网络

本节面向高频时序数据提出了一种基于轻量化时间卷积网络的预测方法，对时间卷积机制进行改进，设计了一种结构更加精简的轻量化时间卷积网络，并以此提出了相应的分布式预测方法，以满足预测的实时性要求。

时间卷积机制：当前，大多数论文中采用循环神经网络及其变体结构和深度卷积网络对工业时序数据进行处理预测。然而上述两种网络结构各自存在缺点。循环神经网络及其变体结构在处理时序数据时，由于其前向循环计算机制需要顺序处理时序数据，无法并行计算。深度卷积网络一方面其计算过程无法确定满足序列建模的要求，另一方面其通过池化等操作扩大网络视野范围，容易丢失多峰值特征并且造成较深的网络深度和宽度。

时间卷积机制是一种通过卷积操作完成序列建模的特定卷积机制，可并行计算，并且能够随着网络层数的增加以指数级扩大网络视野。以一维时序序列 $X=[x_0,x_1,\cdots,x_n]$ 为输入，时间卷积机制可预测输入序列在每个时间点对应的输出 $Y=[y_0,y_1,\cdots,y_n]$。特别地，在预测计算时间点 t 对应的输出时，时间卷积机制必须仅依靠 t 时刻及之前观测到的数据 $x_0,x_1,\cdots,x_t$ 作为输入，确保在 t 时刻进行预测时不借助未来信息，如下：

$$\hat{y}_t = F(x_0,x_1,\cdots,x_n) = f(x_0,x_1,\cdots,x_t) \tag{7-1}$$

时间卷积机制的实现基础主要包含因果卷积和空洞卷积。

（1）因果卷积

因果卷积令卷积网络结构具有单向性，在卷积过程中在时序上任一位置的计算结果不能用到当前位置的未来数据和计算结果，以使每一层 t 时刻计算的结果只依赖于上一层 t 时刻及之前时刻的计算结果。因果卷积通过一维全卷积结构并设置特定卷积填充实现，如图7-4所示。在因果卷积中，全卷积结构是指在进行整层的卷积计算后，输出序列长度与输入序列长度相等。

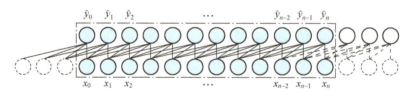

图7-4 因果卷积示意图

假设卷积核大小为 k，一维全卷积结构设定卷积填充大小为 $k-1$，通过一维卷积处理后截断后 $k-1$ 个计算结果，使输出序列长度与输入序列长度相等，输出序列的任意位置的计算结果通过输入序列中该位置及之前位置的数据计算得到，没有用到该位置之后的数据，以实现因果卷积。在图7-4中，输入时序序列长度为12，卷积核大小为4，卷积填充大小为3。输出序列后3个计算结果被截断舍弃，输出时序序列长度与输入时序序列长度相等，输出序列每个位置的计算结果没用到当前位置的未来信息。

（2）空洞卷积

多层的因果卷积仅能随网络深度线性地扩大网络的视野范围，这使得对需要过长的历史信息的序列建模任务十分困难。因此，在因果卷积中引入空洞卷积能够有效地扩大网络视野，如图 7-5 所示。假设 $X=[x_0,x_1,\cdots,x_n]$ 为一维时序序列输入，卷积核大小为 k，卷积核为 $f:\{0,\cdots,k-1\}\to\mathbf{R}$，空洞卷积 DilitedConv1d 在计算 x_j 位置对应输出的公式如下：

$$\text{DilitedConv1d}(x_j) = \sum_{i=0}^{k-1} f_i x_{j-di} \tag{7-2}$$

式中，d 为空洞因子。通过设定空洞因子 d 使卷积的输入存在间隔采样，采样率受空洞因子 d 控制，能够使网络感受野随网络层数增加以指数形式增长，从而避免了卷积网络为了提取较长的时序关系需要线性堆叠卷积层来扩大感受野。图 7-5 中，空洞因子 d 为 2，代表输入时每 2 个点采样一次作为输入。预测网络的空洞因子随着层数增加以 2 的指数方式增长，预测网络的感受野也以 2 的指数形式增长。

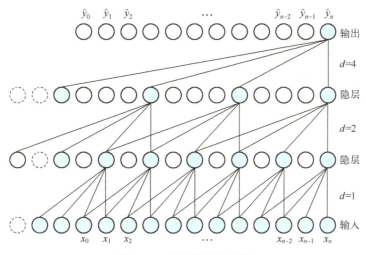

图 7-5 空洞卷积示意图

时间卷积机制通过因果卷积和空洞卷积的联合使用，能够在满足序列建模条件下以指数级扩大网络的视野范围。然而，时间卷积网络机制通过在全卷积结构的基础上完成因果卷积和空洞卷积，整个网络的计算量仍然巨大。

轻量化时间卷积网络：时间卷积机制能够通过卷积操作完成序列建模，可并行计算，并且能够以指数级扩大网络视野。在处理高频时序数据时，时间卷积机制能够高效地处理过长的时序输入，完成序列建模。然而，对于工业中单值类时序预测任务，单纯应用时间卷积机制容易造成计算资源浪费。假设在网络计算过程中，只应用时间卷积机制最后卷积层的最后时刻输出 $\hat{y}_n$ 进行后续的输出处理，如 $\hat{y}_n$ 时刻对应的输出被用于下一层多层感知机的输入，而其他时刻对应的输出 $\hat{y}_0,\hat{y}_1,\cdots,\hat{y}_{n-1}$ 没有进行后续的计算，造成了冗余计算。当输入序列长度较短时，这种冗余计算可以忽略不计。当输入序列长度较大时，这种冗余计算量是非常巨大的。

为了减少网络的计算浪费，提高时间卷积机制的推理速度，该节基于时间卷积机制的核心结构特点，提出了一种轻量化时间卷积网络（Lightweight Temporal Convolutional Networks, LTCN），以一维时序序列 $X=[x_0,x_1,\cdots,x_n]$ 为输入，以单值 $\hat{y}_n$ 为输出，其函数 $f:X^{n+1}\to Y^1$ 如下：

$$\hat{y}_n = f(x_0, x_1, \cdots, x_n) \tag{7-3}$$

在轻量化时间卷积机制的设计中主要去除了时间卷积机制中的非必要计算。以图7-5中所示为例，获得$\hat{y}_n$的输出值时没有用到图7-5中白色标注的计算结果，在轻量化时间卷积网络中，去除了白色标注的计算，使得网络视野能够随着深度增加以指数级别增长的同时减少整体计算量，如图7-6所示。

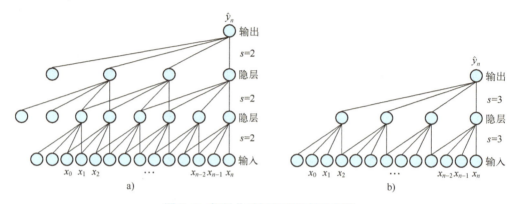

图7-6 轻量化时间卷积机制示意图
a) $s=2$　b) $s=3$

在轻量化时间卷积机制中，去除了原本时间卷积机制中的全卷积结构，并采用带有步长因子s的一维步长卷积代替了原本时间卷积机制的一维空洞卷积，以减少计算量。在步长卷积中，卷积核每次移动的步长为s，如图7-7所示。

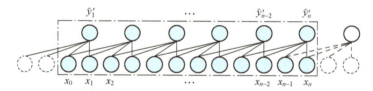

图7-7 步长卷积示意图（卷积核长度为4，卷积步长s为2，卷积填充为2）

在步长卷积计算过程中，为了使输出与实际输入的最后位置对齐，设输入序列长度为n，则首先卷积填充如下式设定：

$$\text{padding} = \begin{cases} k-n, & k \geq n \\ k-s, & k<n \text{ 且 } n-\lfloor n/s \rfloor s = 0 \\ k-n+\lfloor n/s \rfloor s, & k<n \text{ 且 } n-\lfloor n/s \rfloor s > 0 \end{cases} \tag{7-4}$$

随后步长卷积完成后，需要截断输出序列后n_{cut}个数据，以保证输出序列的最后位置与输入序列的最后位置对齐，截断长度n_{cut}为

$$n_{\text{cut}} = \begin{cases} \lfloor \text{padding}/s \rfloor, & \text{padding} \geq s \\ 0, & \text{padding} < s \end{cases} \tag{7-5}$$

在图7-6a中，设定卷积步长为2，轻量化时间卷积机制去除了图7-5中时间卷积机制的实际计算流程中非必要计算，并且网络视野随着深度增加以2的指数级增长。设定较大的卷积步长，能够更快地扩大网络视野。在图7-6b中，设定卷积步长为3，网络视野随着深度增加以3的指数级增长，能够以更少的层数将网络视野扩展到输入全序列，计算量大大减

少。轻量化时间卷积机制中所有的计算结果都用于网络的前向与反向传播中,使用相对较大的步长因子和卷积核能够使网络以更少的卷积层表征更广的感受野。

以轻量化时间卷积机制为基础,本节设计的轻量化时间卷积网络结构如图7-8所示。轻量化时间卷积网络由多层步长卷积块及顶层的多层感知机（MLP）组成。任意一个卷积块包含两层堆叠的卷积层,第一层为常规的一维因果卷积,第二层为轻量化时间卷积机制中的一维步长卷积,每一卷积层中都包含多个卷积核。在一维因果卷积和一维步长卷积后都带有用于模型优化的 WeightNorm 模块与增加非线性能力的 ReLU 激活函数。ReLU 公式如下:

$$\mathrm{ReLU}(x) = \max(0, x) \tag{7-6}$$

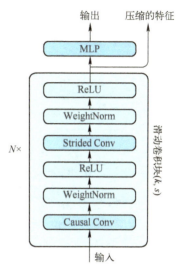

图 7-8　轻量化时间卷积网络结构

在轻量化时间卷积网络的任意步长卷积块中,假设该步长卷积块输入序列长度为 n,当卷积核的长度小于 n 时,该卷积块的输出序列的长度将为 $\lceil n/s \rceil$;当卷积核的长度大于或等于 n 时,输出序列的长度将为 1。假设 layer 为卷积块层数,k 为步长卷积块统一的卷积核大小,在此情况下,预测值 $\hat{y}_n$ 的感受野能够覆盖的长度约为 $ks^{\text{layer}-1}$。因此,应满足 $ks^{\text{layer}-1} \geq n$,即 $\text{layer} \geq \log_s n/k + 1$。轻量化卷积机制中卷积层数量 layer 的最优设置为 $\lceil \log_s n/k + 1 \rceil$。

假设轻量化时间卷积网络中各个卷积操作中卷积核的数量为 d_{model},则经过 layer 层步长卷积块后,最后一层步长卷积块的输出末尾 $Y_n \in \mathbf{R}^{d_{\text{model}}}$ 的感受野能够覆盖整个网络的原始序列输入。最后通过顶层的 MLP 对 Y_n 进行处理,得到预测值。除此之外,轻量化时间卷积网络在卷积块中加入了 Dropout 模块,避免模型在训练过程中过拟合。

2. 基于张量环分解的线性 Transformer 神经网络

本节面向高频时序数据提出了一种基于张量环分解的自注意力机制的预测方法,对自注意力机制进行改进,设计了一种结构更加精简的轻量化 Transformer——基于张量环分解的线性 Transformer（Tensor Ring Decomposed Linear Transformer,TR-LT）,以满足预测的实时性要求。

<u>Transformer 的自注意力机制</u>:工业时序数据中通常存在潜在的长时序依赖关系,目前常用的大多数神经网络模型都无法直接将输入序列中任意两位置的数据相连进行特征提取与计算,而是相对低效地扩大网络的视野范围来从输入序列中提取潜在的长时序依赖关系。

Transformer 的核心结构是自注意力机制。自注意力机制能够将输入序列中任意两位置的数据直接相连进行特征提取与计算,从而高效地提取潜在的长时序依赖关系。自注意力机制的基础是注意力机制。注意力机制能够在给定查询序列（Query）和一组键值对序列（Key-Value）的情况下,通过 Query 和 Key 计算 Key 对应 Value 的权重,并对 Value 加权求和。注意力机制主要包含两种计算过程:首先根据 Query 和 Key 计算权重系数,得出二者的相似性或相关性,随后根据权重系数对 Value 进行加权求和,进行归一化处理。自注意力机制是注意力机制的一种变体,更擅长捕捉数据与特征的内部相关性,能够从大量信息中筛选并聚焦于少量的重要信息。在自注意力机制中,Query、Key 和 Value 都设为相同的输入,从而捕捉

数据与特征的内部相关性。

在本节中，自注意力机制通过点积注意力计算方式实现。点积注意力将 Query 和一组键值对序列 Key-Value 映射至输出。当设定查询序列、键序列和值序列为同一序列时，点积注意力能够连接该序列中任意两个位置并计算出该序列的序列表示，公式如下：

$$\text{Attention}(\boldsymbol{Q},\boldsymbol{K},\boldsymbol{V}) = \text{softmax}\left(\frac{\boldsymbol{Q}\boldsymbol{K}^{\text{T}}}{\sqrt{d_{\text{model}}}}\right)\boldsymbol{V} \tag{7-7}$$

$$\text{softmax}(x_j) = \frac{e^{x_j}}{\sum_{i=0}^{n} e^{x_i}} \tag{7-8}$$

在自注意力机制中，首先将查询序列向量 $\boldsymbol{Q}$、键序列向量 $\boldsymbol{K}$ 和值序列向量 $\boldsymbol{V}$ 设定为同一输入序列向量，$\boldsymbol{Q},\boldsymbol{K},\boldsymbol{V} \in \boldsymbol{R}^{n \times d_{\text{model}}}$，$\boldsymbol{Q}=\boldsymbol{X}\boldsymbol{W}^{Q}$，$\boldsymbol{K}=\boldsymbol{X}\boldsymbol{W}^{K}$，$\boldsymbol{V}=\boldsymbol{X}\boldsymbol{W}^{V}$。随后计算所有的键序列向量元素相对于查询序列向量 $\boldsymbol{Q}$ 中任意一个元素的得分，获得查询序列向量任意一个元素与键序列向量元素之间的关系，并且结果除以缩放因子 $\sqrt{d_{\text{model}}}$ 来使得在训练中获得稳定的梯度。随后，利用 softmax 函数来归一化得分并获得值序列向量对应的注意力矩阵。最终注意力矩阵与值序列向量相乘得到注意力计算结果。为了使自注意力网络能够从输入序列中以不同角度学习更多的信息，用不同的映射矩阵将原始的查询序列向量 $\boldsymbol{Q}$、键序列向量 $\boldsymbol{K}$ 和值序列向量 $\boldsymbol{V}$ 映射 h 次，并将这 h 次的计算结果拼接并通过矩阵映射至最终输出，公式如下：

$$\text{MultiHeadAttention}(\boldsymbol{Q},\boldsymbol{K},\boldsymbol{V}) = \text{Concat}(\text{head}_1,\text{head}_2,\cdots,\text{head}_h)\boldsymbol{W}^{O} \tag{7-9}$$

$$\text{head}_i = \text{Attention}(\boldsymbol{X}\boldsymbol{W}_i^{Q},\boldsymbol{X}\boldsymbol{W}_i^{K},\boldsymbol{X}\boldsymbol{W}_i^{V}) \tag{7-10}$$

式中，$\boldsymbol{W}^{O} \in \boldsymbol{R}^{hd_{\text{h}} \times d_{\text{model}}}$ 为可学习的线性矩阵，h 为注意力机制头的数量，d_{h} 为线性映射的隐藏维度。在多头自注意力机制中，为了使总计算量与单头注意力机制的计算量相似，放缩因子和隐藏维度 d_{h} 都设为 d_{model}/h。

基于张量环分解的轻量化线性映射：利用张量环分解（Tensor Ring Decomposition, TRD）对神经网络的线性映射矩阵进行分解，可以在不改变模型整体结构的情况下，减少了模型的参数量和计算量。用字母，如 $\boldsymbol{A}$，来表示一个张量。一个 N 阶张量可以表示为 $\boldsymbol{A} \in \boldsymbol{R}^{I_1 \times I_2 \times \cdots \times I_N}$，其中，$I_n$ 表示 $\boldsymbol{A}$ 的第 n 个维度的维数。通过 TRD，一个高阶张量可以分解为一系列三维阶张量的乘积。n 阶张量 $\boldsymbol{A}$ 可以分解如下：

$$\boldsymbol{A} = \boldsymbol{U}^{(1)} \circ \boldsymbol{U}^{(2)} \circ \cdots \circ \boldsymbol{U}^{(N)} = \sum_{r_1,r_2,\cdots,r_N} \boldsymbol{U}^{(1)}_{r_N,I_1,r_1} \boldsymbol{U}^{(2)}_{r_1,I_2,r_2} \cdots \boldsymbol{U}^{(N)}_{r_{N-1},I_N,r_N} \tag{7-11}$$

式中，$\circ$ 为张量乘法；$\boldsymbol{U}^{(n)} \in \boldsymbol{R}^{r_{n-1} \times I_n \times r_n}$ 为第 n 个核张量；r_n 为核张量的秩，$r_N = r_1$。

对于输入 $\boldsymbol{X} \in \boldsymbol{R}^{I_1 \times I_2 \times \cdots \times I_N}$ 和输出 $\boldsymbol{Y} \in \boldsymbol{R}^{O_1 \times O_2 \times \cdots \times O_M}$，映射张量 $\boldsymbol{W} \in \boldsymbol{R}^{I_1 \times I_2 \times \cdots \times I_N \times O_1 \times O_2 \times \cdots \times O_M}$ 可以被分解为张量环的形式，即

$$\boldsymbol{W} = \boldsymbol{U}^{(1)} \circ \cdots \circ \boldsymbol{U}^{(N)} \circ \boldsymbol{V}^{(1)} \circ \cdots \circ \boldsymbol{V}^{(M)} \tag{7-12}$$

式中，$\boldsymbol{U}^{(n)} \in \boldsymbol{R}^{r_{n-1} \times I_n \times r_n}, n=1,\cdots,N$，$\boldsymbol{V}^{(m)} \in \boldsymbol{R}^{r_{m-1} \times I_m \times r_m}, m=1,\cdots,M$，映射过程表示为

$$\boldsymbol{Y}_{O_1,\cdots,O_M} = \boldsymbol{W}_{I_1,\cdots,I_N,O_1,\cdots,O_M} \boldsymbol{X}_{I_1,\cdots,I_N} \tag{7-13}$$

由于张量环的环形结构，权值张量可以分为以下两个链形结构，即

$$\boldsymbol{W} = (\boldsymbol{U}^{(1)} \circ \cdots \circ \boldsymbol{U}^{(N)}) \circ (\boldsymbol{V}^{(1)} \circ \cdots \circ \boldsymbol{V}^{(M)}) = \boldsymbol{S}^{I} \circ \boldsymbol{S}^{O} \tag{7-14}$$

式中，$\boldsymbol{S}^{I} \in \boldsymbol{R}^{r_{M+N} \times I_1 \times I_2 \times \cdots \times I_N \times r_N}$ 对应输入；$\boldsymbol{S}^{O} \in \boldsymbol{R}^{r_N \times O_1 \times O_2 \times \cdots \times O_M \times r_{N+M}}$ 对应输出。通过将原始参数矩阵 $\boldsymbol{W}$ 重构为 $\boldsymbol{S}^{I}$ 和 $\boldsymbol{S}^{O}$，可以将映射过程改写为

$$Z = S^I_{r_{N+M}, I_1, \cdots, I_N, r_N} X_{I_1, \cdots, I_N}$$
$$Y = Z_{r_N, r_{N+M}} S^O_{r_N, O_1, \cdots, O_M, r_{N+M}} \quad (7\text{-}15)$$

由于张量环的结构性质，计算的第一步是分别将输入和输出对应的两个张量序列组合成高阶张量。若将这两个张量序列计算成原始张量，然后将它们与输入相乘，将导致更大的计算和存储消耗。所以 S^I 和 S^O 被视为两个独立的参数张量。

与原始投影矩阵相比，假设批处理大小为 B，每个核张量的秩为 r。由于 r 远小于 I 和 O，所以 TR 有很好的参数压缩性能，如下：

$$\text{CRP} = \frac{IO}{r^2 \left(\sum_{n=1}^{N} I_n + \sum_{m=1}^{M} O_m \right)}$$
$$\text{CRC} \geqslant \frac{BIO}{(2r^3 + Br^2)(I + O)} \quad (7\text{-}16)$$

式中，CRP 和 CRC 为参数和计算量的压缩比；$I = I_1 \times I_2 \times \cdots \times I_N$，$O = O_1 \times O_2 \times \cdots \times O_M$ 为输入和输出的特征总数。

<u>基于张量环分解的轻量化自注意力机制</u>：本节提出一种基于张量环分解的轻量化自注意力机制。在高阶张量化的多头注意力机制中，单头局部注意力公式如下：

$$\text{Attention}(\boldsymbol{Q}, \boldsymbol{K}, \boldsymbol{V}) = \text{softmax}\left(\frac{\boldsymbol{Q} \circ \boldsymbol{K}}{\sqrt{d_{\text{model}}}} \right) \boldsymbol{V} \quad (7\text{-}17)$$

式中，$\boldsymbol{Q}, \boldsymbol{K}, \boldsymbol{V} \in \mathbb{R}^{d_1 \times \cdots \times d_N \times n}$，$\boldsymbol{Q} \circ \boldsymbol{K} = \sum_{d_1, \cdots, d_N} \boldsymbol{Q}_{d_1 \times \cdots \times d_N \times n} \boldsymbol{K}_{d_1 \times \cdots \times d_N \times n}$。$\boldsymbol{Q} = \boldsymbol{X} \circ \boldsymbol{W}^Q$，$\boldsymbol{K} = \boldsymbol{X} \circ \boldsymbol{W}^K$，$\boldsymbol{V} = \boldsymbol{X} \circ \boldsymbol{W}^V$，$\boldsymbol{W}^Q$、$\boldsymbol{W}^K$、$\boldsymbol{W}^V$ 被分解为张量环的形式。

为了使高阶张量化的自注意力机制能够从输入序列中以不同时间尺度学习更多的信息，引入多头的机制，在表征时间序列的各个维度中，将数据划分为 h_i 个（$\prod_i h_i = h$，h 为总的注意力机制头的数量，i 为 h_i 对应的维度）。用不同的映射张量 $\boldsymbol{W}^Q$、$\boldsymbol{W}^K$、$\boldsymbol{W}^V$ 将原始的输入张量映射 h 次，并将这 h 个计算结果拼接并再一次映射至最终的输出，如下：

$$\text{MultiHead}(\boldsymbol{Q}, \boldsymbol{K}, \boldsymbol{V}) = \text{Concat}(\text{head}_1, \cdots, \text{head}_h) \circ \boldsymbol{W}^O \quad (7\text{-}18)$$

式中，$\boldsymbol{W}^O \in \mathbb{R}^{d_1 \times d_2 \times \cdots \times d_N \times n}$。由于多头的划分过程中，时序数据的每一个维度都被做了分割，因此每一个头中既包含不同尺度局部信息，又包含全局信息，并且最终的映射张量 $\boldsymbol{W}^O$ 使得注意力头之间的信息得以融合。因此，这种高阶张量化的注意力网络也可以实现多尺度的时间序列特征提取。

<u>改进的基于张量环分解的线性自注意力机制</u>：虽然 TRD 可以有效地缓解自注意力的参数冗余问题，但由于其在时间和空间上的 $O(I^2)$ 复杂性，该模型的训练和部署成本可能仍然非常高。由于编码器是一个低秩的模型，使用的张量环分解方法也是低秩的参数张量。因此，这里提出了一种低秩的注意力机制——线性注意力（Linear Attention），它将整体的自注意力的复杂性从 $O(I^2)$ 降低到 $O(I)$，并进一步简化了模型。

由于张量环分解的低秩属性，设置的 r 通常小于特征数 seq，因此可以利用两个低秩张量 $\boldsymbol{E}, \boldsymbol{F} \in \mathbb{R}^{n \times d}$ 投影原始的查询-键张量和值张量，这使得注意力机制的计算复杂度从 $O(I^2)$ 降低至 $O(kI)$。

$$\text{Attention}^{\text{LT}} = \text{softmax}\left(\frac{X \circ W^Q \circ W^K \circ X \cdot E}{\sqrt{d_{\text{model}}}}\right) F \cdot X \circ W^V \qquad (7\text{-}19)$$

根据式（7-19），W^Q、W^K、W^V、E 和 F 可以分解为两个张量链 S^I 和 S^O 的形式，分别记作 $\{S^{Q,I}, S^{Q,O}\}$、$\{S^{K,I}, S^{K,O}\}$、$\{S^{V,I}, S^{V,O}\}$、$\{S^{E,I}, S^{E,O}\}$ 和 $\{S^{F,I}, S^{F,O}\}$。由于冗余的张量项既会导致计算量的冗余，又会影响模型精度，因此可以省略。由于 $\text{rank}(S^{Q,I} \circ S^{Q,O} \cdot S^{K,O} \circ S^{K,I}) \leqslant \text{rank}(S^{Q,I} \circ S^{K,I})$，因此，从连乘过程中省略 $S^{Q,O} \cdot S^{K,O}$ 并不影响精度，因此 $W^Q \circ W^K$ 可以简化为 $S^{Q,I} \circ S^{K,I}$。此外，由于 E 和 F 是通过降低张量的秩来降低整体复杂度，并且 $\text{rank}(E \circ F) \leqslant \text{rank}(S^{E,O} \circ S^{F,I})$，因此可以进一步简化。由此，张量环分解的轻量化高阶张量化注意力可以写作

$$\text{Attention}^{\text{LT}} = \text{softmax}\left(\frac{X \circ S^{Q,I} \circ S^{K,I} \circ X \cdot S^{E,O}}{\sqrt{d_{\text{model}}}}\right) S^{F,I} \cdot X \circ W^V \qquad (7\text{-}20)$$

7.4 工业 AI 模型轻量化自适应知识蒸馏方法

在许多实际场景中，尽管大型神经网络已经取得了令人满意的结果。由于工业边缘设备的计算能力和内存有限，很难将算法部署在嵌入式终端或边缘设备上。因此，工业界更希望一种计算复杂度低、预测精度高的算法。知识蒸馏（Knowledge Distillation，KD）是一种具有前景的方法，它可以将知识从大型、深层的教师模型转移到小型、浅层的学生模型。然而，仍有一些尚未解决的挑战需要解决：

1）从各种机械设备收集的传感器数据往往具有多样化的数据特征。此外，不同的神经网络可能更适合特定的特征提取任务。而现有文献很少探讨具有不同结构的多教师模型知识蒸馏。尤其是当学生模型的大小与教师模型的大小显著不同时，学生网络的学习效果不佳。

2）工业场景中不同工况或者同一工况不同退化过程的数据预测难度一般不同。传统的方法对每个样本应用相同的计算成本，无法对输入进行自适应推理，理想的情况下，每个输入都应该有专门的计算成本。尤其是经过知识蒸馏精简后的小模型，如何对输入进行自适应的推理也是一个难点。

3）工业现场部署要求效果好、结构简易，为了在知识蒸馏的效率和有效性之间进行适当的权衡，现有工作一般对学生模型采用了多分支设计，这可能会在减慢推理速度的同时降低内存利用率。如何将多分支模型的训练优势与单分支模型的推理优势结合起来至关重要。

因此，在本节中提出了一种基于知识蒸馏的模型轻量化与自适应预测算法，主要内容分为以下 4 个方面：

1）提出了一个轻量化和自适应的知识蒸馏框架。它包含三个部分，首先是多教师知识蒸馏，实现多教师和单个学生模型的知识蒸馏。此外包含一个轻量的动态跳出（Dynamic Exiting，DE）模块，实现对输入的自适应推理。最后是一个重参数模块，通过对多分支和多头的学生模型重参数，形成单头单分支的模型，提高了学生模型的推理速度并进一步减少了模型的参数量。

2）对多个不同结构教师模型的知识蒸馏，设计了多头多分支的学生模型，解决教师模型和学生模型容量差距的问题。此外，不同的教师模型倾向于学习到不同的归纳偏置，这将有助于提高学生模型在边缘设备的性能。

3）为了实现模型对样本的自适应推理，将动态跳出推广到回归任务中，提出了一个置信度函数和一个多阶段训练方法，来提高边缘设备中动态跳出的性能。并且通过设计动态推理模块结构，最小化模块的参数量和计算量。

4）提出了一种多头多分支的重参数方法。将训练时多分支结构的优点与推理阶段单分支结构的优点相结合，减少了模型参数量以及提高了模型的推理速度。

1. 方法总体框架

在本节中，介绍 MDER（Multi-teacher knowledge Distillation, dynamic Exiting, and Reparameterization）框架，如图 7-9 所示。

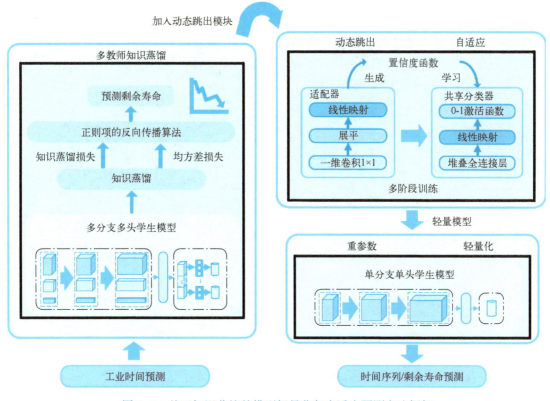

图 7-9　基于知识蒸馏的模型轻量化与自适应预测方法框架

具体而言，为多教师知识蒸馏设计了一个多分支、多头的学生网络，提高学生模型的容量。通过多教师知识蒸馏，以及在训练过程中引入正则化，可以提高多模型知识蒸馏下学生模型的预测效果。随后，将动态跳出模块引入训练后的学生模型中，并改进了置信函数和多阶段训练方法来实现学生模型的自适应推理。通过精心设计了动态跳出模块，最小化模块的参数量和计算量。最后，设计了一种面向学生网络的重参数化方案，在不损失性能的情况下进一步减少了模型的参数和提高工业边缘端的预测速度。在介绍框架的核心部分之前，先介绍下设计框架的核心理念：

首先，为了提高机械设备 RUL 的预测性能，一种常见的方法是集成多个不同的模型。然而，现有的多通道时间序列预测模型如（LSTM、CNN、Transformer），通常网络会被设计的较深或者较宽，这样会导致密集的矩阵运算、较多的内核调用和对内存的过多读/写请求。

此外研究表明，如果教师模型和学生模型之间的容量（Capacity）差距过大，KD的性能将不可避免地降低。因此，设计了一个多头、多分支的学生模型，以提高KD的性能。为了证明提出的方法的有效性，选择了三个常见并且性能良好的教师模型（LSTM、CNN、Transformer）进行比较。最后，通过精心设计的网络作为学生模型，保证学生模型在低复杂度的环境下，仍可以保持与多教师模型近似的性能。

2. 多模型知识蒸馏方法

相对于单一模型的知识蒸馏，多模型知识蒸馏可以提升学生模型的性能并且帮助学生模型学习到不同教师模型的归纳偏置。但是在多模型知识蒸馏的时候，一个常见的问题是，多个教师模型中，隐层的维度通常不同。因此，如何将多位教师学到的知识自适应地提炼给学生模型中是非常重要的。为了解决这个难题，本节开发了一个用于任意隐层自适应知识蒸馏的多头学生模型。利用神经网络的退化理论保证学生模型能够学习多教师模型的知识，并简化学生模型。接下来，介绍学生模型的结构和多教师知识蒸馏的过程。具体而言，如图7-10所示是学生网络结构、动态跳出模块与重参数结构图。

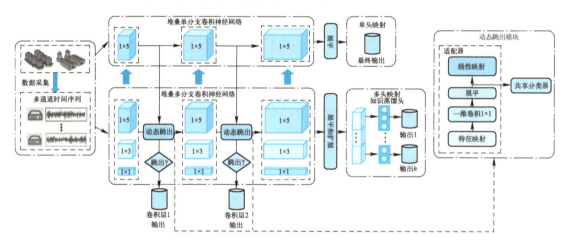

图7-10 学生网络结构、动态跳出模块与重参数结构图

学生模型基本结构：为知识蒸馏设计了一个多分支、多头的学生网络。具体而言，学生模型由基本模块的堆叠 L 层组成。下面介绍基础的模块结构。每个模块包含多个卷积核大小不同的一维卷积分支，卷积层后是一个批标准化层（Batch Normalization，BN）。这样的设计不仅使模型能够学习不同尺度的特征，而且提高了模型训练过程的稳定性，从而提高了模型的性能。

首先，定义一个一维卷积操作。假设 $M \in \mathbf{R}^{H \times C}$ 是 C 通道的模型输入。那么 T 个大小为 $F \in \mathbf{R}^{K \times C}$ 的卷积核可以将输入转化为 $O \in \mathbf{R}^{T \times D}$，其中，$O$ 是一个分辨率为 T 且包含 D 个通道的特征映射。最后，第 j 个卷积核的操作可以定义如下：

$$O_{:,j} = \sum_{k=1}^{C} M_{:,k} * F_{:,k}^{(j)} \tag{7-21}$$

式中，$M_{:,k}$ 和 $F_{:,k}^{(j)}$ 分别为 M 和 F 的第 k 个通道输入。除此之外，$F_{:,k}^{(j)}$ 表明所有 T 个卷积核中的第 j 个卷积核。

除此之外，在每个卷积操作后添加了一个批标准化层来提高模型的收敛速度。同时，批标准化也具有正则化的效果。式（7-21）可以转化为下式：

$$O_{:,j} = \left(\sum_{k=1}^{C} M_{:,k} * F_{:,k}^{(j)} - \mu_j \right) \frac{\gamma_j}{\delta_j} + \beta_j \tag{7-22}$$

式中，μ_j 和 δ_j 为输入特征图的通道平均值和标准偏差；γ_j 和 β_j 为可学习的缩放系数和偏差项。

总的来说，学生模型基础的模块可以如式（7-23）所述，其中，O_i^l 是第 i 个分支，第 l 层的输出。给定 O^{last} 为最后卷积层的输出，可以展平（Flatten）和扩展 O^{last} 到不同的知识蒸馏头（Knowledge Distillation Head，KDHead）。除此之外，$KDHead_i$ 定义为第 i 个教师模型的倒数第二层隐层输出。最后，不同的 KDHead 会通过一个批标准化层与一个线性映射层来预测设备的剩余使用寿命。

$$\begin{aligned} O_i^l &= \text{BatchNorm}(\text{Conv1d}_i(O^{l-1})) \\ O^l &= \text{ReLU}\left(\sum_i O_i^l + O^{l-1} \right) \\ KDHead_i &= (\text{flatten}(O^{last})W_i + b_i - \mu_i)\frac{\gamma_i}{\delta_i} + \beta_i \\ \hat{y}_i &= \text{ReLU}(KDHead_i W_i' + b_i') \end{aligned} \tag{7-23}$$

知识蒸馏方法：传统的知识蒸馏方法一般需要在中间层进行知识转移，但这并不适用于不同结构的师生网络。考虑到不同教师模型的最后几层通常由全连接层组成，只需将倒数第二层的输出作为 KDHeads 的蒸馏目标。式（7-25）中，$KDHead_i^S$ 和 $KDHead_i^T$ 分别表示学生和教师模型的特征，$\dim_i$ 是 $teacher_i$ 的蒸馏特征维度。此外，引导学生模型模仿教师模型的预测也非常重要，因此，通过权重 λ 混合教师模型的预测和真实标签。目标函数可以表示为

$$L_{\text{Loss}} = \mu L_{\text{KDLoss}} + L_{\text{MSELoss}} \tag{7-24}$$

$$L_{\text{KDLoss}} = \sum_X \frac{\dim}{\sum \dim_i} \sum_{i=0}^{n} L_{\text{criterion}}(KDHead_i^S, KDHead_i^T) \tag{7-25}$$

$$L_{\text{MSELoss}} = \sum_{i=0}^{n} \left\| \hat{y}_i^S - [\lambda \hat{y}_i^T + (1-\lambda)y] \right\|_2^2 \tag{7-26}$$

式中，$\hat{y}_i^S$ 和 $\hat{y}_i^T$ 分别表示第 i 个学生模型的输出和教师模型的输出；X 表示训练的数据集；μ 表示 KDLoss 对最终损失的贡献。除此之外，KDLoss 可以简单设置为 MSE 损失，因为它并不需要调整额外的超参数。

改进的知识蒸馏方法：除此之外，KD 的一个重要部分是知识转移（Knowledge Transfer）的过程。当学生模型完全模仿教师模型的隐藏信息和回归输出时，尤其是当教师模型的输出比学生模型差时，学生模型可能会表现不佳。因此，这里采用了严格监督方法（Strict Supervised），并将其扩展到多教师 KD 场景。如式（7-27）所示，只有当教师模型的回归误差低于学生模型和教师模型的平均值时才进行 KD。此外，基于 L1 正则化理论，我们认为与教师模型最后一个全连接层的较小权重相对应的隐藏单元可能对学生模型不一定有过多益处。因此，在式（7-31）中引入了蒸馏掩码 M，用于潜在的噪声抑制。最后，可以将方程（7-26）重写为式（7-32）：

$$\Psi(p) = \begin{cases} 1, & p > 0 \\ 0, & p \leq 0 \end{cases} \tag{7-27}$$

$$\Psi^i = \Psi_1 \Psi_2 \tag{7-28}$$

$$\Psi_1 = \Psi\left(\frac{1}{n}\sum_{j=0}^{n}|\hat{y}_j^T - y| - |\hat{y}_i^T - y|\right) \tag{7-29}$$

$$\Psi_2 = \Psi(|\hat{y}_i^S - y| - |\hat{y}_i^T - y|) \tag{7-30}$$

$$M_n^i = \text{to\_bool}(W_i^T > \text{quantile}(W_i^T, \text{thres})) \tag{7-31}$$

$$L_{\text{Loss}}^{\text{imp}} = \sum_X \sum_{i=0}^{n} \Psi^i(\mu M_n^i L_{\text{KDLoss}}^i + L_{\text{MSELoss}}^i) \tag{7-32}$$

式中，Ψ 为指示函数；Ψ_1 用于限制教师模型的误差小于教师的平均误差；Ψ_2 用于确保教师模型的误差不大于 KD 过程中的学生模型。此外，M^i 和 Ψ_i 分别表示第 i 个教师模型的蒸馏掩码和 KD 的条件。

多头多分支重参数：传统的 KD 方法通常利用多分支的 CNN 模型以提高知识蒸馏效果，但可能会增加学生模型推理时间并需要更多内存。在本小节中，讨论如何通过多头多分支重参数，从而实现多头多分支训练和单头单分支推理分支。如图 7-11 所示是模型多头多分支重参数图。从图中可以看到，堆叠的多分支卷积神经网络（Stacked Multi-Branch Convolution Neural Network）通过多分支重参数转化成堆叠的单分支卷积神经网络（Stacked Single-Branch Convolution Neural Network）。同时，多头映射（Multi-Head Projection）通过多头重参数转化为单头映射（Single-Head Projection）。下面具体描述如何进行多分支和多头重参数，从而进一步轻量化学生网络。

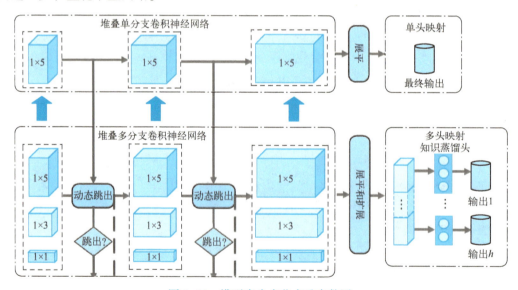

图 7-11　模型多头多分支重参数图

许多研究表明，在模型容量合适的情况下，多模型蒸馏确实可以提高模型的性能。因此，将最后一个卷积块的输出展平，并扩展隐层以形成多个 KDHeads。在式（7-22）中，使用多个 KDHeads 来提取不同教师模型的隐藏特征。同时，这些 KDHeads 可以通过简单的线性投影来形成模型的预测头。可以将式（7-22）表示为式（7-33）~式（7-35），通过多头重新参数化，学生模型聚合来自不同教师模型的预测信息。事实上，多头重新参数化可以作为一个隐式集成，公式如下：

$$W_r = \left(\sum_i \frac{\gamma^i}{\delta^i} W_i W_i' \right) / n \tag{7-33}$$

$$b_r = \left(\sum_i \frac{\gamma^i}{\delta^i}(b_i - u_i) W_i + \sum_i \beta_i W_i' + b_i \right) / n \tag{7-34}$$

$$y = \text{ReLU}(\text{flatten}(O^{\text{last}}) W_r + b_r) \tag{7-35}$$

式中,W_r 和 b_r 分别为重参数后全连接层的权重和偏置项;n 为教师模型的数量。

与单分支结构相比,多分支结构通过不同大小的卷积核提取多尺度信息。并且值得注意的是,在卷积操作后以及多个卷积分支特征映射的相加之前将 BN 放在每个分支中。因此,可以将每个卷积核及其后面的 BN 转换为一个带有偏置向量的新卷积。令 $\{F_c, b_c\}$ 为新转换的内核和偏差,可以重写式(7-22)中的参数如下:

$$F_c = \frac{\gamma_j}{\delta_j} F_{:,:}^{(j)}, \quad b_c = -\frac{u_j \gamma_j}{\delta_j} + \beta_j \tag{7-36}$$

此外,如果不同大小的卷积核具有相同数量的输出通道和合理的填充(Padding),则它们具有可加性。例如,在图 7-12 中,恒等分支可以看作是一个带有恒等矩阵的 1×1 卷积。随后,可以相加这些卷积核,从而创建一个新的重参数化核,这意味着,可以合并多个分支的卷积核。

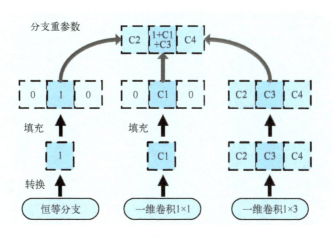

图 7-12 一维卷积重参数图

7.5 动态自适应工业 AI 模型构建方法

7.5.1 模型动态推理和重参数方法

动态跳出(DE)可以为模型带来更多的灵活性并使模型根据样本的难度自动选择跳出层,这能够降低学生模型的平均计算复杂度和内存使用情况。为了保证在多工况条件下模型的自适应推理能力,其难点之一就是设计可靠的置信度函数。

$$p_i = 1 - \tanh(|\hat{y} - y|) \tag{7-37}$$

$$p_i = 1 - \text{clip}(\tanh(\left|\frac{\hat{y}-y}{\beta}\right|^{\alpha}), \gamma) \qquad (7-38)$$

式（7-37）是传统的置信度函数，其中，p_i 通常接近于零，这是因为相对于其他的预测任务，工业的模型预测难度大，因为预测的误差变化范围很大并且 tanh 很容易饱和。相比之下，式（7-38）是改进的置信函数。为了避免概率饱和的问题，使用了两个参数，β 用来缩放误差，α 用来防止概率过大或过小；γ 是一个标签平滑参数，用来平滑标签，提高模型的预测性能，防止模型过拟合。

在图 7-13 中介绍了动态跳出模块中连接器（Adapter）的设计，以及从两个方面减少该模块的参数和计算成本。首先，通过卷积来缩放通道的数量，以确保每一层特征映射（Feature Maps）在展平后都具有相同的隐藏维度。此外，利用共享权重的分类器来进一步减少参数数量。最后，由于在动态跳出模块中，存在多个训练的损失，如每一层的均方误差、每一层的动态跳出交叉熵等多个损失可能存在相互干扰的现象，所以对动态跳出模块采用多阶段的训练方法，具体如下：

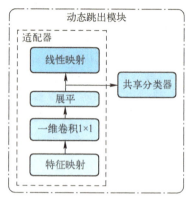

图 7-13 动态跳出模块图

算法 7-2　基于改进置信度函数的多阶段训练方法

1. Require：
2. 原始数据集 ψ；
3. 学生网络 P_f；
4. 适配器 P_s；
5. 共享分类器 P_c；
6. 预训练的教师模型 $T_1, T_2, \cdots, T_n$；
7. 三组不同的学习率：$l_{r_1}, l_{r_2}, l_{r_3}$；
8. 三组不同的训练轮次：e_1, e_2, e_3；
9. Procedure：
10. **for** $e = 1 \rightarrow e_1$ **do**：
    　　$P'_f \leftarrow \text{MultiTeacherKnowledgeDistillation}(\psi, P'_f, l_{r_1}, T_1, T_2, \cdots, T_n)$
11. **end for**
12. 冻结 P'_f 的网络参数．
13. **for** $e = 1 \rightarrow e_2$ **do**：
14. 　　$P'_s \leftarrow \text{BPalgorithm}(\psi, P'_f, P'_s, l_{r_2})$
15. **end for**
16. 冻结 P'_c 的网络参数．
17. 从 P'_s 生成置信度函数．
18. **for** $e = 1 \rightarrow e_3$ **do**：
19. 　　$P'_c \leftarrow \text{BPalgorithm}(\psi, P'_f, P'_s, P'_c, l_{r_3})$
20. **end for**
21. **Return** P'_f, P'_s, P'_c

7.5.2 动态长度网络建模方法

模型总体架构：本节提出了一种动态长度神经网络，目的是根据时间序列的预测难度，动态调整时间序列的长度，来提高工业监控指标的预测速度，即简单的时间序列使用较短的长度，难以预测的时间序列使用完整的长度。网络结构如图 7-14 所示。其包含三个对应不同长度的子网络。每个子网络包括一个编码器、特征重用层、置信度生成器和监控指标预测器。

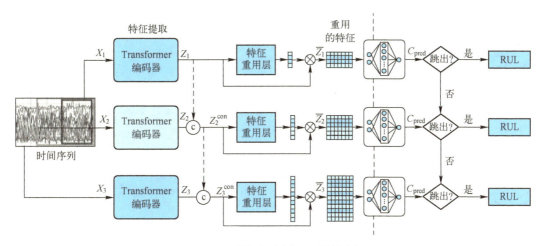

图 7-14 动态长度神经网络结构图

它的处理流程如下：首先，每个样本被分为三个不同长度的序列。之后，动态长度编码器网络将会根据序列的困难度来执行不同长度的序列。最后，动态长度编码器学习不同长度的时序特征并重用它们来进行设备剩余使用寿命（RUL）预测。

自适应推理的细节过程如下：

1) 一个输入时间序列样本 X，被分为三个长度的序列 X_1、X_2、X_3（长度可以是原来长度的 1/5、3/5、1）。被划分后的序列 X_1 将会被输入子网络 1 并产生基本的时序特征 Z_1。

2) 预测任务首先在子网络 1 执行。如果子网络 1 不能以高置信度去预测指标，子网络 2 将对更长的序列 X_2 生成高等级的时序特征表征 Z_2。Z_1 和 Z_2 将会被合并成 Z_2^{con}，然后被重用来进行子网络 2 的预测任务。

3) 如果子网络 2 不能进行一个高置信度的预测，那么子网络 3 将会重复这个过程。

编码器网络：这里建议使用多头自注意力作为编码器的基础网络。

特征重用层：由于所有特征的总和产生了输出，特征依赖性是隐含在卷积核中的。然而，这些依赖性与卷积核所捕获的时间相关性相互混杂。我们的目标是确保网络增加其对信息特征的敏感性，突出重要的信息，并抑制不太有价值的特征。该层的输入数据定义为 Z_i^{con}。注意层用于对不同特征的重要性进行加权。如图 7-15 所示，首先对特征 1 和特征 2 进行合并，之后通过一维卷积进行压缩操作，最后通过全连接层对权重进行学习。特征重用层学习到的权重可以表示为

$$a = W_2 \delta(W_1 Z_i^{con}) \tag{7-39}$$

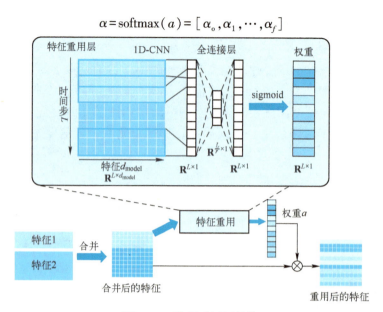

图 7-15 特征重用层结构

式中，a 为未归一化的权重；α 为归一化之后的权重；Z_i^{con} 为输入特征；W_1 和 W_2 为可学习的权重参数；α_i 为第 i 个特征向量的加权重要性。

置信度生成器与设备剩余使用寿命预测器：置信度生成器与设备剩余使用寿命预测器都是全连接神经网络，如图 7-16 所示。构建置信度生成器的目的是自适应地学习预测结果的置信度等级，并以此来决定是否要进行早期退出。

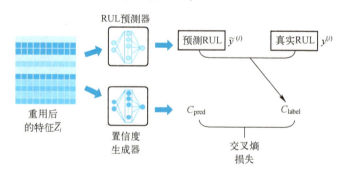

图 7-16 置信度生成器与设备剩余使用寿命预测器结构图

置信度生成器的公式可以表达为

$$C_{pred} = C(\overline{Z}_i) = \sigma(W_z \overline{Z}_i + b) \tag{7-40}$$

式中，C_{pred} 为所预测的置信度；$\overline{Z}_i$ 为特征重用后的输出结果；W_z 为可学习的参数矩阵；b 为偏置项；σ 为 sigmoid 函数。

置信度生成器的标签可以表达为

$$C_{label}(\widetilde{y}^{(i)}, y^{(i)}) = 1 - \tanh\left(\frac{|\widetilde{y}^{(i)} - y^{(i)}|}{\alpha}\right) \tag{7-41}$$

式中，C_{label} 为真实的置信度；$\widetilde{y}^{(i)}$ 为所预测的设备剩余使用寿命；$y^{(i)}$ 为真实的设备剩余使用寿命；α 为可调整的参数。

设备剩余使用寿命预测器的公式可以表达为

$$\tilde{y}^{(i)} = \sigma(W_a \overline{Z}_i + b) \tag{7-42}$$

式中，$\tilde{y}^{(i)}$ 为所预测的设备剩余使用寿命；$\overline{Z}_i$ 为特征重用后的输出结果；W_a 为可学习的参数矩阵；b 为偏置。

7.6 典型应用案例

7.6.1 基于 Cloud-Edge-LTCN 的云边协同轴承剩余使用寿命预测

在本节中，通过轴承剩余使用寿命（RUL）预测实验测试了 Cloud-Edge-LTCN 的性能。本节将介绍实验平台、数据集、评价指标、实验结果和分析结果。首先，确定了 MT-LTCN 的时间窗大小。其次，给出了 ST-LTCN 和 MT-LTCN 对轴承 RUL 预测的实验结果，并与其他轴承 RUL 预测模型进行了比较。最后，给出了增量学习方法的实验结果，并与其他方法进行了比较。

1. 实验平台和数据集

训练过程和测试过程都在 CPU i5-6300HQ 上使用 PyTorch。相较于 GPU，这在实际应用中更类似于实际的计算系统；应用了 Adam 优化器，并且批处理大小为 64。

本节使用的数据集由 PRONOSTIA 平台提供。实验设备收集了水平和垂直方向的实时振动信号，可以表征轴承的退化性能。样品采集的时间为 0.1 s，采样间隔为 10 s。采样频率为 25.6 kHz，即每个采样点在水平方向采集 2560 个样本，在垂直方向采集 2560 个样本。

该数据集包含了 3 种不同操作条件下的 17 个轴承数据。轴承沿整个使用寿命的振动信号如图 7-17 所示。本节利用条件 1（1800 r/min 和 4000N）下的 7 个轴承的水平方向数据，进行了 RUL 预测实验。轴承的首次预测时间分别选择为 1297 s、825 s、1351 s、1083 s、2411 s、2403 s 和 2207 s。

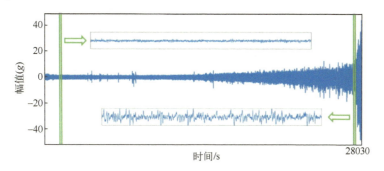

图 7-17 轴承沿整个使用寿命的振动信号

2. 实验结果及分析

ST-LTCN 和 MT-LTCN 对轴承 RUL 预测的性能：在本实验中，将轴承 1 和轴承 2 的 90% 的数据作为训练集，将 10% 的数据作为验证集，其余 5 个轴承数据作为测试集。设计了 ST-LTCN 和 MT-LTCN，并确定了预测精度和计算时间。在轴承 3 上的 RUL 预测结果如图 7-18 所示。

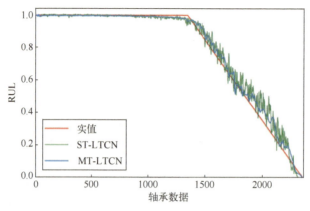

图 7-18　LTCN 在轴承 3 上的 RUL 预测结果

为了验证轻量级模型的有效性,本实验训练了两个 TCN。实验结果如图 7-19a、b 和表 7-1 所示。表 7-1 中的 RMSE 是根据测试集中所有轴承预测结果的平均值计算的,处理一个样本的 CPU 时间是根据测试集中每个样本的平均值计算的。从结果中可以看出,MT-LTCN 在预测精度方面优于其他模型,而 ST-LTCN 在模型大小和预测速度方面的表现要好得多。

表 7-1　TCN 和 LTCN 的比较结果

方法	RMSE	模型大小	处理每个样本的时间/ms
ST-TCN	0.0517	131K	10.74
ST-LTCN	**0.0540**	**74K**	**0.48**
MT-TCN	0.0505	632K	2.57
MT-LTCN	**0.0433**	**325K**	**0.93**

与 TCN 相比,LTCN 不仅可以获得相似的预测精度,而且还需要更少的参数和更短的预测时间。考虑到预测精度和计算时间,ST-LTCN 适用于边缘部署,MT-LTCN 适合部署在云上。

使用不同方法的性能比较:以下实验比较了 LTCN 与 LSTM 和 GRU 的性能。由于 STLSTM 和 ST-GRU 的性能较差,因此将 ST-LTCN 提取的 8 维压缩特征应用于 MT-LSTM 和 MT-GRU 的预测过程中。比较结果如图 7-19c、d 和表 7-2 所示。如图所示,ST-LSTM 和 ST-GRU 难以处理长度为 2560 的序列。ST-LTCN 在预测精度和速度方面都远远优于 ST-LSTM 和 ST-GRU,尽管模型尺寸更大,但与 MT-LSTM 和 MT-GRU 相比,MT-LTCN 具有更高的预测精度。

表 7-2　LTCN 和 LSTM、GRU 间的性能比较

方法	RMSE	模型大小	处理每个样本的时间/ms
ST-LSTM	0.1218	21K	3.47
ST-GRU	0.0822	19K	2.43
ST-LTCN	**0.0540**	**74K**	**0.48**
MT-LSTM	0.0539	73K	0.77
MT-GRU	0.0566	59K	0.69
MT-LTCN	**0.0433**	**325K**	**0.93**

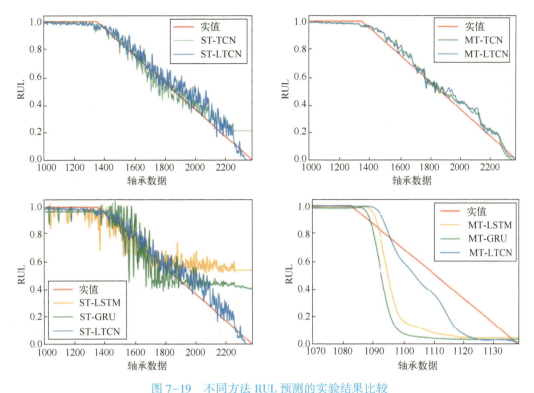

图 7-19 不同方法 RUL 预测的实验结果比较
a) ST-TCN 和 ST-LTCN b) MT-TCN 和 MT-LTCN
c) ST-LSTM、ST-GRU 和 ST-LTCN d) MT-LSTM、MT-GRU 和 MT-LTCN

预测精度和处理时间的更直观的比较如图 7-20 所示。考虑到预测精度和处理时间的指标，ST-LTCN 和 MT-LTCN 更适合于承载基于云边缘计算框架的 RUL 预测。

增量学习方法的有效性：本部分将增量学习方法与从一开始的再训练和连续训练方法进行了比较，验证了其速度和准确性。在这组实验中，随机选取 4 个轴承数据作为原始训练集，2 个轴承数据作为实际应用中新采集的数据。6 个轴承数据中的 90% 用作新的训练集，10% 用作验证集，其余的轴承数据作为测试集。再训练方法和连续训练方法更新了预测模型的所有参数，而该方法更新了部分参数。所有的模型都经过了 20 个循环的训练。每个循环包含 10934 个数据。增量学习方法的学习率为 0.0002，而再训练和连续训练方法的学习率为 0.001。这里以均方误差（MSE）作为训练损失函数，以更好地显示训练趋势。

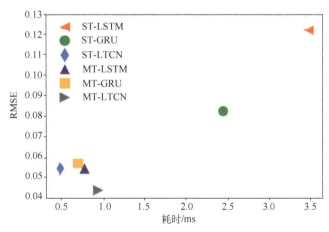

图 7-20 RMSE 和时间消耗的性能比较

如图 7-21 所示，ST-LTCN 的训练损失只能达到 0.05 左右，而 MT-LTCN 的训练损失可以接近 0，这说明 MT-LTCN 可以更好地预测 RUL。再训练 ST-LTCN 的训练损失比其他方法都要大，这意味着再训练需要更多的时间。增量学习方法与连续训练方法的训练损失之间的差别很小。然而，使用增量学习方法对 ST-LTCN 和 MT-LTCN 的训练时间分别为 8.45 s 和 4.67 s，而一个周期更新所有参数的训练时间分别为 19.78 s 和 7.86 s。也就是说，使用增量学习方法的训练时间要短得多。

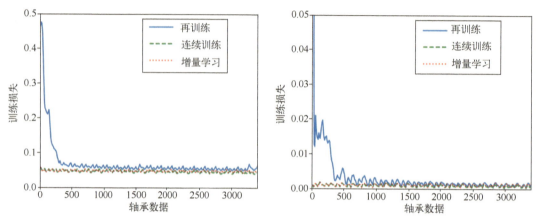

图 7-21 再训练、连续训练与增量学习之间的实验结果比较

a）ST-LTCN 的训练损失比较   b）MT-LTCN 的训练损失比较

为了显示数据集的全局预测结果，本实验还计算了基于训练集、测试集和所有数据的平均值的均方根误差（RMSE）。本节介绍了使用不同的训练方法对 ST-LTCN 和 MT-LTCN 的预测精度。如表 7-3 所示，再训练方法在训练集和测试集上的性能都很差。更新所有参数的连续训练方法在训练集上表现良好，但很容易引起过拟合，这可以从测试集上的性能中看出。然而，增量学习方法在训练集和测试集上都表现良好。用增量学习方法训练 ST-LTCN 和 MT-LTCN 时，得到了最优的整体性能。

表 7-3 不同的训练方法对 ST-LTCN 和 MT-LTCN 的预测精度比较

方法		RMSE		
ST-LTCN	MT-LTCN	训练集	测试集	All
Origin	—	0.0429	0.0470	0.0425
Retraining	—	0.0529	0.0501	0.0524
Cont. training	—	0.0363	0.0548	0.0389
本节方法	—	**0.0399**	**0.0417**	**0.0402**
本节方法	Origin	0.0301	0.0360	0.0326
本节方法	Retraining	0.0364	0.0423	0.0372
本节方法	Cont. training	0.0303	0.0470	0.0326
本节方法	**本节方法**	**0.0315**	**0.0298**	**0.0313**
Cont. training	Origin	0.0508	0.0713	0.0537
Cont. training	Retraining	0.0346	0.0524	0.0372
Cont. training	Cont. training	0.0288	0.0637	0.0338
Cont. training	**本节方法**	**0.0300**	**0.0449**	**0.0321**

一般来说，增量学习方法不仅可以减少训练时间和过拟合的可能性，同时也给出了最优的整体性能来提高预测精度。与其他方法相比，增量学习方法在工业设备 RUL 预测框架中具有高实时性的优势。

7.6.2 基于 MDER 的发动机剩余使用寿命预测模型轻量化

1. 实验平台和数据集

为了验证 MDER 的性能，在飞机涡扇发动机退化数据集 CMAPSS 上进行了实验。它被广泛用于剩余使用寿命预测任务。该数据集由 4 个子数据集组成，FD001~FD004，每个子数据集包含一个训练集和一个测试集。该训练集包括在不同操作条件和故障模式下的多个航空发动机运行到故障的传感器记录。每个发动机单元的初始磨损程度和制造变化程度是未知的，并被认为是健康的。随着时间的推移，发动机单元逐渐退化，直到它们达到一个系统故障，即与发动机单元被宣布不健康的时间周期相对应的最后一个数据输入。具体来说，如表 7-4 所示，不同的子数据集有不同的操作条件和失效模式。FD002 和 FD004 比 FD001 和 FD003 更困难，因为它们的条件更多样。

在实验中，有 3 个设计良好的不同结构的教师模型，分别记为 T_1、T_2 和 T_3。具体来说，T_1 是一个 5 层双向 LSTM 模型，其隐层大小为 50，并且使用两个具有(100,50)个隐藏单元的全连接层来提取输入特性，并且在 LSTM 的输出部分中包括三个具有（256，128，1）个隐藏单元的全连接层来进行 RUL 预测。T_2 是一个隐层大小为 48 和 8 个头的 4 层 Transformer，并且利用一个具有 48 个隐藏单元的全连接层用于提取输入特征，两个具有(100,1)隐藏单元的全连接层加到最后一个 Transformer 模块以形成 RUL 回归模型。T_3 由一个 6 层卷积层、一个自适应平均池层（Adaptive Average Pooling, AAP）和三个具有隐藏层单元(256,128,1)的全连接层组成。同时，在教师模型的前几个全连接层中添加批标准化层，以抑制内部协变量转移的问题。

对于提出的 MDER，使用 Adam 优化器来训练所有的模型，批处理大小为 256，在 [13, 20] 之后训练了 160 轮。学习速率设置为 6×1004，以缓解训练过程中的损失波动。在训练过程中也采用了早期停止的技巧，早期停止的轮次设置为 20。在超参数设置方面，在 FD002 和 FD004 中设置了 $\mu=0.8$ 和 $\lambda=0.7$，在 FD001 和 FD003 中设置了 $\mu=0.2$ 和 $\lambda=0.9$。这些参数是通过网格搜索得到的。根据经验，β 更依赖于数据集，将 β 设置为验证集的最佳 RMSE 值，并且 $\alpha=0.75$ 略优于线性版本的 $\alpha=1$。值得注意的是，教师模型的参数在 KD 期间是冻结的。因此，可以提前计算出教师模型的特征和预测结果，以加快训练过程。为了方便起见，为教师模型和学生模型的训练设置了相同的训练配置。

2. 实验结果及分析

<u>与其他指标分析方法的比较</u>：为了验证所提出的多教师 KD 方法的有效性，与一些基准方法，如 L_2-KD、注意力转移（AT-KD）、最大平均差异（MMD-KD）、对比对抗性知识蒸馏（CAKD）、最后一批微型（DLB）的自蒸馏等，进行了比较实验。

如表 7-4 所示，采用 L2-KD、AT-KD 和 MMD-KD 作为基线方法，因为它们只考虑了单一模型的标签和隐藏特征的知识转移。相比之下，CAKD 和 DLB 在 KD 过程中整合了对比学习或自蒸馏机制，表现更好，大大提高了学生模型的鲁棒性。然而，中间层特征知识转移需要具有相似结构的模型，并且很难将 KD 扩展到具有不同结构的多个模型。此外，DLB 的

自蒸馏机制仍然受到学生模型容量的限制。多教师 KD 方法实现起来很简单,因为它只需要倒数第二层的知识和教师标签。此外,它还可以应用于不同的教师模型具有不同的隐藏维度的不同场景。此外,多教师 KD 方法比其他 KD 方法具有优越的性能,特别是在 FD004 数据集上。由此可见,多个模型的 KD 可以有效地提高模型在困难数据集条件下的性能。

表 7-4 多模型蒸馏与普通蒸馏的比较

方法	FD001		FD002		FD003		FD004		工业边缘		
	RMSE	Score	RMSE	Score	RMSE	Score	RMSE	Score	FLOPs(k)	Mem(MB)	Time(ms)
S	14.37	366.36	16.80	521.98	11.57	424.57	17.71	1820.52	379.6	0.51	13.1
T_{avg}	13.16	249.89	14.90	361.53	10.93	326.79	15.64	1708.07	6640.2	5.07	166.9
$T_3(L_2$-KD)	14.13	314.96	16.40	472.74	11.19	390.78	17.64	1822.43	379.6	0.51	13.1
T_3(AT-KD)	14.08	323.95	16.77	437.61	11.22	386.72	17.02	1857.74	379.6	0.51	13.1
T_3(MMD-KD)	13.64	303.48	16.46	392.07	11.06	364.10	17.23	1826.97	379.6	0.51	13.1
KDnet-RUL	13.68	362.08	14.47	929.20	12.95	327.27	15.96	1303.19	52.4	—	—
DLB	12.51	243.89	15.73	526.18	10.95	288.41	16.59	1977.08	379.6	0.51	13.1
CAKD	13.41	293.82	14.23	975.96	12.95	325.29	15.85	**1256.82**	52.4	4.38	182
DAST	**11.43**	203.15	15.25	924.96	11.32	**154.92**	18.36	1490.72	8090.8	4.39	93.7
MCTAN	11.69	189.04	16.41	446.89	10.72	252.30	17.36	1722.22	2440.1	2.76	68.8
T_1,T_2(本节方法)	12.09	216.27	14.97	416.28	10.58	330.91	15.93	1738.28	298.3	0.34	3.7
T_1,T_2,T_3(本节方法)	11.61	183.22	14.27	385.91	10.23	230.91	15.43	1773.93	298.3	0.34	3.7
T_1,T_2,T_3+IKD(Light)	13.12	292.35	14.54	414.50	10.91	370.46	15.68	1624.39	**42**	**0.13**	**2.8**
T_1,T_2,T_3+IKD(本节方法)	11.65	**186.32**	**14.21**	364.13	**10.17**	221.81	**15.10**	1508.84	298.3	0.34	3.7

在工业边缘侧的性能:为了进一步验证多教师 KD 方法在实际工业应用中的性能,采用了树莓派 3B 作为边缘设备,该设备具有 1.2 GHz 博通 BCM2837 64 位 CPU 和 1 GB RAM。如表 7-4 所示,与教师模型相比,学生模型的内存使用量减少了近 10 倍,推理时间减少了 12.7 倍。此外,通过重新参数化进一步减少了现有的 FLOPs(1.27×)、CPU 内存(1.5×)和推理时间(3.5×)。与最先进的方法相比,尽管基于编码器的架构促进了更大的并行化,但对于边缘设备来说,它的计算成本仍然很昂贵。

如表 7-4 和表 7-5 所示,多教师 KD 方法在 PC 和边缘设备上的推理时间相近,而由于计算能力的限制,教师模型在边缘设备上的推理速度要慢 6.9 倍。此外,将特征图和隐藏单位减少了一半,从而得到了多教师 KD 方法的一个轻版本。虽然 FLOPs 进一步减少,但推理时间并没有大大提高。我们应该关注该模型在边缘器件上的实际性能。由于生产线数量众多,工业传感器可以捕获大量的数据,因此较低的内存占用使边缘设备能够有效地处理更多的数据,并同时预测多个任务,从而支持工业应用的需求。

表 7-5 对于动态退出和重参数的分析

a) 不同层学生网络动态跳出的样本数

数据集	FD003		FD004	
Layer	样本数	比例（%）	样本数	比例（%）
Layer 0	2843	24.27	840	2.87
Layer 1	6312	53.87	8592	29.2
Last	2562	21.86	19984	67.93

b) 不同动态跳出方法的性能

数据集	FD003		FD004	
度量	RMSE	Score	RMSE	Score
没有退出	10.73	298.07	15.19	1618.78
随机	10.99	346.95	15.93	1965.82
动态	**10.90**	327.49	**15.28**	1701.96

c) 不同网络的参数量、计算量与计算时间

模型	参数量	FLOPs	经过时间/ms
LSTM	349.44k	10.52×10³	46.77
Transformer	328.0k	5.92×10³	11.14
CNN	208.92k	3.49×10³	14.62
T_{avg}（Baseline）	295.45k	6.64×10³	24.18
MHMB	70.29k（↓420%）	425.56（↓1561%）	5.54（↓436%）
RepMLP	23.89k（↓1236%）	379.67（↓1748%）	5.20（↓465%）
RepCNN	65.49k（↓451%）	344.20（↓1929%）	3.81（↓634%）
SHSB	19.09k（↓1547%）	298.31（↓2225%）	3.47（↓696%）
SHSB（DE-FD003）	**19.09k**（↓1547%）	298.31（↓2225%）	**2.74**（↓882%）
SHSB（DE-FD004）	**19.09k**（↓1547%）	298.31（↓2225%）	**3.22**（↓750%）

动态退出的效果：首先，比较了 SST 和 MST 的 RMSE，两者都得到了良好的结果。然而，SST 的表现更差，因为简单地添加多个阶段的损失就会导致多个损失之间的干扰，从而损害模型的性能。在图 7-22 中，可以发现，对于 MST 训练，损失随着层数的增加而减小。而对于 SST 训练后的模型，浅层的损失可能低于深层，这验证了训练过程受到不同损失之间的干扰的损害。

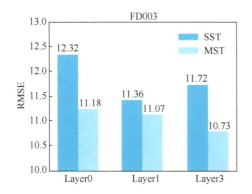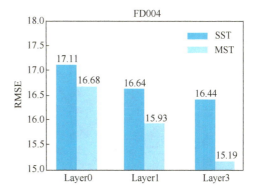

图 7-22 FD003 和 FD004 下多阶段训练和单阶段训练的比较

此外，更多的工作条件和故障模式会使模型训练困难，增加预测误差，从而影响 DE 性能。如表 7-5 所示，大多数样本在 FD003 数据集的第二层退出。相比之下，在第一层或第

三层退出的样本较少,这表明对于大多数样本来说,第二层的学习表示足以预测 RUL。而对于工作条件更困难的 FD004,大部分样品在最后一层退出,小样本在第二层退出,几乎没有一个在第一层退出。由此可见,即使在工作条件和故障模式更困难的数据集中,DE 模块也可以提高学生模型的灵活性。

重参数的影响:如表 7-5 所示,教师模型比学生具有更多的参数和计算消耗。其中,LSTM 的参数和 FLOPs 的数量最多。而 CNN 的参数和流量最少。具体来说,在表 7-5 中,MHMB 表示多头和多分支模型。RepMLP 和 RepCNN 分别是指多头重参数化和多分支重参数化。

在引入重新参数化后,尽管 RepMLP 减少了相当多的参数,但其计算和推理速度并没有得到显著的优化。相对而言,重参数后,模型推理速度得到了大幅度的提升,这是由于多分支设计减少了频繁的内存分配和系统调用。结合 RepCNN 和 RepMLP,得到了单头单分支模型 SHSB。此外,SHSB 的参数量约为 MHMB 的 3.68 分之一,推理速度约快 1.59 倍,这验证了重新参数化的有效性。

第 8 章

基于区块链的工业数据安全可信协同

随着智能制造概念广泛深入工业制造的各个环节，传统制造环节中产生的各种数据都将有被使用的可能，这也使得各个环节的数据联通变得更为紧密，以大幅促进制造产业升级。然而，广泛的互联互通必然也会带来数据的信息安全问题，诸如数据传输方对数据的抵赖、恶意篡改以及互不信任等。因此，构建不同业务部门、生产线间统一的安全互信机制成为制造大数据智能治理的重要环节之一。由于区块链技术具备将离散的实体进行有机组织，构建基于分布式信任的能力，对该技术的有效利用将有助于为智能制造场景下的离散业务部门数据业务建立起一道联合共治的信任体系。本章将针对如何利用区块链技术构建工业制造大数据的安全互信展开介绍。首先，对区块链技术以及其核心组成部分进行简介；接着，分别从制造业大数据产生实体间的多方协同数据溯源以及基于智能合约的制造业大数据安全交互两方面展开论述。本章希望通过技术实例的方式加深读者对区块链技术如何与制造大数据智能治理相结合的理解。

8.1 区块链相关技术介绍

1. 区块链概述

中本聪于2008年发布了比特币白皮书，这标志着第一个典型区块链应用的诞生。区块链是一种去中心化的分布式账本（Distributed Ledger Technology）技术，该技术的特点在于利用块链式数据结构来验证与存储数据、利用分布式节点共识算法来生成和更新数据、利用密码学的方式保证数据传输和访问的安全、利用由自动化脚本代码组成的智能合约来编程和操作数据的一种全新的分布式基础架构与计算范式。

从本质上讲，区块链又可以成为一种共享数据库。存储于其中的数据或信息，具有"不可伪造""全程留痕""可以追溯""公开透明""集体维护"等特征。基于这些特征，区块链技术奠定了坚实的"信任"基础，创造了可靠的"合作"机制，具有广阔的应用前景。区块链的特别之处在于其利用了分布式账本技术实现了数据分享过程中的分布式存证。不仅如此，共享的过程要求维护账本的各方遵从一定的协议对其数据库进行更新，这个协议则称为"节点间共识"。进一步地，确定共识主体的形式有很多：固定挑选出几个中心来维护整个分布式账本的技术，具备"联盟链"形态；不区分中心，所有节点共同维持的链，则具备"公有链"形态，而通常认为仅由一个中心对链中的节点进行管理的技术形态为"私有链"。

2. 区块链的分类

区块链从其类型上可分为公有链、联盟链及私有链三种类型，如图8-1所示。公有链是一种将所有参与企业和个人都对等连接在一起的去中心化系统，以比特币、以太坊为典型代表，任何人或机构都可以随时加入，不做身份认证，链上记录对所有参与者公开。联盟链是一种带分层结构的多中心化系统，属于准入受控的区块链，加入联盟链的成员需要进行身份认证，成员之前的业务往来信息被记录在区块链上，链上记录仅对属于当前联盟链上的成员公开。由于联盟链具有更符合行业需求、性能较优、监管友好等特性已经成为区块链的主流发展趋势，其中，又以开源区块链项目 Hyperledger Fabric 为典型代表。传统中心化系统或私有链基本属于星型中心化系统，私有链由集中管理者进行管理限制，只有内部少数人可以使用。后续将会对区块链的核心成分进行介绍。

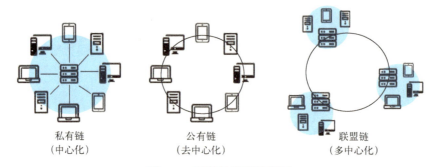

图 8-1 区块链类型示意图

8.1.1 区块链的核心组成

区块链包含三个基本概念，分别是交易、区块、链。交易是指一次对账本的操作，将导致账本状态发生一次改变；区块记录了在某一段时间内发生的交易的集合；链由区块按照发生顺序串联而成，是整个账本状态变化的日志记录。此外，区块涉及区块链的账本，交易涉及区块链节点间的共识，而链内节点间的交互涉及节点间通信协议，下面将对这三个概念分别进行介绍。

1. 分布式账本

区块链离不开其支撑的分布式账本技术。账本用来进行交易记录，可靠的账本要能准确、公正地记录发生过的每笔交易。账本其实等价于区块链，每个节点都会维护自己的账本，即维护由区块构成的这个链结构，区块链结构如图8-2所示。区块链的第一个区块是创世区块，接下来多个交易会打包成一个区块，区块包括区块头和交易体，区块头会包含前一个区块的哈希值、区块包含的所有交易的哈希值、时间戳等信息，由此可见，账本内的所有交易都是有序存储的。所有交易有序存储可以理解为：不仅区块内的所有交易是有序存储的，而且区块也是有序的。因此，在不破坏哈希链的前提下，区块内的数据不容易被篡改。

换句话说,最新区块的哈希值包含了从创世区块以来的所有交易,任何一个区块一旦被更改,都会使其随后的区块内区块头的哈希值不匹配,而本地节点的区块的哈希值和其他节点的不匹配时,该区块便是无效的。

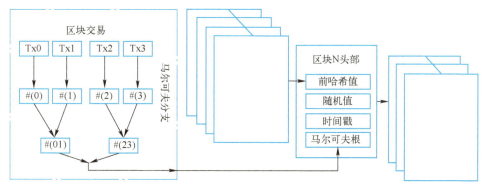

图 8-2 区块链结构

2. 节点间的共识

共识是指解决各节点账本一致性问题的过程。共识算法通常解决的是分布式系统中由哪个节点发起提案,以及其他节点如何就这个提案达成一致的问题。在分布式系统中,CAP 原理作为一个重要的原理,指出了分布式计算系统不可能同时确保一致性(Consistency)、可用性(Availability)和分区容忍性(Partition tolerance),在设计中往往需要弱化对某个特性的保证。其中,一致性是指分布式系统中的所有数据备份在同一时刻有着一样的值;可用性是指当系统中部分节点出现故障时,系统是否还能处理客户端的请求;分区容忍性是指是否允许数据分区,不同分区的节点之间无法互相通信。CAP 原理是指导共识算法的重要思想,目前的共识算法根据容错类型,可以分为拜占庭容错和非拜占庭容错两类共识。其中,拜占庭容错是指伪造信息恶意响应的情况,非拜占庭容错是指出现故障但不会伪造信息的情况。拜占庭容错算法的典型代表是工作量证明(Proof of Work,PoW)算法、权益证明(Proof of Stake,PoS)算法、实用拜占庭容错算法(Practical Byzantine Fault Tolerance,PBFT)算法等。非拜占庭容错算法的典型代表是 Paxos、Raft 及其变种等。Raft 共识算法面向对多个决策达成一致的问题,在该共识算法中有三类重要的角色,分别是领导者(Leader)、候选领导者(Candidate)和跟随者(Follower)。开始所有节点都是跟随者,在随机超时发生后未收到来自领导者或候选领导者的消息,则转变角色为候选领导者,提出选举请求。在最近选举阶段(Term)中得票超过一半者被选为领导者;如果未选出,随机超时后进入新的阶段重试。选举出一个全局的领导者之后,领导者接收数据,并分发给其余角色,以实现数据的同步。

3. 节点间的通信协议

通过研究区块链服务间的调用机制,设计区块链服务间的轻量级通信协议,力求减少服务的通信消耗,提升服务执行效率,在保证服务结构耦合性低的同时,确保系统组分间的通信质量。在不同的业务场景中选择合适的通信协议对整个系统的运转效率有着至关重要的作用。目前用于区块链服务的通信协议主要集中于 RPC 与 Restful 这两项技术。

RPC 即远程过程调用(Remote Produce Call),如图 8-3 所示,其基于原生 TCP 通信拥有自定义数据格式，具备速度快、效率高的特点。典型 RPC 的代表有 WebService 以及 Dubbo 等。RPC 框架的主要目标就是让远程服务调用更简单、透明。RPC 框架负责屏蔽底层的传输方式（TCP 或者 UDP）、序列化方式（XML/JSON/二进制）和通信细节。开发人员在使用的时候只需要了解谁在什么位置提供了什么样的远程服务接口即可，并不需要关心底层通信细节和调用过程。

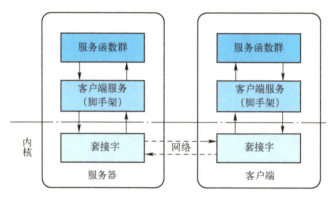

图 8-3 RPC 通信过程

Rest 即表述性状态传递（Representational State Transfer），是一种软件架构风格。Rest 通过 HTTP 定义的通用动词方法（GET、PUT、DELETE、POST）来对网络资源进行唯一标识，并以此响应请求端的不同需求。满足 Rest 约束条件和原则的架构，被称为 Restful 架构。现在客户端浏览器与服务端通信基本都是采用 HTTP，也可以用来进行远程服务调用。其缺点是消息封装臃肿，优势是对服务的提供和调用方没有任何技术限定，自由灵活，更符合区块链服务理念。

gRPC 是谷歌开源的一个 RPC 框架，在微服务架构下，区块链节点可通过轻量级通信协议 gRPC 进行数据通信。与传统 Restful API 相比，使用轻量级通信协议 gRPC 创建的 API 可以为智能合约带来较高的性能改进，具有多路复用和双向流式通信的特性。用户的应用程序通过区块链网络的节点，调用智能合约。用户智能合约通过区块链网络的节点操作账本数据。制造业数据系统用户的应用程序负责根据业务逻辑生成需要存储在区块链网络上的数据。智能合约主要是负责封装与账本直接交互的过程，包括按照用户指定的逻辑存储与查询账本数据，供用户应用程序调用。基于 gRPC 的容器化智能合约执行环境可以降低智能合约对制造业数据系统环境的依赖和系统的耦合性，提高智能合约的通用性。

总结来说，gRPC 和 Restful API 都提供了一套通信机制用于 Server/Client 模型通信，并且它们都使用 HTTP 作为底层的传输协议。然而由于 gRPC 可以通过 Protobuf 来定义接口，因此具备一些特定优势。例如，通过 Protobuf 可以实现更加严格的接口约束条件，适合于一些安全敏感性场景。不仅如此，通过 Protobuf 可以将数据序列化为二进制编码，这会大幅减少需要传输的数据量，从而大幅提高性能。

8.1.2 智能合约

智能合约作为区块链应用的重要载体，其概念由密码学家 Szabo 于 20 世纪 90 年代首次提出，他将智能合约创造性地定义为"执行合约条款的可计算交易协议"。在区块链系统中，智能合约是运行在区块链分布式节点上的代码，所有的业务操作都需要编写智能合约实现。通过调用智能合约中的函数，可以实现相应的业务操作，并将业务数据写入区块链节点的账本中，执行过程与结果可追踪但不可逆转。

智能合约有三大特点：

1) 合约内容公开透明。智能合约部署在区块链上，其合约内容自然是公开透明的。

2) 合约内容不可篡改。同样因为智能合约部署在区块链上，智能合约的内容是无法被修改的。

3) 持续性运行。运行在区块链上的智能合约，同样被区块链上网络节点共同维护，只要区块链在，智能合约就能永久地运行下去。

有区块链三大特点加持的智能合约，与传统的合约相比主要有如下优势：

1) 去中心性信任。由于智能合约是基于区块链的，合约内容公开透明且不可篡改。代码即法律，交易者基于对代码的信任，可以在不信任环境下安心、安全地进行交易。

2) 经济实惠、高效高。相比传统合约经常会因为对合约条款理解的分歧，造成纠纷；智能合约通过计算语言很好避免了分歧，几乎不会造成纠纷，达成共识的成本很低。在智能合约上，仲裁结果出来，则立即执行生效。

3) 无须权威第三方进行仲裁。为避免合约中常见的抵赖与违约行为，依靠第三方仲裁机构不仅低效且费时费力。但如果依靠智能合约，智能合约将根据当前的状况，自动执行所规定的条款以达成预设合约，无须第三方的仲裁。

4) 自动执行。智能合约的自动执行性体现在，当每一个用户达到提前设定好的判定条件后，区块链系统会触发该用户强制与合约条件所属的约定用户执行合约签订并形成电子合约。这提高了合约执行的效率，更强有力地保障了区块链内各参与方的合约执行情况。

5) 独立自主性。智能合约使用条件编程来执行一组预定义的操作。一旦触发器被激活，它就会自动执行操作。在将智能合约部署到区块链上之前，开发人员编写指导智能合约运行的"逻辑"。因此智能合约可以独立工作，不需要外部控制。与区块链一样，智能合约是无须信任的，这意味着它们不受第三方控制，也同时意味着该程序可以在没有受信任的中介的情况下执行合约中的条款。

使用方式：智能合约一般具有"值"和"状态"两个属性，代码中用"If-Then"或"What-If"语句预置了合约条款的相应触发场景和响应规则。在使用时，智能合约经多方共同协定、各自签署后随用户发起的交易提交，经 P2P 网络传播、节点验证后存储在区块链特定区块中，用户得到返回的合约地址及合约接口等信息后即可通过发起交易调用合约。合约代码根据可信外部数据源和世界状态的检查信息自动判断当前所处场景是否满足合约触发条件以严格执行响应规则并更新世界状态。交易验证有效后被打包进新的数据区块，新区块经共识算法认证后链接到区块链主链，所有更新生效。

(1) 智能合约的层次结构

从技术上来说，智能合约的基础架构模型可以由基础设施层、合约层、运维层以及智能层等组成，接下来将分别对其进行描述。

基础设施层：基础设施层封装了支持智能合约及其衍生应用实现的所有基础设施，包括分布式账本及其关键技术、开发环境和可信数据源等，这些基础设施的选择将在一定程度上影响智能合约的设计模式和合约属性。智能合约的执行与交互需要依靠共识算法、激励机制及 P2P 通信网络等关键技术实现，最终的执行结果将记入分布式账本中。智能合约的开发、部署和调用将涉及包括编程语言、集成开发环境、开发框架、客户端和数字钱包等多种专用开发工具。

合约层：合约层封装了静态的合约数据和所有智能合约调用、执行、通信规则，包括合约各方达成一致的合约条款、合约条款代码化后的情景-应对型规则以及合约与合约之间的交互准则等，这可以看作智能合约的静态数据库。当合约各方就合约内容进行协商时，此时的智能合约类似于传统合约，立契者无须具有专门的技术背景，只需根据法学、商学、经济学知识对合约内容进行谈判与博弈，探讨合约的法律效力和经济效益等合约属性。随后，专业的计算机从业者利用算法设计、程序开发等软件工程技术将以自然语言描述的合约内容编码为区块链上可运行的"If-Then"或"What-If"式的情景应对型规则，并按照平台特性和立契者意愿补充必要的智能合约与用户之间、智能合约与智能合约之间的访问权限与通信方式等。

运维层：运维层封装了一系列对合约层中静态合约数据的动态操作，包括机制设计、形式化验证、安全性检查、维护更新等。由于智能合约的应用通常关乎真实世界的经济利益，恶意的、错误的、有漏洞的智能合约会带来巨大的经济损失，因此，运维层是保证智能合约能够按照设计者意愿正确、安全、高效运行的关键。在合约正式部署上链前，形式化验证与安全性检查以严格的数学方法证明合约代码的正确性和安全性，并以此保证合约代码完全按照创建者的本意执行。在合约部署上链后，维护更新将维护合约正常运行并在合约功能难以满足需求或合约出现可修复漏洞等必要时升级合约。当智能合约生命周期结束或出现不可修复的高危漏洞时，合约可以进行自毁操作以保障网络安全。

智能层：智能层封装了各类智能算法，包括感知、推理、学习、决策和社交等，为前三层构建的可完全按照创建者意愿在区块链系统中安全高效执行的智能合约增添了智能性。不过，当前的智能合约并不具备智能性，只能按照预置的规则执行相应的动作。部署在区块链网络上的智能合约可视为用户的软件代理，随着人工智能技术的发展，软件代理将逐渐智能化。通过封装感知、推理和学习类的智能算法，代理个体将从基础的感知、推理和学习出发逐步实现任务选择、优先级排序、目标导向行为和自主决策等功能。通过封装决策和社交类的智能算法，代理个体将通过彼此间的交互通信、协调合作等具备一定的决策能力和社交能力。

（2）智能合约的安装部署

为实现智能合约的轻量化安装，降低系统之间的耦合度，并且能快速地部署各项业务用于生产环境中，应使用 Docker 容器技术。Docker 是一种"容器即服务"的技术，它使得开发和运营团队对于应用的构建、发布、运行能够更加敏捷和可控。概括地说，Docker 是为开发人员和系统管理员用于构建、发布，并运行分布式应用程序的开放式平台。该平台由 Docker 引擎和 Docker Hub 等组成。Docker 可以使应用程序从组件迅速组装并减少了开发、质量保证和生产环境之间的摩擦问题。这样一来，IT 部门可以更快地发布，而这些应用程序不管是运行在笔记本电脑、数据中心的虚拟机还是任何的云，其运行过程和结果都是一致的。

使用 Docker 进行部署和开发有着诸多的优势。在传统模式中，开发团队在开发环境中完成软件开发，通过单元测试，提交代码到版本管理库，打包给 QA 进行测试，在测试无误后通知部署人员发布到生产环境。在上述过程中涉及至少三个环境：开发、测试和生产。现实情况是，开发环境下白盒测试通过，但到了测试或者生产环境程序无法运行。开发团队长时间排查的常见结论是发现测试环境的一个第三方库过时。这样的现象在软件开发中很普遍，已经不适用如今的快速开发和部署。在 Docker 模式中，应用是以容器的形式存在，所有和该应用相关的依赖都会在容器中，因此移植非常方便，不会存在传统模式中环境不一致的问题，如图 8-4 所示为传统虚拟机与容器的区别。

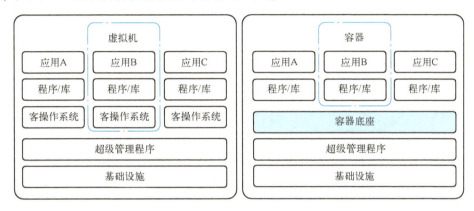

图 8-4　传统虚拟机与容器的区别

因此，将智能合约运行在隔离的容器环境中，以独立的 Docker 容器安装在区块链网络中的节点上，运行时区块链节点会启动单独的 Docker 容器来运行智能合约，如图 8-5 所示。智能合约以容器启动后，会与启动智能合约容器的区块链节点建立交互，从而实现对 Peer 节点上账本相关数据的操作。智能合约在运行的过程中，会在对应的区块链节点账本上创建独立的命名空间，然后在此命名空间中完成键值对的操作。不同智能合约的命名空间不一样，互相之间的数据是独立的，智能合约只能访问到属于自己命名空间的键值对。这种通过容器技术来控制智能合约的安装、加载以及执行的方式，可以有效降低区块链智能合约与制造业数据系统的耦合性。

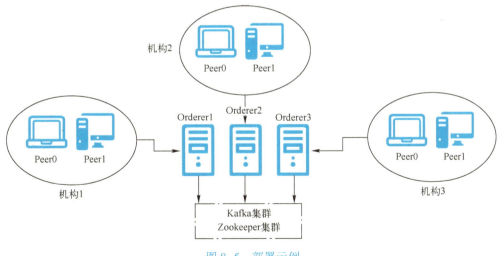

图 8-5　部署示例

8.1.3 联盟区块链

1. 基本概念

联盟区块链（联盟链）介于公有链与私有链之间，是多个组织或机构参与的区块链，即联盟链是由多个私有链组成的集群，由多个机构共同参与管理的区块链。每个组织或机构管理一个或多个节点，其数据只允许系统内不同的机构进行读写和发送。从某种程度上来说，联盟链也属于私有链的范畴，只是私有化程度不同而已。所以，它同样拥有成本较低、效率较高的特点，适用于不同实体间的交易、结算等 B2B 交易。另外联盟链的各个节点通常有与之对应的实体机构组织，通过授权后才能加入与退出网络。各机构组织组成利益相关的联盟，共同维护区块链的健康运转。联盟链以 HyperLedger Fabric、Ripple、BCOS、Corda 等为代表。

作为区块链领域的典型开源项目，超级账本（Hyperledger）项目是首个面向企业应用场景的开源分布式账本平台。由于参与账本的多方存在着一定的信任前提，并十分看重对接入账本各方的权限管理、审计功能、传输数据的安全可靠等特性，因此超级账本也是首个面向联盟链场景的开源项目。此外，作为一个联合项目，超级账本由面向不同目的和场景的子项目构成，目前包括 Fabric、Sawtooth、Iroha、Blockchain Explorer、Cello、Indy、Composer、Burrow 等顶级项目。HyperLedger Fabric 是最早加入超级账本项目中的顶级项目，该项目的主要目标是作为企业级联盟链的基础设施，而本节内容的介绍也主要以 Fabric 相关技术为主。

为了利用区块链的分布式存储能力，Fabric 使用链码（Chaincode）实现区块的交互操作。链码延伸自智能合约的概念，在 Fabirc 中主要分为系统链码和用户链码。用户链码运行在独立的 Docker 执行环境中，提供对上层应用的支持，在区块链应用开发过程中，设计并编写的链码指的是用户链码，只有背书节点才能运行用户链码，用户链码也常被称为智能合约；而系统链码则嵌入在系统中，提供对系统进行配置和管理的支持。

进一步地，Fabric 中有五大类型的系统链码，分别为配置系统链码、背书管理系统链码、生命周期系统链码、查询系统链码和验证系统链码，系统链码的功能介绍见表 8-1。其中，链码的生命周期包括打包（Package）、安装（Install）、交互（Invoke）、升级（Upgrade）等环节。打包意味着将编写的链码整合成一个文件，安装意味着将打包好的文件放置到节点的文件系统，交互意味着对账本的查询和更新，升级意味着将链码版本升级到新的版本。

表 8-1 Fabric 中五大系统链码及其功能

系统链码名称	功 能 介 绍
配置系统链码 （Configuration System Chaincode, CSCC）	负责链和账本的配置管理
背书管理系统链码 （Endorsement System Chaincode, ESCC）	负责背书签名过程
生命周期系统链码 （Lifecycle System Chaincode, LSCC）	负责管理链码的生命周期
查询系统链码 （Query System Chaincode, QSCC）	负责提供账本存储的查询
验证系统链码 （Verification System Chaincode, VSCC）	负责对交易的验证

Fabric 中的链码交互过程实际上是交易流程中背书阶段的细化,如图 8-6 所示。首先,客户端向背书节点发起交互请求,背书节点收到交互请求后调用 Docker 接口,若 Docker 容器未启动,则需启动 Docker 容器。Docker 容器启动后,收到背书节点的请求后,编译、启动执行用户链码。用户链码执行完成后返回执行结果,背书节点调用 ESCC 系统链码对执行结果进行签名背书,最终将背书结果返回给客户端。

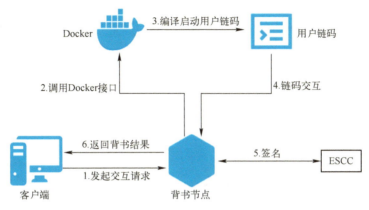

图 8-6 链码交互过程

系统链码用来实现系统层面的功能,包括系统的配置,用户链码的部署、升级,用户交易的签名和验证策略等。用户链码用于实现用户的应用功能。开发者编写链码应用程序并将其部署到网络上。终端用户通过与网络节点交互的客户端应用程序调用链码。链码被编译成一个独立的应用程序,运行于隔离的 Docker 容器中,在链码部署的时候会自动生成合约的 Docker 镜像。相较于以太坊,Fabric 链码和底层账本是分开的,升级链码时并不需要迁移账本数据到新链码中,真正实现了逻辑与数据的分离。

2. 典型链码的代码结构

智能合约在 Fabric 中又称为链码(Chaincode),是一段运行在容器中的程序,这些程序可以由 Go、Java、Node.js 等语言开发。Chaincode 是客户端程序与 Fabric 之间的桥梁。通过 Chaincode 客户程序可以发起交易、查询交易。Chaincode 管理命令主要用来对 Chaincode 进行安装、实例化、调用、打包、签名等操作。Golang 版本的 Chaincode 的代码结构包含以下几个部分:

1) 包名。通常为 package main 的形式。

2) 引入包。在 Chaincode 中,执行复制、查询等功能都需要通过引入 shim 包来实现。

3) 定义结构体并实现。每个 Chaincode 都需要定义一个结构体,结构体的名字可以是任意符合 Golang 命令规范的字符串。事实上,Chaincode 结构体是链码的主体结构,也是进行数据批量处理的关键。

4) Init 方法。Init 方法是初始化方法,当执行命令 peer chaincode instantiate 实例化 Chaincode 的时候会调用该方法,同时命令中的-c 选项后面内容会作为参数传入 Init 方法中。

5) Invoke 方法。Invoke 方法的主要作用是写入数据,比如发起交易等。在执行命令 peer chaincode invoke 的时候系统会调用该方法,同时会把命令中-c 后面的参数传入 Invoke 方法中。

3. 基于链码的区块更新

Fabric 链码通过 gRPC 协议与 Peer 节点交互，当 Peer 节点收到客户端请求的输入后，会通过发送一个链码消息对象（携带输入以及调用者的信息）给对应的链码。链码通过调用特定方法，发送获取数据（getState）和写入数据（putState）的消息，向 Peer 节点获取账本状态信息并发送预提交状态。接着，链码发送最终输出结果给 Peer 节点，让 Peer 节点对输入和输出进行背书签名，以完成第一阶段签名的提交。之后，客户端收集所有 Peer 节点的第一段提交的信息，组装成事务（Transaction）并对其进行签名，并发送该事务到 Orderer 节点进行排序。最后，Orderer 将根据排序结果产生区块，随后发送到各个 Peer 节点，让它们把输入和输出存储到账本上，以完成第二阶段提交过程，如图 8-7 所示。

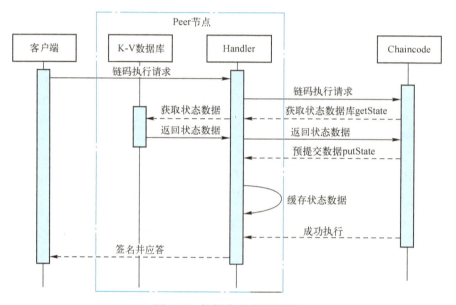

图 8-7 智能合约交互流程

不仅如此，Fabric 还采用交易模拟的方式暂时记录交易模拟执行结果读写集，之后才将结果提交到 Orderer 节点排序出块。在 Orderer 节点广播到通道上的其他 Peer 节点进行验证后再提交到账本，之后客户端才能在账本上查询到有效的交易数据，而不是实时提交更新到所有节点的本地账本中。

4. 链码的动态更新

链码的生命周期主要有设计、开发、部署、运行、升级及销毁，相关的请求通常都以客户端作为发起点，区块链网络接收指令后执行相关任务。以 HyperLeager Fabric 为例，当 Orderer 节点与 Peer 节点启动完毕之后，客户端节点首先执行创建通道命令，发送通道配置交易消息到 Orderer 节点，并请求创建新的应用通道。接着，客户端执行加入通道命令，并将 Peer 节点加入应用通道，同时在本地 Peer 节点上创建该通道的链结构对象，该链结构对象用于管理该通道上的账本数据、通道配置等。然后，客户端分别执行链码打包和安装命令，以此来打包、安装与实例化（部署）用户链码。最后，客户端可以按需执行链码调用命令，调用执行已安装的链码，并执行链码查询命令，查询链码调用结果。链码升级当前主要针对用户链码，而系统链码默认初始化在程序中，在 Peer 节点启动时执行实例化（部署）操作，以提供系统链码调用服务。另外，正常的用户链码生命周期要求链码需要先经过打包、安装和实例化步骤之后，才能执行链码调用、升级、查询等步骤。不仅如此，客户端会封装上述底层细节为 SDK 的形式，以便于开发应用程序。链码升级的具体流程如下：

链码升级用于升级指定链的用户链码，以扩展功能、修复漏洞等。与实例化命令类似，升级只是面向重新实例化（部署）指定通道上新版本的链码，并且不会删除关闭旧版本的链码容器（以字符串版本号标识区别）。因此，同一个链上允许同时存在多个版本的链码容器，以服务节点上的不同应用。升级链码同样需要先安装新版本链码，通过安装命令将新链码打包保存到 Endorser 背书节点上默认指定目录下的链码包文件（以版本号标识区别）中。当客户端发起链码升级命令请求时，Endorser 背书节点会执行 LSCC 系统链码。此时，Endorser 背书节点会先将新的链码数据对象保存到指定通道的账本状态数据库中，以覆盖掉原来相同链码关联的链码数据对象。接着，在 Endorser 背书节点上启动新版本的链码容器，并调用该链码初始化方法完成初始化。链码升级的特点在于不影响不同链上旧版本链码容器的正常运行。

事实上，由于 Docker 容器是智能合约的实际载体，又因为 Fabric 链码和底层账本是分开的，升级链码时并不需要迁移账本数据到新链码中，所以可以采用轻量级低耦合的方式将智能合约的升级与退出功能"模块化"。而从业务视角来看，智能合约只需要做两件事，其一是如何定义数据的结构和读写方式，其二是如何处理数据并对外提供服务接口。为了更好地做好模块抽象和合约结构分层，可将这两件事分开，即将业务控制逻辑和数据从合约代码层面就做好分离，经过在复杂业务逻辑场景中的实践该处理方式被认为是当前最佳的模式。

5. 智能合约的动态启停

Fabric 中的 Peer 节点提供了调用链码相关服务的接口。用户的应用程序可以通过调用相关接口和 Fabric Peer 进行交互，Peer 节点通过与链码容器进行交互，完成应用程序和链码之间的交互。用户的应用程序可以通过以下两种方式与 Fabric Peer 进行交互：利用 Fabric 提供的 SDK 与 Fabric Peer 进行交互，或利用 BaaS 服务提供商提供的 API 接口与 Fabric Peer 进行交互。但是，即使采用 BaaS 方案，BaaS 服务提供商也需要使用 Docker 容器等一系列技术搭建好底层网络，然后根据各个节点的情况以及公司的服务器数量来决定整个网络的搭建分布。比如一些占内存较大的节点需要单独放在一台服务器上，一些不同的业务在相应的时期结束了，都可以利用 Docker 容器技术去开启或暂停服务。

Docker 技术的引入使得智能合约可以运行在独立的容器中。利用容器的暂停技术，可以提供智能合约底层支撑系统的暂停服务以保障应对制造业不同业务场景时的合约更新。鉴于此，可以选择 BaaS 服务提供商所提供的容器监测服务，或选择其他开源容器监测工具，例如 Zabbix。

Zabbix 是一个基于 WEB 界面的提供分布式系统监视以及网络监视功能的企业级的开源解决方案。Zabbix 能监视各种网络参数，保证服务器系统的安全运营；并提供灵活的通知机制以让系统管理员快速定位，解决存在的各种问题。Zabbix 由两部分构成：Zabbix Server 与 Zabbix Agent。Zabbix Server 可以通过 SNMP、Zabbix Agent、ping、端口监视等方法提供对远程服务器/网络状态的监视、数据收集等功能，可以运行在 Linux、Solaris、HP-UX、AIX、Free BSD、Open BSD、OS X 等平台上。利用 Zabbix 可以监测区块链网络上的状态更改消息请求，在收到启动或停止某智能合约的状态更改请求后，将此状态更改请求发送给合约控制模块，此时，合约控制模块会自动调用区块链网络的底层程序接口，向所有加入该通道并且启用该智能合约的节点发出智能合约状态更改请求，然后按照各个通道的共识策略进行一系列的认证、背书请求，完成智能合约的启动或停止。

8.1.4 公有区块链

本节对典型的区块链网络——公有区块链进行介绍。公有区块链平台的特点是任何人（包括企业和个人）都可以随时加入，只需要生成一对公私钥，并且链上记录对所有人公开。公有区块链平台以比特币和以太坊为代表。

下面以以太坊（Ethereum）为例进行介绍。以太坊将比特币针对数字货币交易的功能进一步进行了拓展，使其能够面向更为复杂和灵活的应用场景，其最初目标是打造一个智能合约的平台，按照智能合约的约定逻辑自动执行，理想情况下不存在故障停机、审查、欺诈，以及第三方干预等问题。该平台支持图灵完备的应用，设计了编程语言 Solidity 和虚拟机 EVM；选用了内存需求较高的哈希函数，避免出现强算力矿机、矿池攻击；采用账户系统和世界状态，容易支持更复杂的逻辑；通过燃料（Gas）限制代码执行指令，避免循环执行攻击；支持 PoW 共识算法；设计了叔块（Uncle Block）激励机制，降低了矿池的优势，并减少了区块之间产生间隔。

以太坊平台目前支持 Golang、C++、Python 等多种语言实现的客户端。由于其核心实现是基于比特币网络的核心思想进行了拓展，因此在很多设计特性上都与比特币网络十分类似。以太坊采用以太坊虚拟机作为智能合约的运行环境。以太坊虚拟机是一个隔离的轻量级虚拟机环境，运行在其中的智能合约代码无法访问本地网络、文件系统或其他进程。对同一个智能合约来说，往往需要在多个以太坊虚拟机中同时运行多份，以确保整个区块链数据的一致性和高度的容错性，但另一方面，这也限制了整个网络的容量。同时，以太坊为编写智能合约设计了图灵完备的高级编程语言，降低了智能合约开发的难度。智能合约编写完毕后，用编译器编译为以太坊虚拟机专用的二进制格式，由客户端上传至区块链中，之后在矿工的以太坊虚拟机中执行。

在以太坊交易网络中的参与者都可以编写合约并发布。以燃料机制举例，如果区块链参与者认可网络中所发布的合约，通过调用合约即可发起交易，消耗一点代价，合约可以重复使用。若调用的智能合约函数未改变合约中的数据，则不会消耗以太坊代价，若调用的智能合约函数需要修改合约的原始数据，则需要消耗以太坊代价，交易发起后进行挖矿以确保交易完成。每次交易的成功执行，合约的发布者都会获得一部分奖励，激励区域参与者一起参与合约的修改和完善。

根据上述介绍的公有区块链和联盟区块链特性，表 8-2 从区块链的特征、优势、承载能力和适用业务方面对公有链和联盟链进行了比较。

表 8-2 公有链和联盟链的优缺点比较

类型	特征	优势	承载能力	适用业务
公有链	去中心化 任何人都可参与	匿名 交易数据默认公开 访问门槛低 社区激励机制	10~20 笔/s	面向互联网公众，信任基础薄弱且单位时间交易量不大

(续)

类型	特征	优势	承载能力	适用业务
联盟链	多中心化 联盟机构间参与	性能较高 节点准控制 易落地	>1000笔/s	有限特定机构合作伙伴间信任提升，可以支持较高的处理效率

从表中可以得知，联盟链具备多中心特点，且在多中心的条件下其承载能力（即TPS）应该更高，在部署上也更容易实现。同时，考虑到工业制造领域主要涉及一些大的工业生产部门的协同工作，因此联盟链更适合于工业制造场景。随着5G、物联网技术的蓬勃发展，全球制造业IT化的浪潮正扑面而来。IT技术与制造领域的结合，将使得生产过程的每一个环节、设备变成数据终端，全方位采集底层基础数据，并进行更深层面的数据分析与挖掘，从而提高效率、优化运营。IT化技术固然极大增强了工业制造的效率，然而将IT技术引入传统行业，也将产生新的数据智能治理问题。针对上述问题，现有技术在实现制造业各部门数据互联互通过程中无法保证数据的可信度，尤其不能够解决单一权威授信部门在为大量部门进行数据授信过程中造成的易被单点攻破和认证效率低下的问题。区块链是一个信息技术领域的术语。从本质上讲，它是一个共享数据库，存储于其中的数据或信息，具有"不可伪造""全程留痕""可以追溯""公开透明""集体维护"等特征。基于这些特征，区块链技术奠定了坚实的"信任"基础，创造了可靠的"合作"机制，具有广阔的运用前景。基于联盟区块链去中心化、开放、独立、安全的特性，制造业上下游生成部门建立基于分布式共识技术的联盟区块链自我维持网络，定义网络中各部门需要上链的数据，设计部门利用区块链上可靠数据辅助生产制造的流程，进而形成制造业部门间数据处理方案。

接下来，将面向基于联盟区块链赋能的制造大数据智能处理方案为入手点，对制造大数据多方协同、基于智能合约的智能安全交互、供应链跨域数据安全共享管控以及供应链异构数据的身份构建及溯源等典型技术方案进行介绍。

8.2 基于区块链的工业大数据实体多方协同

随着全球化分工的日益深化，现代制造业产生的数据呈指数型增长，产生了各类多源、异构、复杂的制造数据，同时这种现状导致了数据的不透明性，导致上下游企业沟通成本高昂。这为现代制造企业大数据的有效治理带来了极大的挑战。目前，在制造业跨实体数据溯源的过程中，普遍存在着以下制约其安全与效率的重大弊端：

1）现代制造业数据包括设计、管理、制造、服务各个阶段产生的数据及相关的外部数据，制造数据多源、异构、复杂，导致数据具有不透明性，安全互信欠缺，使得上下游企业沟通成本高昂。

2）目前大多数制造业数据的演化溯源由单一第三方权威部门进行实体授信，使得制造业数据的溯源受限于单一第三方权威部门，溯源效率低下。

基于区块链去中心化、透明性、公平性以及公开性的特性及优势，可利用联盟链技术，以数据实体在参与演化过程中的角色为节点建立基于分布式账本的联盟区块链网络，实体间信息传递情况将被联盟网络中各方通过共识机制快速协同，更新分布式传输账本，依据账本实现对数据演化过程的可靠追溯。因此，本节提出一种基于区块链多方自我维持的制造业跨数据实体溯源方法,该方法利用"多方协同"的思想使制造业参与数据演化的实体共同维护信任,建立跨数据实体的制造业大数据联盟区块链网络,依靠参与数据演化处理的制造业实体协同建立的共同信任特性保证制造业质量控制过程的可靠追溯,保证各个实体在不互信的条件下仍然可以进行可靠的数据溯源,提升溯源的效率与安全性。

方案的概述如下:首先,以制造业跨数据演化实体在参与数据处理过程中的角色为单位节点划分不同的制造业实体集群,建立跨所有实体的基于分布式账本的多方自我维持制造业跨数据联盟区块链网络;然后,根据制造业数据处理的过程,将制造业设计、管理、制造、服务各个阶段产生的数据及相关的外部数据信息上传到联盟区块链,实现确权立案;接着,通过共识机制将实体间信息传递情况被联盟网络中各方快速协同并更新分布式账本,实体间依据账本共同保证链内实体间数据的交互留痕,不可抵赖,实现数据可信溯源,如图 8-8 所示。

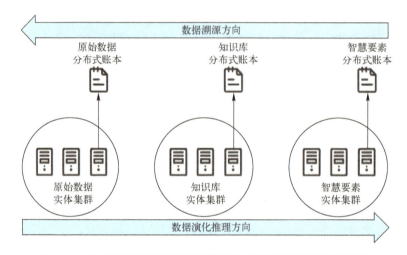

图 8-8 基于区块链多方自我维持制造业跨数据实体网络示意图

以下具体介绍实现基于区块链多方自我维持的制造业跨数据实体溯源方法的主要内容。

8.2.1 工业大数据处理实体划分

数据处理实体指在进行制造业数据演化和推理的各个阶段中参与数据演化处理的实际物理实体,如分属于不同智能制造产线的服务器集群等。数据处理的各个阶段指数据从原始数据(对应负责存储操作元数据的服务器集群)到知识库(对应负责处理把原始数据转换到知识型数据的服务器集群)再到智慧要素(对应负责把知识库数据转换为智慧要素数据的服务器集群)。为上述数据演化实体分配标识,并以该标识接入预设的联盟区块链网络节点中,以此建立具备多方自我维持特性的跨制造业不同数据处理实体的联盟区块链网络,如图 8-9 所示。

制造业数据包括设计、管理、制造、服务各个阶段产生的数据及相关的外部数据,其数据处理方向大致可为原始数据(该原始数据对应制造业设计阶段产生的数据及相关外部数据)到知识库(该知识库对应制造业管理、制造阶段产生的数据及相关外部数据)再到智慧要素(该智慧要素对应制造业服务阶段产生的数据及相关外部数据)。原始数据指制造业中的原始资源,即加工部件的元数据,如加工一个部件,考虑从何种角度、采用何种方式加工到何种工艺即为原始数据。知识库指对原始数据进行进一步的加工处理,知识库由一般数

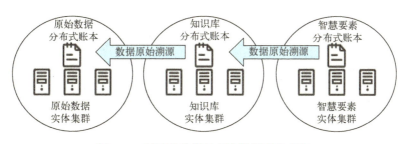

图 8-9　制造业数据处理实体划分流程图

据、专家型数据及机理型数据三部分组成。其中，一般数据指从数据中整合演化出来的数据；专家型数据是制造业知识库建设的重要组成部分，指利用一些公式阈值形成一些预定义的数据；机理型数据指从理论推导出针对产品管理制造过程的数据。智慧要素指从知识库中抽取出所需的智慧数据，是人类完成数据分析任务时需要理解的知识及上下文数据的集合，形成制造产品数据智能化，如加工一个部件，最终做出来的产品即形成了一种智慧数据。

在联盟网络构建时，将以以下三类部门为例进行网络搭建。首先，以提供原始数据的制造相关部门为单位节点建立原始数据实体，该实体集群内部共享原始数据分布式账本，原始数据分布式账本中存储制造原始数据；其次，以提供一般数据、专家型数据、机理型数据的制造相关部门为单位节点建立知识库数据实体集群，该实体集群内部共享知识库分布式账本，知识库分布式账本中存储制造数据的一般数据、专家型数据、机理型数据的原始数据分布式账本中存储的原始数据来源；最后，以整合智慧要素的制造相关部门为单位节点建立智慧要素实体，该实体集群内部共享智慧要素分布式账本，智慧要素分布式账本中存储制造产品的智慧要素及其相应的知识库分布式账本中存储的数据知识、专家知识、机理来源。将上述实体与区块链网络对接，可以形成基于原始数据实体、知识库实体、智慧要素实体三方制造业实体集群的多方自我维持联盟区块链网络。

8.2.2　工业大数据确权立案

基于分布式账本的多方自我维持制造业跨数据联盟区块链网络，接入网络的原始数据实体、知识库实体、智慧要素实体三方可以将其产生的制造业相关数据上传至区块链中，进行确权立案。

制造业数据确权立案将同样以前述三个主体为例进行介绍，并额外添加两个主体单元，即：原制造业实体（原始数据实体、知识库实体、智慧要素实体）、确权备案中心以及联盟区块链权属登记商业网络。在确权信息收集时，各主体单元首先向证书机构 CA 申请公钥和数字证书，同时完成认证接入；其次，制造业原始数据实体向确权备案中心发送确权请求，当确权备案中心确定为合法原始数据实体后，将允许提供制造产品的原始数据。最后，确权备案中心把该制造产品的原始基本信息进行打包，按照当前链所支持的共识算法（一种支持多链分区的集群时序服务，对区块链上的所有交易信息进行排序）的要求最终将原始数据写入区块链的原始数据分布式账本的新建区块中。

在确权验证过程中，制造业知识库实体向确权备案中心发送确权请求，当确权备案中心确定为合法知识库实体后，将允许提供制造产品的知识及其对应原始数据来源。最后，确权备案中心把该制造产品的知识及其对应原始数据来源信息进行打包，同样使用约定共识算法的需求将知识信息写入区块链的知识库分布式账本的新建区块中。制造业智慧要素实体向确权备案中心发送确权请求,当确权备案中心确定为合法智慧要素实体后,将允许提供制造产品的智慧要素及其对应知识库来源。最后,确权备案中心把该制造产品的智慧要素及其对应知识库来源信息进行打包,按照约定共识算法的要求最终将智慧要素信息写入区块链的智慧要素分布式账本的新建区块中。流程如图 8-10 所示。

图 8-10　制造业数据确权立案流程图

8.2.3　工业大数据的跨实体溯源

以制造业产品加工质量管理为例,将把加工部件在设计、管理、制造、服务等各个阶段产生的历史数据存入区块链,便于用户以及相关机构及时查询产品的数据流转情况。在此之前,需要确定溯源数据的具体标的。例如,制造业相关部门从原始数据实体的节点中调取产品的原始数据;制造业相关部门从知识库实体的节点中调取产品的知识数据,并且调取其对应的原始数据来源;制造业相关部门从智慧要素实体的节点中调取产品的智慧要素数据,并且调取其对应的知识库来源,根据知识库来源进而追溯到原始数据。制造产品的原始数据、产生的知识、智慧要素做到有迹可循、不可抵赖,该过程如图 8-11 所示。利用区块链技术准确记录制造业设计、管理、制造、服务各个环节的数据,可实现流通可追可溯,并大幅降低后期溯源成本,提升制造业数据的追踪效率。

图 8-11　制造业数据的跨实体溯源流程图

8.2.4　智能制造业务合约备份

在执行上述面向数据的智能制造业务时,不同的数据演化实体需要频繁与区块链进行交互,以完成确权备案以及数据回溯等业务。智能合约作为业务交互的重要接口,对其进行业务逻辑进行备份,以备在应对不同链情况(移植到新链或原链资源破损)时进行重新部署,即成为一种行之有效的方案。接下来将对几种典型的合约备份方案进行概述。

1. 版本控制

版本控制是指对软件开发过程中各种程序代码、配置文件及说明文档等文件变更的管理,是软件配置管理的核心思想之一。版本控制也是一种软件工程技巧,借此能在软件开发过程中，确保由不同人所编辑的同一代码文件都得到同步。

版本控制的重要性在于以下场景：当操作者需要处理那些共享文件夹中的文件时，他们必须告知进行业务的所有人，操作者正在对哪些文件进行编辑；与此同时，其他业务方必须要避免操作相同的文件，这将是一个不现实和完全错误的流程。而当某一个业务费花了很长时间完成编辑后，可能这些文件早已经被网络内的其他成员修改或者删除了。而如果使用了版本控制系统，每一个网络内的参与方都可以在任何时间对任何文件毫无顾虑地进行修改，版本控制系统可以把之后所有的改动合并成一个共同的版本，不论是一个文件还是整个项目。这个共同的中心平台就是版本控制系统。

最原始的版本控制系统是纯手工控制，用于修改文件或者保存文件副本。版本控制系统能记录所有文件的所有版本，可以有效地追踪文件的变化，同时很容易回滚到之前某个版本的状态。无论是个人的文件或代码管理，还是企业中的团队协作开发，版本控制工具都是必不可少的利器。

版本控制主要有以下几种功能：备份文件，在服务器中保存代码，方便随时恢复；记录历史，追溯任意代码文件的任意一行在什么时间被什么人修改过；回到过去，让版本库中的任意一个文件恢复到任意一个历史版本；多端共享，多个终端都可以共享同一份代码；团队协作，方便团队协作开发，尽可能减少冲突代码不一致情况。在版本控制中又分为集中式与分布式这两种管理方法。集中式的版本控制工具主要是 SVN，而分布式版本控制的工具主要是 Git。接下来将对它们分别进行介绍。

SVN 是集中式版本控制系统，在此类系统架构中版本库是集中放在中央服务器的，如图 8-12 所示。由于开发人员工作的时候用的都是自己的计算机，所以他们首先要从中央服务器下载最新的版本进行开发。开发完后，他们还需要把自己开发的代码提交到中央服务器。集中式版本控制工具具备服务器单点故障容错性差的缺点。

另外，分布式版本控制抛开了中央服务器的概念，每台主机都是一个完整的版本库，使用过程可以不联网，如图 8-13 所示。使用过程中多人协作可以通过相互推送自己修改的代码给对方，但由于双方不一定在局域网内，因此这种形式通常不被采用。分布式版本控制系统通常也有一台充当"中央服务器"的计算机，但这个服务器的作用仅仅是用来方便"交换"大家的修改代码。

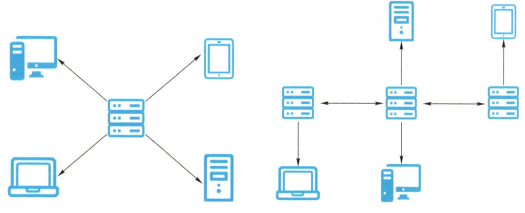

图 8-12　集中式版本控制　　　　　图 8-13　分布式版本控制

分布式版本控制系统的优点如下：

1）版本库本地化，版本库的完整克隆，包括标签、分支、版本记录等。

2）支持离线提交，适合跨地域协同开发。

3）分支切换快速高效，创建和销毁分支廉价。

鉴于区块链这项技术同样是基于分布式这样的理念，在智能合约的版本控制上，可以采用相同的技术，来进行智能合约的版本控制。此外，可以设计版本记录插件模块，所有升级的合约都需要依序标明版本号，以便将来查阅特定版本修订情况。同时所有节点可以提出升级及销毁请求，但是更新合约的用户只能是首次上传合约的管理员用户，从而保证合约升级的一致性和准确性。

2. 运行时合约的数据导出

除了离线的版本控制方案，还可以设计针对合约运行时的数据导出。概括来说，通过调用联盟链系统中的获取账本历史信息的 API 来获取详细的历史信息。同时将获取到的数据进行分类、整理归档，存储到分类的存储空间中，同时对这些数据进行明确标记名称，通过名称就可以知道数据的基本信息。在销毁智能合约的同时进行数据的安全存储。

在智能合约的销毁过程中，应该考虑到一个缓冲机制，即人为误操作的因素。个人如果向区块链网络发起销毁请求在经过全网达成共识后，区块链网络系统随机将该智能合约撤销，并加入预先设置好的销毁缓存区域中，时间限制到了即永久销毁。同理，在智能合约备份中，也可以采用备份缓存的方式将新插入的智能合约存入，只不过备份与销毁是时间限制上的差别，这样就达到了一套技术复用的效果。鉴于以上研究，首先应研究该选用何种备份策略。备份策略的制定是备份系统的一个重要部分，备份策略的选择依赖于数据的重要性、允许备份的可用时间以及其他一些因素。一般来说，主要有 3 种备份策略。

1）完全备份（Full Backup）执行数据全部备份操作，每天对自己的系统进行完全备份。这种备份策略的好处是很直观，而且当发生数据丢失的灾难时，只要用灾难发生前一天的备份就可以恢复丢失的数据。然而它亦有不足之处，首先，由于每天都对整个系统进行完全备份，造成备份的数据大量重复，这些重复的数据占用了大量的磁带和磁盘空间，这对用户来说就意味着增加成本。其次，由于需要备份的数据量较大，因此备份所需的时间也就较长。对于那些业务繁忙、数据量大、备份时间有限的单位来说，选择这种备份策略是不明智的。

2）增量备份（Incremental Backup）相对完全备份而言，只备份上一次备份后数据的改变量。这种备份的优点很明显，没有重复的备份数据，节省磁带或磁盘空间，又缩短了备份时间。但它的缺点在于当发生灾难时，恢复数据比较麻烦。另外，这种备份的可靠性也很差。在这种备份方式下，各盘磁带间的关系环环相连，其中，任何一盘磁带出了问题都会导致整个备份链条脱节。

3）差量备份（Differential Backup）是指每次备份的数据是相对于上一次全备份之后新增加的和修改过的数据。管理员先在星期一进行一次系统完全备份，然后在接下来的几天里，再将当天所有与星期一不同的数据（增加的或修改的）备份到磁带上。差量备份策略在避免了以上两种策略的缺陷的同时，又具有了它们的所有优点。首先，差量备份无须每天都做系统完全备份，因此备份所需时间短，并节省磁带空间，它的灾难恢复也很方便，系统管理员只需两盘磁带，即系统全备份的磁带与发生灾难前一天的备份磁带，就可以将系统完全恢复。

考虑到实际的生产环境,在区块链网络上,智能合约受制于上层应用的原因,无法进行在线热修改,并且根据制造业不同的业务,有时候需要设置新的合约逻辑,所以,在智能合约的备份过程中,采用完全备份更契合区块链去中心化可靠的特点,如图8-14所示。

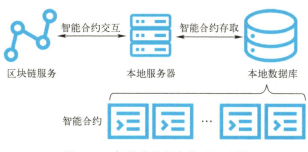

图 8-14 智能合约的备份过程示例

8.3 基于区块链的工业大数据智能安全交互

随着智能设备和高速网络的快速发展,制造业迎来了蓬勃发展的时期,区块链、人工智能与云计算等新技术出现也进一步推动了制造业发展。建立联盟群组实现数据交互的研究和应用也层出不穷,这些工作的目的旨在提高制造业各部门工作与交流的安全性与可靠性。在制造业生产或者运营的过程中会产生大量的数据,准确严谨的数据交互会起到提高部门间协作效率、优化部门间运营效果的作用。然而,数据泄露、数据错误读取等现象则会给制造业的相关部门的工作带来消极影响,甚至会导致整个制造业系统失效。当前,制造业部门间的数据交互面临着严峻的问题,主要表现在:

1)服务于"设计、制造、物流、售后"等制造业流程的不同部门所产生的数据分属于独立组织,各部门互不信任,数据交互需要依赖可信可靠的方式方法。

2)传统部门间的交互依赖于第三方可信机构中转,这使得数据交互过程存在额外的干预,针对第三方机构的不法行为会导致数据的泄露与不法流通,这将对工业部门互联互通造成消极影响。

通过区块链智能合约与制造业数据生产各个部门的结合,可实现数据交互过程的安全性与可靠性,保证数据交互过程的可回溯与不可篡改性。智能合约一旦被触发,联盟群组强制执行智能合约,这将最大化避免人为的操作与干预,实现数据制造业数据的可靠安全交互。不仅如此,交互历史会被记录在分布式账本中,全网中的任何节点的分布式账本数据都被更新,从而保证制造业数据交互过程的可追踪与不可篡改。

因此,本节提出一种基于智能合约的制造业数据演化实体部门间的安全交互方案。从技术上来说,该方案采用多通道技术实现,且加入联盟群组的多个实体部门通过各自的协议节点进行数据安全共享,同时参与构建联盟群组的多个实体部门对应的协议节点基于应用访问控制策略动态构建并订阅任意数量的通信通道;其次,在联盟群组内属于同一通信通道的多个实体部门通过协议节点,将基于智能合约确认双方对交互数据的访问权限;在进行安全交互时,在联盟群组内属于同一通信通道的多个实体部门在智能合约的基础上实现数据的交互,并更新分布式账本;对于区块链技术而言,一个通信通道对应设置一个分布式账本,分布式账本用于记录对应的通信通道内各实体部门通过协议节点进行数据交互的相关信息。该方案不仅规避了无权限或者权限不足的实体对于数据的写入或者读取,也保证了数据交互过程被全网监视且过程不可篡改、各部门的数据交互真实可信,可以更好地指导制造业数据演化行业展开工业生产、服务活动。

8.3.1 智能安全交互方案设计

为了对该方案的流程进行系统梳理,下面给出方案设计的步骤:

首先,采用多通道技术实现加入联盟群组的多个实体部门通过各自的协议节点进行数据安全共享,参与构建联盟群组的多个实体部门对应的协议节点基于应用访问控制策略动态构建并订阅任意数量的通信通道。其中,一个所述协议节点将对应服务于一个实体部门。群组中的几个协议节点可以根据交互需要建立专门的通信通道,所属同一个通信通道的协议节点将共同维护一套分布式账本,每个账本中存放交互区块;同时,这几个协议节点将分别暴露出可供访问的通信端口,这些端口信息会被提交到与这些协议节点有通信需求的部门用户处。部门用户通过连接这些协议节点的方式获取交易时产生的区块。此外,虽然同一个协议节点可以从属于不同的通道,但由于每一个通信通道都对应一套分布式账本,因此使得同一个节点在不同通道内进行的交互数据相互隔离。

然后,在联盟群组内属于同一通信通道的多个实体部门通过协议节点,基于智能合约确认双方对交互数据的访问权限。其中,一个通信通道对应设置一套分布式账本,分布式账本内部记录对应的通信通道内各实体部门通过协议节点进行数据交互的相关信息。由于协议节点在创建通信通道时,基于根证书生成属于所要创建的通信通道数据传输证书。因此,加入联盟群组的多个实体部门通过各自的协议节点创建相互间进行数据交互的通信通道。发起通道创建的实体部门通过其协议节点从联盟群组获取可参与通信通道创建的其他实体部门对应的协议节点列表。通过通道内所有部门用户互相验证的方式保证权限可信,为后续数据交互做好准备。通道的实体部门通过合约确认待交互双方的访问权限示意图如图 8-15 所示。

接着,在联盟群组内属于同一通信通道的多个实体部门在智能合约的基础上将实现数据的交互,并更新分布式账本。具体而言,在创建通信通道后,共同创建通信通道的实体部门通过各自的协议节点进行数据交互。发起通道创建的实体部门通过协议节点向联盟群组提交请求协议节点列表中各协议节点一同创建通信通道的请求。之后,联盟群组将请求传送至协议节点列表中各协议节点。联盟群组在接收到协议节点列表中各协议节点对应的其他实体部门同意创建通信通道的响应后,将响应转发给发起通道创建的实体部门对应的协议节点。发起通道创建的实体部门则会通过其协议节点创建新的创世区块,并将创世区块发送给同意创建通信通道的其他实体部门对应的协议节点。其中,创建通信通道的所有实体部门对应的协议节点为通信通道分配访问路径。创建通信通道的所有实体部门对应的协议节点通过访问路径注册 RPC 服务,以通过 RPC 服务进行数据交互以及更新通信通道内的创世区块。

上述过程中涉及多个智能合约的相互协作,包括:访问权限控制合约、数据管理合约以及管理员管理合约。其中,访问权限控制合约用于对提交数据访问请求的实体部门的身份进行判断,以决定实体部门是否有权利进入通信通道进行数据操作。数据管理合约用于注册新加入通信通道的实体部门的信息,以及管理已属于通信通道的实体部门的信息。管理员管理

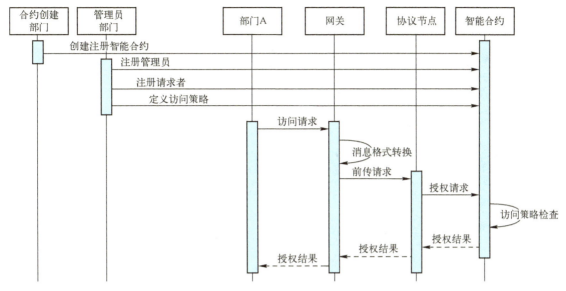

图 8-15　通道的实体部门通过合约确认待交互双方的访问权限示意图

合约用于实现管理员用户的注册和管理。

基于以上智能合约，属于同一通信通道的多个实体部门对应的协议节点通过执行智能合约验证当前进行数据交互的双方身份信息。通过身份验证的实体部门对应的协议节点相互间进行数据读取以及数据传递。在这一过程中，智能合约将基于身份验证的过程数据、传递的数据、读取的记录信息发起对通信通道的分布式账本的更新。协议节点将对分布式账本的更新信息发送给属于通信通道的多个实体部门进行背书和验证。若验证通过，则将更新信息加入通信通道的状态数据中，从而实现对分布式账本的更新。智能合约完成数据交互更新分布式账本示意图如图 8-16 所示。

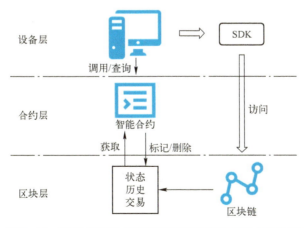

图 8-16　智能合约完成数据交互更新分布式账本示意图

最终，基于智能合约的制造业数据演化实体部门间安全交互系统的结构框图如图 8-17 所示。该方案可以解决数据演化与推理过程中实体间难以进行统一访问管控的问题。在发生数据交互前，联盟群组内实体可以通过合约确认待交互双方的访问权限，通过联盟网内实体互相验证的方式保证权限可信,在合约的基础上实现数据的交互并更新分布式账本待查,从技术角度弥补履约中意外和主观违约可能。把基于各实体自身意愿弹性执行的人工"口头信任"变为基于固化链码强制履行的智能"合同信任",实现联盟链网络中制造业实体间数据的安全访问控制。

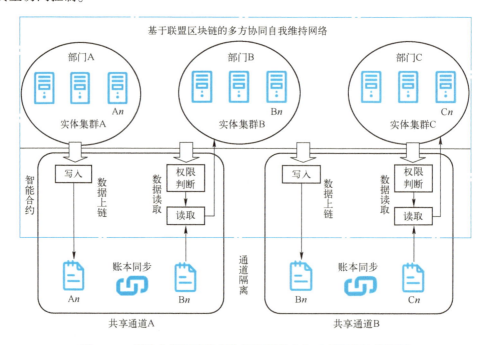

图 8-17 制造业数据演化实体部门间安全交互系统的结构框图

8.3.2 基于智能合约的链上链下数据访问

进一步,由于制造部门间数据交互的频率高,数据量大,因此不宜将全部数据放到区块链中,这样可能会造成存取效率的低下。基于链上链下协同的数据访问方案将是一种高效的数据交互方式。接下来,本节将通过一个实际的交互实例对制造部门间如何通过区块链智能合约实现有权限的链上链下数据交互的方案进行介绍。

1. 交互参与方

交互参与方一般为制造数据请求部门和制造数据权限部门。

2. 预设场景

假设制造数据权限部门 Org1、制造数据请求部门 Org2、制造数据其他部门 Org3 都参与到同一个联盟链中,并且制造数据权限部门在链下拥有制造数据数据库。Org1-peer、Org2-peer、Org3-peer 代表部门用户,也是实际的 Fabric 网络节点,其中,只有 Org1-Peer 才有权限访问 Org1 的 IT 服务商。由设计的智能合约实现对制造数据请求部门用户的权限验证、制造数据权限部门数据的上链存证和查询、制造数据权限部门线下数据库的数据查询。场景如图 8-18 所示。

3. 方案详细设计

为了将方案描述得清楚明白,整个过程将分为制造数据请求部门用户的权限验证、制造

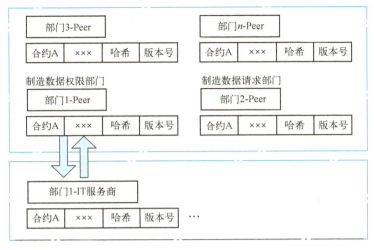

图 8-18 基于智能合约的链上链下数据访问预设场景示意图

数据权限部门数据的上链存证、制造数据权限部门数据的查询以及制造数据权限部门线下数据库的数据查询等步骤。接下来将对这些步骤进行描述。

制造数据请求部门用户的权限验证：当制造数据请求部门的用户 Org2-Peer 发出只能让制造数据权限部门的用户 Org1-Peer 验证带有请求部门用户的 token 和想要访问权限部门某一时间段数据的请求时，由设计的智能合约实现对请求部门用户的访问请求的验证，规范性验证合约会判断当前运行合约的节点的身份，若符合权限部门用户身份，则到安全对接的 IT 服务商查询请求部门用户信息的真实性。若在制造数据数据库存有请求部门用户的 token 和允许访问某一时间段的数据，则在智能合约后续逻辑中实现权限部门用户请求参数的上链。

制造数据权限部门数据的上链存证：当制造数据权限部门的用户 Org1-Peer 发出将其数据的关键字段上链存证的请求时，由设计的智能合约实现对数据索引、开放的数据访问时间段、数据类型等关键字段上链存储。

制造数据权限部门数据的查询：当制造数据权限部门的用户 Org1-Peer 发出查询其存储在链上的数据信息的请求时，由设计的智能合约实现根据制造数据权限部门的身份从联盟链中查询其上链的数据。

制造数据权限部门线下数据库的数据查询：当制造数据请求部门的用户 Org2-Peer 发出只能让制造数据权限部门的用户 Org1-Peer 验证并访问 Org1 的 IT 服务商获得某一数据索引对应的具体数据细节的请求时，由设计的智能合约首先根据链中存储的数据来验证请求部门的用户有无对上述数据索引的访问权限，若验证通过，合约会判断当前运行合约的节点的身份，若符合权限部门用户身份，则到安全对接的 IT 服务商查询上述数据索引对应的具体数据细节，并返回数据。在智能合约的后续逻辑中，将请求部门的请求参数和请求结果记录在联盟链上。

8.4 工业大数据跨域安全共享管控

为支撑面向智能制造的供应链协同优化应用，制造业跨域数据如产品设计数据、生产计划数据、制造过程数据、经营管理数据、销售市场数据、设备运维数据、客户数据等各类型多源数据需实现全面流向管控。这种管控将会在一定程度上保障供应链全链条跨企业跨地域业务数据链路打通后企业数据的安全共享问题，如核心供应商往来数据、客户数据、工艺知识数据、商业机密数据等的安全流转保护和数据安全隔离。目前，智能制造供应链流程管控领域的跨环节、多企业的交互过程中，普遍存在着以下制约其数据安全共享、安全隔离及隐私保护等方面关键工作的重大弊端，具体表现在以下几个方面：

1）制造业企业数据往往需要高安全性，供应链协同需要多业务域数据共享集成与数据安全构成了矛盾，尤其是从数据采集到存管、分析利用的数据处理链条中如何实现供应链协同数据安全共享与隔离，是当前急需解决的应用挑战问题。

2）企业间的数据安全共享缺乏自主信任机制，不能有效避免数据安全流转及数据泄露等问题的产生，导致企业间不能有效数据共享，严重影响智能制造的供应链协同优化应用。

为解决这些问题，本节介绍一种基于区块链的制造业跨域数据安全共享管控方案。

8.4.1 基于区块链合约的自适应数据流动规则构建

整体构建方案如图 8-19 所示，首先，在智能制造业供应链多数据处理阶段的每个阶段的系统中预置数据代理，用来实现供应链的多数据处理阶段数据共享交互，所述多数据处理阶段包括产品研发设计、生产制造、经营管理、销售服务、客户服务等。同时，每个数据代理中内置基于区块链智能合约的自适应的数据流动规则构建器。进一步地，基于数据流动规则构建器的构建机制，可形成基于合理路径预分析的数据流动规则图。最后，数据流动规则构建器将支持数据流动规则图的动态路径调整，可快速适应外部环境变化后的新的数据共享需求模式。

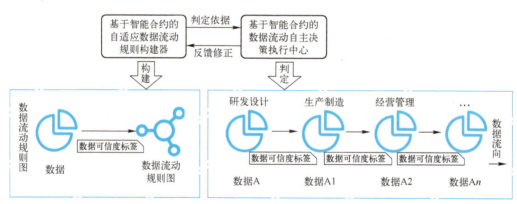

图 8-19 基于智能合约与数据流动规则图结合的数据自治共享

1. 构建数据流动规则图

数据流动规则图的构建将以下述几个步骤体现：

1）要在智能制造业供应链多数据处理阶段的数据代理处内置基于区块链智能合约的自适应数据流动规则构建器。

2）自适应数据流动规则构建器基于既定的数据流动规则，即权限列表，生成数据流动规则图，便于后续的数据共享模式下的数据流向合规性检查，实现数据的可靠共享。权限列表即对于所有数据处理阶段，给出可授权访问该数据处理阶段信息的所有数据处理阶段，如

图 8-20 中权限列表所示,对于数据处理阶段 A,给出所有可访问数据处理阶段 A 的数据的阶段:A、B、C。同时,A 可访问自己的数据。

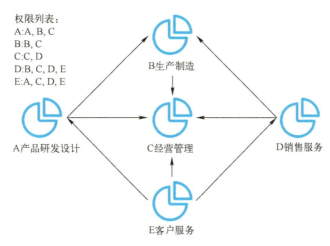

图 8-20　基于智能合约的数据流程图生成与自主决策流程

3) 在最终生成的数据流动规则图中,A 为产品研发设计数据处理阶段,B 为生产制造数据处理阶段,C 为经营管理数据处理阶段,D 为销售服务数据处理阶段,E 为客户服务数据处理阶段,A 的数据对 A、B、C 授权访问,B 的数据对 B、C 授权访问,C 的数据对 C、D 授权访问,D 的数据对 B、C、D、E 授权访问,E 的数据对 A、C、D、E 授权访问。

2. 自适应数据流动规则构建器的更新

智能制造业供应链多数据处理阶段中,任意数据处理阶段的无访问权限的智能合约,将通过数据代理调用权限请求函数(即 QueryPre()),发出更新数据流动规则的请求至数据流动自主决策中心。随后,自主决策中心将更新请求反馈给基于智能合约的自适应数据流动规则构建器,而未被授权访问产品研发设计数据处理阶段中数据的客户服务数据处理阶段 E,可以使用 QueryPre(E, A)方法向自主决策中心请求将 E 更新至权限列表中的数据处理阶段 A 中,即:请求数据处理阶段 E 被授权访问数据处理阶段 A 的数据。

接着,基于区块链智能合约的自适应的数据流动规则构建器需要确认其他制造业系统是否同意此次数据流动规则更新。此时,其他制造业系统需给出反馈信息并签名,发送至区块链中。最后,检测到当前数据流动规则更新请求达到当前区块链中共识机制的要求时,自适应数据流动规则构建器将更新数据流动规则,允许该发起请求的数据制造业系统的数据访问,更新该智能合约对应账本中的权限列表(如图 8-20 所示,权限列表中的[A:A,B,C]将被更新为[A:A,B,C,E],即对于数据处理阶段 A 的数据,追加授予数据处理阶段 E 访问权限)并生成新的数据流动规则图。同时,自适应数据流动规则构建器会将新的数据流动规则图同步给各数据代理的数据流动自主决策执行中心,以重新进入数据的自主管控流程,保证数据安全共享下具备灵活可控性。

8.4.2　基于数据可信度标签的数据上链保存

数据代理用于对多数据处理阶段的数据进行可信度处理。对于内外部特征而言,数据自身特征构成数据内部特征集；而制定各个企业节点制造业系统执行数据上链操作的用户以及数据相关的外部关联属性信息提取规则，构成外部关联属性特征集，包括数据来源企业、数据来源系统、数据处理人、产品物流信息、财务信息、厂商信息、网络信息等。基于数据内部特征和外部关联属性，数据代理可进一步联合提取构成数据可信度标签。在进行保存时，数据所属的数据处理阶段的数据代理对数据和数据可信度标签进行签名，并将数据及数据可信度标签存储到区块链中。

作为一个典型的实施案例，数据代理从当前数据处理阶段的制造业系统中获取原始数据信息 m，并在原始数据信息 m 中筛选数据内容、关键字段等重要内部信息，构成数据内部特征集 $\overline{m}$；数据代理收集数据的来源企业、来源系统、数据处理人、产品物流信息、财务信息、厂商信息、网络信息等外部关联属性 $\overline{m}_1$，并进行特征筛选，使用筛选后的关键性外部关联属性特征，构成外部关联属性特征集 $\overline{m}_1$。

之后，数据代理拼接数据内部特征集 $\overline{m}$ 与外部关联属性特征集 $\overline{m}_1$，进行轻量级特征联合抽取。首先通过 SHA-256 哈希函数得到 256 位哈希值，在此基础上，通过 RIPEMD-160 哈希函数得到 160 位哈希值，最终生成合并后特征集的具备唯一性的短哈希值，即待签名的数据可信度标签 m_unsign，对其进行签名得到当前数据的签名的数据可信度标签 m_sign。

最后将带有轻量级的数据可信度标签的数据存储到区块链中，确保数据的可信性、安全性、可靠性。

8.4.3 基于区块链合约的数据流动自主决策执行

供应链中多数据处理阶段的各数据代理，可通过基于区块链智能合约的数据流动自主决策执行中心，根据预分析的数据流动规则图，在数据共享前对其流向进行合规性判定。这将有效阻断非授权数据访问，并对数据的共享模式进行严格的合规性判定，以保证数据的正常流向。不仅如此，在此数据流动过程中，数据流动自主决策执行中心可接收供应链多数据处理阶段各个代理的反馈修正请求，来完成自适应数据流动规则构建器的更新，从而形成新的数据流动规则图，以适应新的数据共享模式，使数据共享更加灵活可控。

具体来说，流程如图 8-21 所示，当有数据流入时，供应链多数据处理阶段的数据代理对数据的签名及数据可信度标签进行验证。

对于验证通过的数据，数据代理中的数据流动自主决策执行中心将生成的合理路径的数据流程规则图作为判定依据，根据自适应数据流动规则构建器预分析的数据流动规则，将当前数据处理阶段和数据来源数据处理阶段作为参数，调用 CheckPre( ) 权限检查函数，查看对应账本内的权限列表，以判断数据是否被授权访问当前的数据处理阶段。如图 8-22 所示，生产制造数据处理阶段 B 调用 CheckPre(B, A) 函数查看当前数据处理阶段 B 是否授权访问产品研发设计数据处理阶段 A 的数据。根据权限检查结果，数据代理中的数据流动自主决策执行中心进行合规性判定，即基于 CheckPre( ) 函数的返回结果，授权当前数据处理阶段访问的数据。如果生产制造数据处理阶段 B 调用 CheckPre(B, A) 的返回结果为通过，数据代理授权当前阶段的制造业系统访问数据，即访问成功。另外，对于拒绝当前数据处理阶段访问的数据，客户服务处理阶段 E 调用 CheckPre(E, A) 的返回结果为不通过，数据代理将不授予当前数据处理阶段的制造业系统数据访问权限，即拒绝访问。

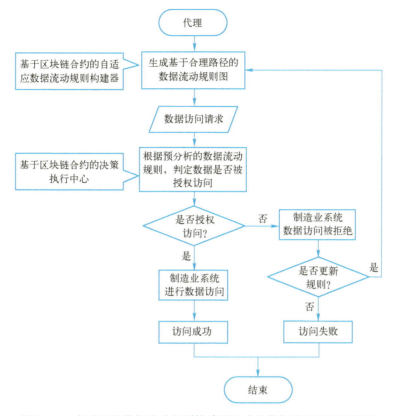

图 8-21 自适应的数据流动规则构建器生成的数据流动规则示意图

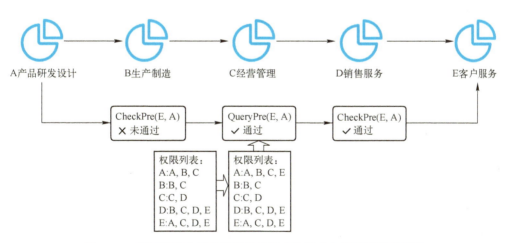

图 8-22 基于智能合约的数据流动自主决策中心执行流程示意图

而对于未被授权但仍需访问数据的情况,当前数据处理阶段的制造业系统可由智能合约通过数据代理向数据流动自主决策执行中心发起数据流动规则更新请求,若确无需求,则不访问本次流入的数据。

8.5 工业跨域异构数据的身份构建及溯源

随着工业4.0的逐步推进,智能制造领域供应链系统内的各企业间存在着更加广泛、复杂的数据流转及交互。制造业企业数据往往需要高安全性保障,但是如此一来,供应链协同中各企业的多业务域数据集成共享与其安全性需求构成了难以平衡的矛盾。那么,在从数据采集到存管、分析利用的数据处理链条中,如何保证不同企业、不同制造环节中的多形态结构数据实现数据的可信溯源,是当前急需解决的制造业供应链系统领域应用挑战问题。目前,智能制造领域中的跨环节、多企业的交互过程中,普遍存在着以下制约其数据治理、管理及溯源等方面关键工作的重大弊端,例如:

1) 协同企业之间及产品全生命周期包括原始数据获取、数据预处理与清洗、主数据语义建模、主数据语义融合和数据集成管理在内的多数据处理阶段中的异构数据存在信息孤岛问题,缺乏对称一致性,可利用率低。

2) 企业间的数据协同共享缺乏安全保障,由于没有可信存证技术的支持,使得数据流转中的恶意篡改等问题时有产生。这将导致事故定位不具备可信度,监管方难以有效追溯原始数据,严重影响针对此类攻击事件的精准有效处理。

基于此,本节将介绍一种基于区块链的制造业跨域异构数据的身份构建及溯源方案。首先,方案在智能制造业供应链协同跨域系统的多数据处理阶段预置数据溯源代理,通过该代理实现与区块链系统的数据交互。数据溯源代理抽取各企业写入自身数据库可共享的数据内部指纹,结合数据的外部关联属性特征,设计轻量级椭圆曲线特征提取算法对内外因联合特征进一步轻量抽取并签名,构建出内外因素结合的数据可信安全标签。其次,方案将利用智能合约,在供应链协同跨域系统的多数据处理阶段,生成记录并存储于区块链中数据映射逻辑链,基于区块链的多方共识机制及不可篡改特性,并结合区块链中智能合约的自动化能力,实现异构数据生命全周期各阶段到原始数据的数据可信验证及追溯。具体实施流程如下。

8.5.1 构建内外因素联合的签名数据可信安全标签

方案在最开始需要在智能制造业供应链协同跨域系统的多数据处理阶段节点(如原始数据采集、数据存储和数据分析利用节点)处预置数据溯源代理。通过该代理来交互区块链子系统的数据,包括数据及数据可信安全标签的上链操作、数据溯源等。进一步地,利用部署于区块链子系统上的智能合约,自动化处理上链数据以形成数据多阶段留痕映射链。具体来说,在异构数据处理生命周期中各阶段(即原始数据获取、数据预处理与清洗、主数据语义建模、主数据语义融合和数据集成管理在内的多数据处理阶段)都将提取相应的数据可信安全标签,并将标签生成过程进行留痕记录,完成全部异构数据的多阶段上链存储。

内/外部信息联合的指纹构建:如图8-23所示,概括来说,数据溯源代理从智能制造业供应链协同跨域系统中获取异构原始数据信息,制定各个企业节点系统的跨域异构数据内部指纹提取规则,构成数据内部特征集,用于形成内外因联合的签名数据可信标签的内因素,即数据内部指纹;同时,为各个企业节点系统制定融合具备数据上链能力的用户与上链数据外部属性相关的提取规则,构成外部关联属性特征集,用于形成内外因素联合的签名数据可信标签的外因素,即产品物流信息、财务信息、厂商信息、网络信息等外部关联属性特征。通过对内外特征抽取,数据溯源代理可构成未签名的内外因素联合的数据可信安全标签,并可通过其构建出内外因素联合的签名数据可信安全标签。在这一过程中,包括数据内部指纹构建、外部数据属性附加以及内外联合特征轻量抽取。

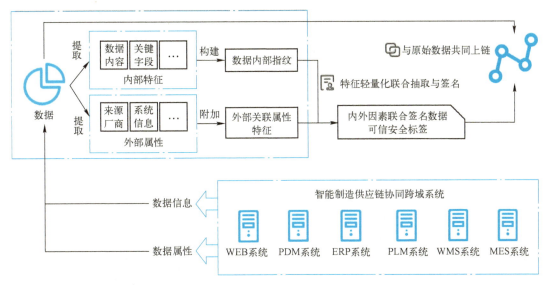

图 8-23 内外因素联合的签名数据可信安全标签构建

1. 数据内部指纹构建

数据溯源代理从智能制造业供应链协同跨域系统(如企业 WEB 系统、ERP 系统、PLM 系统、PDM 系统、MES 系统和 WMS 系统等)中获取异构原始数据信息进行数据内部指纹提取。数据溯源代理获取异构数据内部特征包括数据内容、关键字段等构建数据内部指纹。而对于各个企业需要写入企业本地数据库的可共享的关键数据信息,数据溯源代理将使用其预置的公私钥证书,利用椭圆曲线特征提取算法进行内部特征指纹抽取。

对于椭圆曲线而言,将使用 (p,a,b,G,n) 代表数据溯源代理设计的椭圆曲线特征提取法的全局参数。特别地,$Ep(a,b)$ 是数据溯源代理设计的椭圆曲线,考虑异构数据的数量巨大,为确保数据内部指纹的安全性及唯一性,选择使用 Secp224k1 曲线;为确保生成数据内部指纹的安全性及计算快速性,此处参数 p 选择 181 位随机质数;(L, l) 代表数据溯源代理用于构建标签的公私钥对,其中,$G(x, y)$ 为椭圆曲线 $Ep(a,b)$ 上的二维基点。基于上述设定,指纹特征提取步骤如下:

首先,数据溯源代理从智能制造业供应链协同跨域系统中获取异构原始数据信息 m,并在异构原始数据信息 m 中筛选数据内容、关键字段重要内部信息,构成数据内部特征集 $\overline{m}$。数据溯源代理根据内部特征集 $\overline{m}$ 中整体特征的复杂度,选取相应的椭圆曲线 $Ep(a,b)$ 上的基点 $G(x, y)$ 以及阶 n,其中,x 和 y 是该基点的坐标参数。此处,选取阶 n 为 100~200 的基点 $G(x, y)$,以此保证数据内部指纹生成的安全性和计算效率。

之后,数据溯源代理选择一个随机整数 $k(k\in[1,n-1])$,该整数用于数据内部指纹的计算，保证内部特征数据的可追溯性。

最后，数据溯源代理使用数据内部特征集 $\overline{m}$、随机整数 k、基点 $G(x,y)$ 计算数据内部指纹的两个元素 $c_1 = \overline{m} + kL$，$c_2 = kG = (x_1, y_1)$，其中，x_1、y_1 是 c_2 的坐标参数，生成数据内部指纹 $in\_m = (c_1, c_2)$，用于构建内外因素联合的签名数据可信安全标签，该数据内部指纹具备高度安全性、轻量级、计算快速性及唯一性。

2. 外部关联属性特征构建

产品物流信息、财务信息、厂商信息、网络信息等外部关联属性特征，都可以作为构建数据可信标签所需的对应数据的外部关联属性特征。与第 1 小节一样，本节同样设计轻量级的椭圆曲线特征提取算法，从来源于智能制造供应链协同跨域系统的数据外部关联属性中提取关键信息以形成外部关联属性特征。

对于椭圆曲线设置而言，方案使用 (p, a, b, G, n) 代表数据溯源代理设计的椭圆曲线特征提取法的全局参数。特别地，$Ep(a, b)$ 是数据溯源代理设计的椭圆曲线，考虑数据对应的外部属性特征的多样性，为确保外部关联属性特征的计算快速性及唯一性，选择使用 Secp160k1 曲线。同时，为了提高生成数据内部指纹的安全性及效率，此处参数 p 选择 173 位随机质数。其中，(L, l) 代表数据溯源代理用于构建标签的公私钥对，此外，$L = lG$，$G(x, y)$ 为 $Ep(a, b)$ 上的二维基点。基于此，相关算法方案过程如下：

首先，数据溯源代理获取不同数据库系统中数据的外部关联属性 m_1，包括数据的产品物流信息、财务信息、厂商信息、网络信息等外部关联属性特征，并进行特征筛选，使用筛选后的关键性外部关联属性特征，构成外部关联属性特征集 $\overline{m}_1$。同时，根据外部关联属性的复杂度以及数据量的大小选取相应的椭圆曲线 $Ep(a, b)$ 上的基点 $G(x, y)$ 以及阶 n，其中，x 和 y 该基点的坐标参数。此处，选取阶 n 为 250~300 的基点 $G(x, y)$，以此保证外部关联属性特征生成的安全性和计算效率。

之后，数据溯源代理选择一个随机整数 $k(k \in [1, n-1])$，用于外部关联属性特征的计算，保证外部特征数据的可追溯性。

最后，使用外部关联属性特征集 $\overline{m}_1$、随机整数 k、基点 $G(x, y)$ 计算外部关联属性特征的两个元素 $c_3 = \overline{m}_1 + kL$ 和 $c_4 = kG = (x_2, y_2)$，其中，x_2、y_2 是 c_4 的坐标参数。并以此生成外部关联属性特征 $out\_m = (c_3, c_4)$，用于构建内外因素联合的签名数据可信安全标签。至此，该外部关联属性特征具备轻量性、唯一性及对应数据高度相关性。

3. 构建内外因素联合的待签名的数据可信安全标签

对数据内外部指纹进行轻量级特征联合抽取，形成数据可信标签。对内部特征指纹、外部关联属性特征和数据对应的数据处理阶段信息进行信息轻量化联合抽取，设计椭圆曲线特征轻量抽取算法，实施进一步轻量级内外特征抽取进而构成未签名的内外因素联合的数据可信安全标签。

具体来说，使用 (p, a, b, G, n) 代表数据溯源代理设计的椭圆曲线特征提取法的全局参数。特别地，$Ep(a, b)$ 是数据溯源代理设计的椭圆曲线，为确保外部关联属性特征的计算快速性以及提取最终提取生成的内外因素联合的待签名数据可信安全标签的轻量化，选择使用 Secp160k1 曲线；并且，为了提高数据可信安全标签的安全性，此处参数 p 选择 211 位随机质数；(L, l) 代表数据溯源代理用于构建内外因素联合的数据可信安全标签的公私钥对，其中，$G(x, y)$ 为 $Ep(a, b)$ 上的二维基点。设 in_m 代表内部指纹信息，out_m 代表外部属性特征信息，stage 为 1 位十进制数字，代表数据溯源代理对应的数据处理阶段，m_unsign 代表待签名内外因素联合的数据可信安全标签。

接下来将进行轻量化联合抽取，数据溯源代理首先进行用于生成内外因素联合的数据可信安全标签的待签名信息，即 m_unsign = in_m + out_m + stage。该步骤中，+表示字符串的拼接，生成的 m_unsign 用于构成数据可信安全标签的信息，包括内外因素特征及数据处理阶段信息。随后，数据溯源代理根据拼接的内外数据特征信息的数据总量以及数据的复杂度，选取相应的椭圆曲线 $Ep(a,b)$ 上的基点 $G(x,y)$ 以及阶 n，其中，x 和 y 是该基点的坐标参数。此处，选取阶 n 为 100~150 的基点 $G(x,y)$，以此保证内外因素联合的数据可信安全标签生成的安全性和计算效率。

之后，数据溯源代理选择一个随机整数 $k(k\in[1,n-1])$，用于数据内部指纹和外部关联属性特征的联合特征的计算，确保数据内部指纹与外部关联属性特征构成的组合特征的安全性及可追溯性。

最后，使用待签名内外因素联合的数据可信安全标签 m_unsign、随机整数 k、基点 $G(x,y)$ 计算外部关联属性特征的两个元素 c_{l1} = m_unsign + kL，c_{l2} = kG = (x_3, y_3)，其中，x_3、y_3 是 c_{l2} 的坐标参数，进一步提取内外因素联合特征，生成未签名的数据可信安全标签 m_unsign(c_{l1}, c_{l2})，用于构建内外因素联合的签名数据可信安全标签，使其具备高度轻量级、唯一性特征。

4. 数据可信安全标签进行签名并与原始数据上链存储

在设计安全快速的轻量级椭圆曲线签名算法对内外因素联合的数据可信安全标签进行签名后，数据溯源代理将带有数据可信安全标签的数据存于区块链中，以保证可信数据标签的不可篡改和可追溯性。

方案选用 (p,a,b,G,n) 代表数据溯源代理设计的椭圆曲线特征提取法的全局参数。特别地，$Ep(a,b)$ 是数据溯源代理设计的椭圆曲线，为确保数据可信安全标签的安全可验证且多阶段可追溯，方案选择使用 Secp256k1 曲线；而为确保生成签名的高效性，此处参数 p 选择 211 位随机质数。其中，m_unsign 表示待签名的内外因素联合的数据可信安全标签，m_sign 表示签名后的内外因素联合的数据可信安全标签。

在实施过程中，首先，数据溯源代理根据签名的数据可信安全标签选取相应的椭圆曲线 $Ep(a,b)$ 上的基点 $G(x,y)$ 以及阶 n，其中，x 和 y 是该基点的坐标参数。此处，选取阶 n 为 100~150 的基点 $G(x,y)$，以此保证签名的安全性和计算效率。在选定基点后，数据溯源代理选择一个随机整数 $k(k\in[1,n-1])$ 作为数据可信安全标签签名的私钥，用于确保内外因素联合的数据可信安全标签的可追溯性。

随后，数据溯源代理计算点 $kG = (x_4, y_4)$，x_4、y_4 为该点坐标参数，该点作为用于数据可信安全标签签名的公钥。在公私钥对被确定后，数据溯源代理将 x_4 对 n 进行取余计算，得到参数 r，即 $r = x_4 \bmod n$。若 $r=0$，则选取的随机数不符合签名的安全需求，数据溯源代理将重新选择随机整数 k。

之后，数据溯源代理利用公式计算 $e = \text{sha512}(m\_\text{unsign})$，提取待签名的内外因素联合的数据可信安全标签的散列值 e。对于散列值 e，数据溯源代理利用公式计算 $s = k^{-1}(e+dr) \bmod n$，其中，k^{-1} 是 k 对 n 的逆元，mod 为取余运算。若 $s=0$，则选取的随机数不符合签名的安全需求，回到上一步重新选择随机整数 k。

最后，得到内外因素联合的数据可信安全标签的签名值，即二元组 $m\_sign(r,s)$，将带有轻量级签名的内外因素联合的数据可信安全标签的数据存储到区块链中，从而在数据实时共享时确保数据不可篡改和便于追溯。

8.5.2 异构数据生命全周期各阶段到原始数据的数据可信验证及追溯

进一步地，方案将根据区块链账本的数据存储能力以及流转数据在数据参与的多方之间实时共享的功能，来完成不同表现形态的数据到原始数据的追溯。同时，基于区块链的多方共识及不可篡改的特性，追溯过程中所涉及的数据来源也将真实有效。异构数据生命全周期各阶段数据到原始数据的可信验证及多尺度追溯过程如图8-24所示，相关核心过程如下。

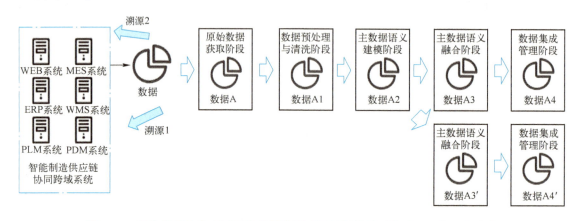

图8-24 异构数据生命全周期各阶段数据到原始数据的可信验证及多尺度追溯

1. 数据到原始数据的安全验证

当企业在某种情况下需要对数据进行溯源时，例如，当产品生产参数有误时，需找到是哪个阶段数据产生了错误，此时可使用前述溯源代理通过相应验证算法进行溯源。

涉及符号定义：设 m_trace 代表收到的待溯源的数据，m_trace_sign 代表该数据的内外因素联合的签名数据可信安全标签；G 代表数据溯源代理构建内外因素联合的数据可信安全标签时使用的基点，(Q,d) 代表数据溯源代理用于签名的公私钥对。方案描述如下：

首先，数据溯源代理提取数据可信安全标签的签名值 $m\_trace\_sign(r,s)$，进行取余运算，得到参数 w，即 $w=s^{-1} \bmod n$，并计算收到数据 m 的散列值 e，即 $e=\mathrm{sha}512(m\_trace)$。在此基础上，代理利用参数 w、散列值 e 进行取余运算，得到参数 u_1、u_2，即 $u_1=ew\bmod n$，$u_2=rw\bmod n$，用于签名认证。

之后，数据溯源代理使用上一步骤参数，计算点 $X=u_1G+u_2Q$，还原出签名过程中使用的椭圆曲线的基点，并计算 $dG(x_s,y_s)$，其中，y_s 为坐标参数。

若 $X\neq dG$，即 X、dG 不相等，则签名无效。若 $X=dG$，即 X、dG 相等，数据溯源代理进一步进行取余运算 $v=x_s\bmod n$，参数 v 与签名值中元素做比较，若 $v=r$，则签名有效，通过安全验证，进行进一步的溯源，否则签名无效。

2. 异构数据到原始数据的多尺度追溯

对于签名验证通过的数据可信安全标签,也将需要借助椭圆曲线解密算法,使得仅在该企业所在联盟链内流通的用于数据特征提取的私钥快速精确地定位到数据来源(即数据对应的数据溯源代理),以完成异构数据生命全周期各阶段数据到原始数据的多尺度追溯。

具体来说,首先,需要设定一个数据溯源代理设计的用于构建数据可信安全标签的私钥 l。随后,数据溯源代理对于得到的内外因素联合的数据可信安全标签,即 $m\_\text{sign}(c_{l1},c_{l2})$,计算明文 $m'=c_{l1}-lc_{l2}$。其中,m' 的最后一位将作为该数据处理阶段的数据溯源代理编号,即实现异构数据到原始数据的多数据处理阶段追溯。进一步地,通过分析外部关联属性因素可追溯到数据来源企业、数据来源系统、数据处理人等信息,可代理实现多尺度溯源。

第 9 章

工业数据可视化

21世纪以来，新一代信息技术（如物联网、信息物理系统、人工智能和大数据）正在加速进入工业领域，推动着传统制造大步向智能制造迈进，"工业4.0"和"智慧工厂"等理念逐步深入人心。德国一家著名战略咨询公司 Roland Berger 认为：工业4.0的本质是以信息技术为核心、以"互联""替代"和"创造"三个理念为纲领、以生产效率和生产质量提升为目标的技术革命。网络物理系统和物联网技术将生产线上产生的海量数据"互联"起来，实现设备间的数据传输与共享，为"替代"与"创造"提供基础环境。三维渲染与沉浸式技术，如计算机辅助制造（CAD）、虚拟现实（VR）和增强现实（AR）技术等，被应用于工业制造中，"替代"部分人的工作甚至物理设备。大数据分析与人工智能等技术从大规模生产数据中挖掘和加工有价值信息，"创造"新知识和新见解，助力生产流程优化和生产效率提升。

可视化与可视分析是分析和理解大型复杂数据的重要技术，它能有效结合机器强于计算和人类强于认知的特点，将计算智能与人类智慧深度融合，为复杂场景的决策行动提供有效指南。随着智能制造向纵深发展，各类仿真和生产数据呈爆发式增长，人们迫切希望从这些数据中提取有用信息，指导"替代""创造"等创新活动。近年来，在越来越多的工业制造场景中都可以看到可视化与可视分析技术的身影。从战略产业（如核燃料加工和航空航天制造）到民生产业（如汽车制造和食品加工），越来越多的行业部门意识到可视化技术的应用价值。从生产计划与模拟仿真，到生产监控与产品测试，可视化与可视分析技术已经参与到工业产品制造的整个生命周期。

本章收集了近年来有关智能制造可视化的科研文献共53篇，这些文献主要来自 *IEEE VIS*、*SIGCHI*、*EuroVis*、*PacificVis* 可视化领域的旗舰会议，以及 *IEEE Transactions on Visualization and Computer Graphics*、*Computer Graphics Forum*、*ACM Transactions on Graphics*、*IEEE Transactions on Industrial Electronics* 等可视化、图形学、智能制造相关的重要学术期刊。首先遵循工业4.0理念纲领将相关研究按应用场景分为"替代"和"创造"两大类。在"替代"类别中，重点讨论可视化技术在生产设备内外环境模拟仿真方面的应用现状。在"创造"类别中，从制造行业的生命周期角度讨论可视化技术在设计、制造、质检和服务四个不同生

第9章 工业数据可视化

产阶段中的应用价值。此外,还选择了汽车制造业、石油和核能源加工业和食品制造业三个代表性行业,对可视化技术在这几个行业的应用特点进行了讨论。

9.1 数据可视化概述

当前整个世界处于信息"大爆炸"的时代。视觉是人类获取外部信息的重要通道,超过50%的人脑功能用于视觉感知,包括解码可视信息、处理高层次可视信息和思考可视符号。人眼具有很强的模式识别能力,对可视符号的感知速度比对数字或文本快多个数量级。从信息加工的角度看,丰富的信息将消耗人类大量的注意力。人类高效执行视觉搜索通常只能保持几分钟,而图形化符号可高效地传递信息,将用户的注意力引导到重要的目标上。数据可视化是研究如何将难以理解的复杂数据转化为可见的图形或图像等可视表达,并帮助人们更快地从中发现规律和获取知识,达到发现、解释、分析、探索、决策和学习的目的。

9.1.1 数据可视化的历史起源

数据可视化的发展与测量、绘画等人类现代文明启蒙和发展过程一脉相承。早在17世纪前,人类已经尝试采用手工方式制作可视化作品,如图9-1a所示。17世纪中叶,随着物理基本量的测量理论与设备的完善,在航空、测绘、制图和国土勘探等领域产生了基于真实测量数据的可视化方法,如图9-1b所示。18~19世纪,人类开始发明并完善各种图形化形式(等值线、轮廓线)和统计图表(折线图、柱状图、饼状图等),如图9-1c的散点图。19世纪30年代的Henry Beck伦敦地铁图(图9-1d)可以称为迄今为止最成功的数据可视化案例。它打破了基于地图精准绘制地铁图的传统思维,像勾勒实验电路板一样描绘了地铁

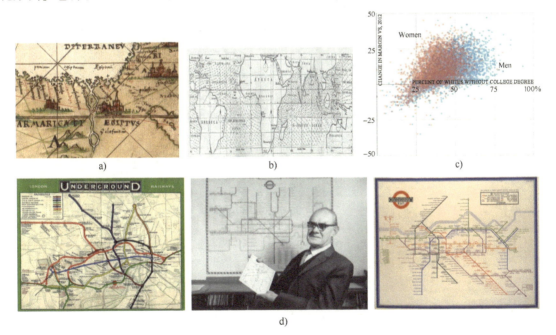

图9-1 数据可视化的历史起源

a) 手工制作地图　b) 带气象信息的地图　c) 典型统计图表　d) Henry Beck的伦敦地铁图

线路。该地图去掉无关细节，只使用垂直、水平和呈 45°倾斜的彩色线条。该地图侧重于功能性，而不是地理意义上的准确性，它平均分配了各个车站之间的距离，不管具体线路长短比例。该地图同时注重了视觉传达，不同线路以色彩区分，颜色搭配和谐，极端简洁，而且非常便于扩展和随身携带，影响了全球无数路线图的设计。1967 年，Jacques Bertin 出版了 *Semiology of Graphics* 一书，描述了一种关于图形设计的框架，奠定了信息可视化的基石。之后随着计算机的普及，人们逐渐开始采用计算机编程生成可视化，慢慢发展为现代数据可视化学科。

9.1.2 数据可视化的技术分支

数据可视化技术有三个主要分支，分别是科学可视化、信息可视化和可视分析。这三者之间没有清晰边界。科学可视化（Scientific Visualization）面向带有空间坐标和几何信息的三维空间测量数据、计算模拟数据和医学影像数据等，探索如何有效地呈现数据中集合、拓扑和形状特征。科学可视化是可视化领域出现最早、发展最成熟的分支。1987 年，由 Bruce H. McCormick 等首次提出科学可视化概念。随着计算机运算能力的迅速提升，生物、医学、气象、天文等方面建立了规模大、复杂程度高的数值模型，产生规模庞大的数据集，需要使用计算机图形学方法来处理和呈现这些数据。这些学科的需求是对数据和模型进行解释、操作与处理，旨在寻找其中的模式、特点、关系以及异常情况。因此，科学可视化重点用于视觉呈现三维真实世界的物理化学等自然现象，如图 9-2 所示。

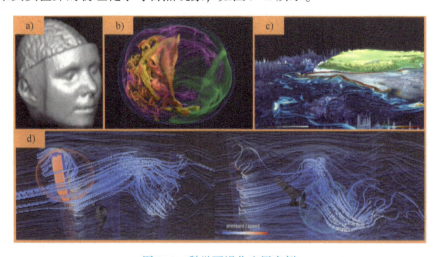

图 9-2　科学可视化应用实例
a）医学影像数据可视化　b）天文数据可视化　c）洋流数据可视化　d）风场数据可视化

信息可视化（Information Visualization）的处理对象则是非结构化、非几何的抽象数据，如金融交易、社交网络和文本数据，其核心挑战是如何针对大尺度高维数据，减少视觉混淆对有用信息的干扰。1999 年，Card K. Stuart 等人首次提出了信息可视化概念。按照数据类型，信息可视化可以分为多个小类，比如时空数据可视化、层次与网络数据可视化、多维与高维数据可视化、文本数据可视化等，如图 9-3 所示。

可视分析（Visual Analytics Scienceand Technology）是一门以可视交互界面为基础的分析推理科学，涉及计算机图形学、人机交互、可视化、统计学、计算智能、心理学等诸多领

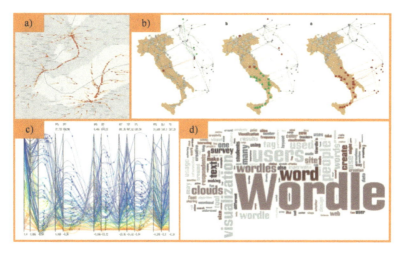

图 9-3 信息可视化应用实例

a) 时空数据可视化　b) 层次与网络数据可视化　c) 多维与高维数据可视化　d) 文本数据可视化

域。可视分析可以理解为是将可视化、人的因素和数据分析集成在内的一种新思路。图 9-4 展示了几个代表性的可视分析系统。新时期科学发展和工程实践的经验表明，智能数据分析所产生的知识与人类掌握的知识的差异正是导致新的知识发现的根源，而表达、分析与检验这些差异必须充分利用人脑智能。为了有效结合人脑智能与机器智能，一个必经途径是以视觉感知为通道，通过可视交互界面，形成人脑和机器智能的双向转换，将人的智能特别是"只可意会，不能言传"的人类知识和个性化经验可视地融入整个数据分析和推理决策过程中，使得数据的复杂度逐步降低到人脑和机器智能可处理的范围。2006 年，可视化领域的旗舰学术会议 *IEEE Visualization Conference* 开设了 *Symposium on Visual Analytics Science and Technology*，被认为是可视分析发展元年。

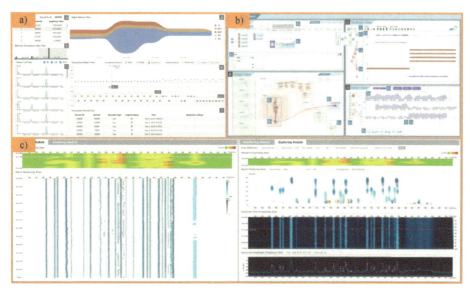

图 9-4 可视分析应用实例

a) 金融交易数据可视分析系统　b) 工业控制数据可视分析系统　c) 电磁环境监控数据可视分析系统

9.1.3 数据可视化的基本流程

数据可视化不是一个单独的算法，而是一个流程。除了视觉映射外，也需要设计并实现其他关键环节，如数据采集、数据处理、交互设计等。下面介绍数据可视化的基本流程，如图 9-5 所示。

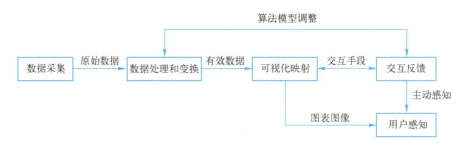

图 9-5　数据可视化的基本流程

1）数据采集。数据是可视化的对象。数据可以通过仪器采样、调查记录、模拟计算等方式采集。数据的采集直接决定了数据的格式、维度、尺寸、分辨率和精确度等重要性质，并在很大程度上决定了可视化结果的质量。在设计一个可视化解决方案的过程中，了解数据的来源采集方法和数据的属性，才能有的放矢地解决问题。

2）数据处理和变换。数据的处理和变换可以认为是可视化的前期处理。一方面原始数据不可避免含有噪声和误差。另一方面，数据的模式和特征往往被隐藏。而可视化需要将难以理解的原始数据变换成用户可以理解的模式和特征并显示出来。这个过程包括去噪、数据清洗、提取特征等，为之后的可视化映射做准备。

3）可视化映射。可视化映射是整个可视化流程的核心。该步骤将数据的数值、空间坐标、不同位置数据间的联系等映射为可视化视觉通道的不同元素，如标记、位置、形状、大小和颜色等。这种映射的最终目的是让用户通过可视化洞察数据和数据背后隐含的现象和规律。因此可视化映射的设计不是一个孤立的过程，而是和数据、感知、人机交互等方面相互依托，共同实现的。

4）用户感知。用户感知是指从数据的可视化结果中提取信息、知识和灵感。也许可视化和其他数据分析处理方法最大的不同是用户的关键作用，可视化映射后的结果只有通过用户感知才能转换成知识和灵感。用户的目标任务可分成三类：生成假设、验证假设和视觉呈现。数据可视化可用于从数据中探索新的假设，也可证实相关假设与数据是否吻合，还可以帮助专家向公众展示数据中的信息。

5）交互反馈。用户的作用除被动感知外，还包括与可视化结果和数据处理/变换算法模型的交互。交互在可视化辅助分析决策中发挥了重要作用。用户可以根据实际应用场景的情况，手动选择最适合的算法模型或可视化映射方法，还可以通过常见的交互手段（如缩放、筛选、高亮）更改当前的可视化效果。多视图或多页面之间的联动交互便于用户主动探索数据，丰富数据可视化的展示信息。可支持用户分析决策的交互方法涵盖底层的交互方式与硬件、复杂的交互理念与流程，需克服不同类型的显示环境和不同任务带来的可扩充性问题。

可视化基本流程中人是核心要素。一方面，机器智能可部分替代人，承担对数据的计算和分析工作,而且在很多场合比人的效率高;另一方面,人是最终决策者,是知识的加工者和使用者,数据可视化工具目标是增强人的能力,如果可以设计一个全自动的方案,不需要人的参与和判断,可视化也就失去意义。实际上,在一些场合,问题十分复杂甚至难以定义,完全依赖机器智能尚无法解决。在另外一些场合中,在方案实施之前需要人进行细化和扩充,或检查其效果并验证其正确性。在这些场合中,数据可视化技术和工具是不可或缺的。

9.2 "替代"纲领下的工业大数据可视化

"替代"在智能制造中有两方面的含义:一方面是使用智能设备替代人类劳动,将人类从繁杂过程中解放,比如智能机器人可以代替人类完成重复操作,自动化控制技术可以取代监控人员完成对生产设备的在线检测和诊断;另一方面是使用计算机创造的虚拟世界,用于模拟复杂和危险的生产设备,为人类创造安全友好的生产环境,沉浸式技术和科学可视化被广泛应用于各种设备的数字化结构表征和生产设备的内外环境模拟,这也是本节主要讨论的内容。

沉浸式技术运用可穿戴式装置将人的视觉、听觉和触觉结合起来,给用户提供一个接近真实的生产环境,让用户能够身临其境,并可通过交互操作来熟悉和演练整个工作流程和提高自身技能。沉浸式技术又可分为 VR、AR、MR 三大类。VR(Virtual Reality,虚拟现实)利用完全虚拟化的计算机三维世界,让佩戴相应设备的工人以第一视角的形式"进入"生产环境、熟悉生产环境并进行模拟操作。例如,Zhong 等人创建了虚拟电子装配工厂,供工人熟悉整个装配过程,如图 9-6a 所示;Zhou 等人以动画形式模拟了轧钢生产高炉中炉门附近热量的流失情况,如图 9-6b 所示,加深了专家对加热高炉内部状态的了解。AR(Augmented Reality,增强现实)在真实生产制造场景中增添或移除计算机生成的虚拟物体,为生产制造提供额外的指导信息,增强工人的洞察力。如图 9-6c 所示,装配工人利用穿戴眼镜可以看到关于产品各部件组装顺序的提示信息,高效完成配件的组装。图 9-6d 中的工程师利用 AR 设备直接在生产机床现场进行新产品的建模设计。MR(Mixed Reality,混合现实)是 VR 与 AR 的混合,结合数字化现实与虚拟数字画面呈现一个半真实半虚拟化的生产环境,在真实世界、虚拟世界与用户之间构建信息桥梁。例如,图 9-6e 借助 MR 技术在工人视野中提供包括产品监测数据、结构物理信息及其他相关信息的完整数据界面,协助工程师细粒度理解设备状态,图 9-6f 通过在生产环境的图片上分配真实机械设备的姿态和位置,辅助管理者完成整体车间布局规划。

科学可视化技术侧重于与科学、自然现象相关的三维数据渲染和交互式数据分析。在智能制造中,人们构建了各种仿真模型用于模拟与生产制造有关的自然现象,如炼钢过程中的炉气流动和飞机制造过程中的气流流动。有很多出色的科学可视化研究成果被应用于智能制造领域,用于探索和分析这些模型计算生成的科学数据,并结合参数修改等轻量级交互手段,让仿真结果与计算过程保持同步更新,使用户能够直观地对数据进行定性和定量分析,从而发现和理解数据中隐含的现象、特征与规律。按照模拟现象发生的位置,这些相关研究可以分为设备内部仿真和设备外部环境仿真两个类别。

设备内部仿真主要对核心复杂设备进行内部结构与运行情况进行仿真,利用体可视化和

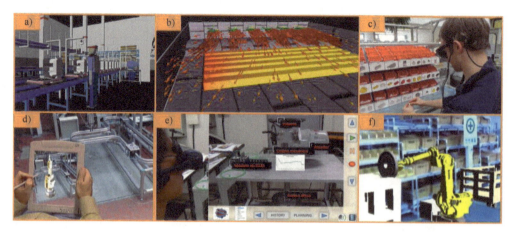

图 9-6　VR、AR、MR 在工业制造领域的应用实例
a) VR 装配线　b) VR 炉内气氛　c) 佩戴 AR 眼镜的工人　d) 支持 AR 操作的设备建模
e) MR 设备接口　f) MR 车间环境

流场可视化等技术代替或部分代替核心设备样机或实体模型进行工艺试验,从而简化设备结构的分析、模型合理性的验证、综合性能的评估过程。例如,在钢铁工业中,炉内火焰是一个复杂的气体燃烧系统,Zhou 等使用一个计算流体动力学模型来模拟系统的速度、温度和火焰分布,并使用流体可视化,生成其图形化和动态表示,如图 9-7a 所示,工程师可以在非真冶炼炉的环境下进行烧结试验,全面分析炉内结构,优化冶炼效果。在飞机制造中,流场可视化可以代替高成本的风洞测试,它借助涡轮叶片仿真模型,协助用户理解飞行过程中涡轮内流场变化情况,辅助验证飞机设计模型的有效性,如图 9-7b 所示。

设备外部环境仿真包括对生产环境及设备外部自然环境的仿真,前者主要指一般工业制造中各种生产资源之间的协作关系,后者主要指野外作业场景中,对安全生产有着至关重要影响的自然环境。通过仿真模拟与可视化渲染,可以还原虚拟的生产背景,模拟外部环境的不确定性,揭示外部环境对生产过程的影响,从而优化资源配置和生产方案。例如,Wu 等人利用可视化系统模拟完整的金属锭铸造过程,并借助抽象模型分析熔炉与加热炉的工作能力与负载状态,交互地分析两类设备间的同步关系给生产计划造成的影响;Höllt 等人为墨西哥湾石油勘探设计了一个科学可视化系统,如图 9-7c 所示,该系统结合地形图与气候检测数据模拟海洋状态,呈现石油开采环境的不确定性,并分析多个开采方案可能存在的开采风险。

总的来说,无论是沉浸式技术,还是科学可视化技术,都在"替代"方面有着杰出的表现。随着工业技术的改革创新,设备集成和协同程度的增强,单一模拟仿真技术已不能满足复杂工作场景的视觉呈现与分析需求。结合两种技术甚至其他技术,如计算机辅助设计技术和数字孪生技术,有望成为未来"替代"的主要发展方向。例如,图 9-8a 展示了结合 AR 与科学可视化,强化人们对风洞模拟的感知效果;图 9-8b 展示了利用 CAD 进行某喷气发动机结构的设计,并结合并行计算与科学可视化实时渲染其内部胴体环境;DualCAD 运用 AR、VR 为设计师提供立体 3D 内容,加强传统 CAD 设计的视觉反馈效果与提高模型调整的精确度(图 9-8c)。

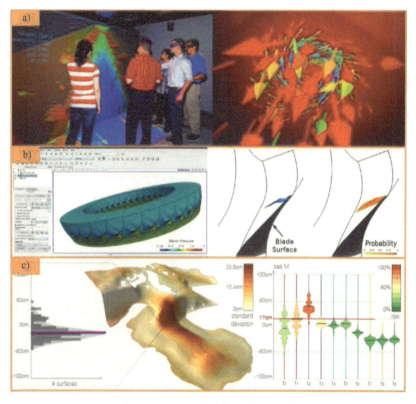

图 9-7 科学可视化的应用案例
a) 炼钢炉内部环境可视化　b) 喷气发动机内部环境可视化　c) 石油勘探外部环境可视化

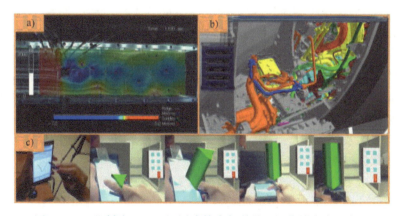

图 9-8 工业制造 CAD、沉浸式技术与科学可视化综合应用案例
a) AR 和科学可视化　b) CAD 和科学可视化　c) AR、VR 和 CAD

9.3 "创造"纲领下的工业大数据可视化

"创造"是推动智能制造不断深化的关键,创造新概念、新流程和新方法,为工艺升级、效率提升、商业与管理模式创新提供无限可能。数据是开展创造活动的宝贵资源,在工

业4.0时代，生产环境和设备源源不断地生成大量数据，这些数据具有多模态、强相关性、高吞吐量等特点。可视化与可视分析作为分析复杂数据的利器，能够直观呈现各种过程数据的概要和细节信息，并提供丰富交互手段，帮助用户洞察有趣的数据模式和探索有价值的信息，从而驱动人在回路的生产决策和各种创新活动。将应用场景按生产制造的生命周期进行归类，依生产的顺序分为设计阶段、制造阶段、质检阶段和服务阶段。在本节中，将逐一分析这4个阶段的情景特征，并梳理相关研究。

9.3.1 设计阶段

设计阶段是根据市场需求及设计人员的创意灵感对产品外形、功能以及性能进行优选的过程。随着设计需求的日益复杂，设计过程涉及的知识领域也越来越宽泛。为了实现高水准的综合设计，设计师开始关注数据驱动的设计模式，即从设计相关的数据中提取有用信息，引导创意设计。可视化是数据驱动设计的一种重要方法，它以可视呈现与交互分析的形式，帮助设计者深入理解数据中所包含的专业知识，探索各影响因素之间的约束关系，还能协助验证设计原型的功能和性能。

产品设计包括功能设计、外观设计、性能设计、生产环境设计等多个先后关联的步骤，这些步骤之间联系紧密又相互制约，同时每一步中又需要考虑许多相关因素，因此有效平衡各设计步骤和设计因素是产品设计的重点和难点。以两个场景为例，第一个场景是如何协调外观与功能需求，众所周知，绚丽的产品外观可以吸引顾客的眼球，但是过度设计会降低产品的性能。Kratz等人以塑料制动杆的设计为例，提出了一种面向机械构件设计的可视化方法，如图9-9a所示。该方法采用张量可视化技术呈现不同制动杆外观设计的机械受力性能，设计师可以直观地比较不同方案，权衡外观与性能设计。另一个场景是如何平衡生产环境中多元素之间的关系，设计车间或生产线的合理布局方案。为了设计一个高效、舒适的生产环境，规划师需要考虑协调设备与设备间的约束关系，同时还需要考虑工作人员的便利性。Wörner和Ertl开发了一种多视图可视化系统，用于生产环境设计。该系统全面考虑了包括设备、工人和生产线在内的多种因素，结合自动评估算法，支持规划师交互式地迭代修改和验证环境布局方案，从而确保最终布局具有灵活性、通用性和强适应性。CasCADe是一个新颖的4D地图可视化系统，以时间作为第四维度来可视化模拟施工计划中的一系列事件序列，便于规划人员及时识别出施工计划中的不确定性和冲突事件，及时做出调整以保证最终施工的顺利完成，如图9-9d所示。

现代工业设计要求设计师掌握外观设计中的美学、功能设计中的结构学、材料选择中的材料学等多门专业学科知识。以材料科学为例，材料选择是生产设计的重要环节之一，选择合适的材料，需要设计师了解所有候选材料的特点。Beketayev等人结合拓扑可视化、多维标度、图布局等多种可视化方法，可视化多孔材料的分子结构，如图9-9b所示，有助于设计师从微观层面了解材料的结构特征，进而选择适用于产品设计的材料。Weissenbock等人采用二进制可视化和纤维元数据可视化技术，从纤维长度、方向等宏观层面描述纤维材料的特性，并应用于纤维增强聚合物的设计分析中，如图9-9c所示。

此外，CAD技术在设计阶段也起到了非常重要的作用。CAD技术基于绘图系统将人类的思维变换为图形，从而完成复杂实体的创建、修改和优化工作，目前已广泛应用于机械设计、电子和电气、计算机艺术等领域。最新的3D打印技术更是将CAD技术带入了快速设计

第9章 工业数据可视化

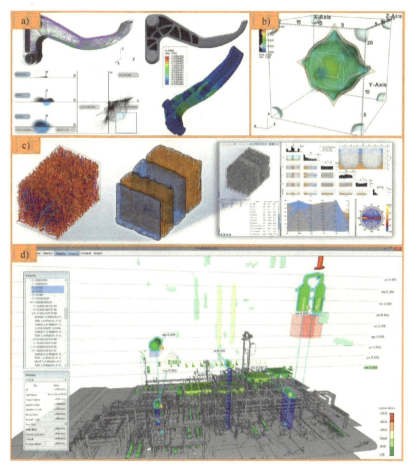

图 9-9 设计阶段的应用案例
a) 产品结构设计 b) 微观材料特性分析 c) 宏观材料特性分析 d) 生产环境设计

快速成型阶段,它可将 CAD 技术生成的数字模型直接转化为实体样品,甚至直接应用于产品制造,大大降低了生产难度与生产成本。

9.3.2 制造阶段

制造阶段是产品从意识形态向物质形态转变的过程,是生产制造生命周期中生产成本所占份额最大的环节。该阶段的主要内容是监控、管理和优化生产过程,最大化生产效率。高度数字化和互联的现代生产线提供了丰富的过程数据,能够全面反映生产过程和生产状态。可视化与可视分析能够帮助操作人员理解车间及生产线的物理结构与数据传输过程,监控生产状态和及时排除故障;它还能够加深管理人员对历史生产数据的理解,助力生产管理改革和生产过程创新。

实时监测一般是指在车间运作过程中,根据生产线各部位的多项传感数据,精确映射出各环节的生产状态,实现生产过程的同步监测。生产线监测是制造业最基本的需求,也是目前可视化技术在智能工厂中应用的核心场景之一。对比传统的监测模式,可视化的生产线监测模式有两方面的优点:一方面节省物理空间,不需要大量的物理监测设备便可以对分散的多台复杂生产设备实现集中管理，使得用户可以在有限视野范围内把控全局；另一方面提高决策的及时性和准确性，可视分析技术可以有效集成专家经验，实时评价各设备的运行状态，及时发现异常，并指导用户对生产异常进行故障排查。Xu 等人改进了经典 Marey 图，将自动化流水线上的各工作环节的处理时间和状态同时展示出来，如图 9-10a 所示，并清晰地呈现某些工作环节的延迟或故障状况。Wu 等人开发了一套交互式可视化系统，协助操作者根据经验预定义监测规则，接着将这些规则集成到一个自适应半监督的监测方案中，用于实时监测生产线的异常。Zhou 等人开发了如图 9-10c 所示的辊道窑生产状态监控系统，系统通过构建定性和定量的评估模型全面描述辊道窑的运行态势，并可视化评估结果及相关数据，便于用户及时感知和理解异常生产状态。

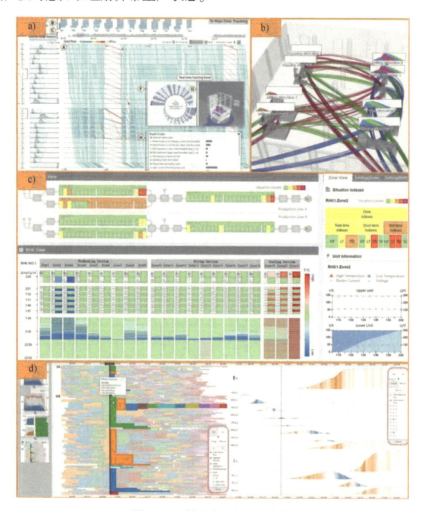

图 9-10 制造阶段的应用案例
a) 装配线的性能监控和故障排查 b) CPS 瓶颈探测 c) 复杂制造设备监控 d) 大规模生产计划优化

历史生产数据分析是指从大批量历史监控数据中寻找规律和发现知识，以促进生产流程优化与生产管理创新。面对数据量庞大和结构复杂的历史生产数据，智能技术是当前数据分析的主力军，但是完全自动、黑盒的分析过程不易理解，也不能动态地跟随需求变化进行调节与修正。可视分析技术允许用户交互式地定义分析任务、评价和调整分析模型，且能够结合制造过程的物理结构信息和数据流动状况，将自动分析所得结果，以直观、易于感知的方式反馈给用户，实现人在回路的知识发现与指导决策。LiveGantt 是一个用于大规模生产任务制定及资源调配的生产计划可视分析系统。该系统首先利用任务聚合和资源重排序算法处理生产调度数据，然后使用改进后的甘特图将这些算法的结果可视化，如图 9-10d 所示。用户可以直接观察到生产调度中效率低下的部分，并在界面上进行交互式迭代修改，直到得到满意的结果为止。Visplause 是一种结合统计模型、语义分析和多视图协同的可视分析系统，实现对多维生产时序数据的人机协同异常检测。Post 等人提供了一系列可视化界面和交互方法，如图 9-10b 所示，用于分析复杂生产系统生成的过程数据，从而辅助用户发现当前资源配置的瓶颈与冗余环节，探索生产系统设备优化方案。Sun 等设计了一个交互式可视分析系统 PlanningVis，它通过智能规划算法自动调整生产计划以快速响应制造过程或市场的意外事件，并可以交互式地从订单延误率、生产成本、库存成本及生产过剩率四个维度比较分析多种可选替代生产计划。

9.3.3 质检阶段

质检是按照设计方案验证产品的功能和性能是否达标的过程，它的核心原则是保证出厂的产品严格符合行业标准，同时也关注从质检发现的问题中总结经验，指导优化产品设计和生产流程。鉴于质检需求和质检手段的多样性，质检阶段是整个生产过程中产生数据类型最丰富的阶段。因此，为了应对多样的质检数据与分析需求，该阶段中涌现了许多新颖的可视化方法。这些可视化技术能够帮助专家理解质检数据，分析产品缺陷，改进检验方法，从而指导设计和生产优化。

产品质量评价体系通常包含多个加权评估指标，因此多维甚至高维数据是质检阶段最常见的复杂数据类型。Pajer 等人开发了一种新颖的权重空间可视化探索系统，如图 9-11a 所示，质检工程师可以交互地调整各个评价指标的权重，直观地从视觉反馈中分析出定性评价结果对于哪些指标更为敏感。Radoš 等人为多视图协同可视分析提出了一种新颖的链接和笔刷交互方法，在这种交互方式支持下，质检工程师可以从两个相关的可视化视图中，定量分析油耗指标与汽车轴设计之间的内在关系。Zhao 等人以汽车起动机耐久测试数据分析为背景，开发了一个多维时序数据的可视分析工具，帮助质检工程师分析多个起动机耐久性能指标间的长期变化趋势与相关性。

产品质检过程中通常需要使用多组不同的输入参数来验证产品的参数范围和适用性，这类质检程序将产生多维多值的集合数据。Matković 等人开发了一个可视分析系统，允许测试工程师交互式地分析汽车动力系统性能测试集合数据，如图 9-11b 所示。质检工程师可以从汽车发动机的喷射速率、喷射压力等多元参数空间中选择子集进行对比分析，从而找到合适的输入参数组合，以提高汽车动力系统的燃烧效率。

产品质检有时候会产生文本和图像等非结构化数据。针对该类数据，Amirkhanov 等人提出了一个可视化辅助的玻璃纤维增强聚合物 CT 图像分析系统，如图 9-11c 所示。该系统基于玻璃纤维的几何特征建立一个缺陷分类器，能够从图像层面识别一些典型结构缺陷。同时，该系统还使用可视化技术来呈现不同缺陷的分布特征，并提供 3D 渲染效果以帮助用户定位缺陷在实体中的位置。Sedlmair 等人开发了一个可视分析系统，用于研究车载通信网络测试中捕捉到的数百万条通信信息。该研究首先将状态机算法与异常检测算法相结合，找出车载网络通信中的潜在异常,然后应用多种可视化方法来呈现大量通信信息之间的时间和逻辑关系,突出与异常相关的通信节点,从而帮助质检工程师推理异常发生的根本原因。

在某些产品的质量检测场景中,需要用到一些特殊的检测手段,比如光检测和流体检测。这些检测手段会产生一些与自然现象有关的科学数据,引入科学可视化方法是理解检测结果的主要途径。Huettenberger 等人利用三维三角曲面绘制技术,视觉呈现汽车后备箱盖结构检测产生的光学测量数据,帮助质检工程师能够发现后备箱盖的结构缺陷。Angelelli 等人提出了一种新颖的流场可视化方法,用于汽车排气系统检测数据分析,如图 9-11d 所示。该方法根据排气系统内的主要气流方向,从视觉上拉直排气管,协助质检工程师能够直观地理解弯管内部的气流流动情况。

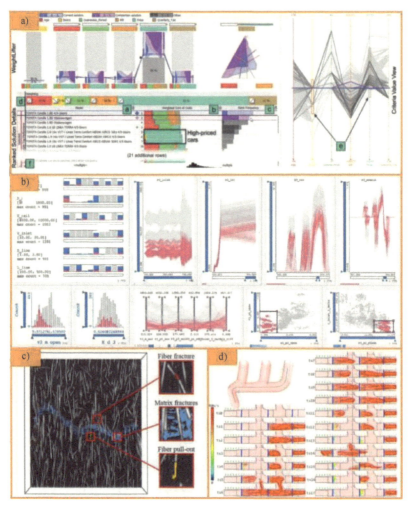

图 9-11　质检阶段的应用案例
a) 多维质检数据分析　b) 集成质检数据分析　c) 图像质检数据分析　d) 流体质检数据分析

9.3.4　服务阶段

服务阶段是指在产品出厂之后,企业继续跟踪产品的使用情况和采访客户的使用体验。

产品维修记录和客户关系数据,是服务阶段产生的两种重要数据。这些数据中往往存在一些有价值信息,但这类数据通常来源复杂,时间跨度较大,数据中有价值信息非常稀疏,且不易被发现。可视分析技术能够协助用户了解数据整体的分布及局部集群关系,帮助专家根据经验挖掘有价值的信息。这里以维护记录和客户关系数据这两个典型数据为例,说明可视化在提高售后服务和产品迭代中的积极作用。

高科技消费品(如汽车、手机等)在使用过程中难免出现或大或小的故障。根据经验,这些故障发生部位和先后次序可能存在一定的规律。这些规律在设计和质检阶段很难考虑周全,但可以从服务阶段积累的长期保养和维修记录中挖掘出来。Alsallakh 等人应用图 9-12a 所示的基于树状图的多元关系可视化方法,探索海量汽车维修记录中不同故障之间的交集关系,帮助维修工程师总结出高可信的关联规则。Sequence-Synopsis 是用于长期维修数据挖掘分析的可视分析系统,它可以从该类数据中挖掘出潜在的汽车故障演变路径,便于实现汽车故障的预防性维修,如图 9-12b 所示。Guo 等人综合考虑汽车的维修记录和服务记录,设计了 EventThread 系统用于探索汽车的使用习惯对汽车使用寿命的影响,从而向客户推送健康的使用指南,如图 9-12c 所示。

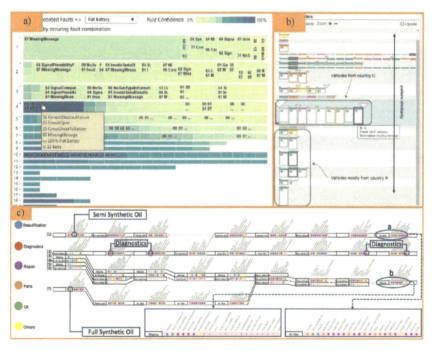

图 9-12 服务阶段的应用案例
a) 故障关联关系分析 b) 车辆故障演变路径 c) 汽车维修事件时序可视化

客户关系数据主要是以回访等形式获取客户对产品的主观评价,大规模主观评价数据中隐含了客户普遍关注的产品缺陷与不舒适体验。UTOPIAN 是一个用于探索产品反馈记录的可视分析系统。该系统采用文本主题分析算法提取客户最关心的话题,然后采用节点链接图对话题集群进行可视化,帮助客户服务人员快速识别出客户对产品的使用感受和常见的故障部件。此外,一些厂商在服务阶段非常关注对客户群体的识别,帮助商家实现个性化的用户服务并发现未来产品的潜在客户。Perer 等人提出了一个以客户个体为中心的可视分析系统来识别客户群体。该系统首先收集和汇总客户在社交媒体上的公共信息，然后构建社交图来可视分析集群间的信息流动情况，以实现面向客户集群的销售和售后服务。

9.4 面向行业的工业大数据可视化

工业制造业涉及的行业非常广泛。各行业生产环境、生产流程与产生的数据类型各不相同，因此，可视化与可视分析在各行业应用的侧重点也各不相同，如化学纤维行业注重于材料结构的分析、金属冶炼制造业注重过程设备的监控等。下面具体讨论可视化与可视分析技术在三个行业的应用情况，包括汽车制造业、石油和核燃料加工业与食品制造业。

汽车制造业是制造业的典型代表，一直以来都是工业革命的主导行业，不断推动着生产制造方式的改革与创新，如19世纪福特公司首创流水线生产模式、20世纪丰田公司首次提出精益生产方式等。在当前的工业4.0阶段，汽车制造业自然是践行智能制造的先锋领域。可视化和可视分析在汽车制造业整个生命周期中都有相对较多的应用案例。这些应用的成功得益于汽车制造业具备非常健全的数字化设计、生产和质检体系，并具有明确的数据分析需求。我们相信可视化与可视分析技术在传统燃油汽车向新能源汽车转型升级的过程中，会发挥更为显著的作用。

石油和核燃料加工业是国家能源经济的核心行业。能源开采、加工与利用的技术研究成本极高，而且还需考虑多方面的安全因素。如何保证安全生产和高效利用是行业关心的核心问题。已经有一些研究人员将可视化与可视分析技术应用于协助解决这些问题，以从多方面降低生产成本，保障生产安全，促进能源经济发展。例如，Höllt等人利用可视分析油井地理信息数据，制定高效安全的开采方案；Maljovec等人借助可视化模拟核反应堆加工状态，以优化生产安全设置；Sahaf等人通过时空可视分析来探索历史生产安全事件数据，预防事故发生。

食品制造业是典型的轻工业，民以食为天，该行业关乎国计民生，是民众最广泛接触的工业领域。在食品安全、食品加工和食品销售相关数据分析中可以初步看到一些可视化与可视分析应用案例。例如，Chen等人开发了一个可视分析系统，从时间和空间上分析食品沙漠问题，帮助政府部门协调多个地区的食品种类分布不均问题；Chen等人开发了用于农药残余数据的可视分析系统，该系统帮助人们了解农药依附在食物上的时间变化规律，从而采用有效措施减少农作物上的农药残余；Sarkar等人利用流体可视分析空气冲击装置的气流喷射形态，协助改进设备的喷嘴结构，从而减少了该装置在干燥、冷冻等食品加工过程中的原料损失。

除了针对行业领域的特殊需求，也有研究人员开始探索可以通用于多个行业的可视化与可视分析技术。例如，Peng等人关注复杂产品与设备的维修成本，建立了一个可视化模拟维修系统，能够对当前的设计模型进行可维护性验证，以指导设计人员根据验证结果迭代式调整设计方案，并应用于航天航空、通用机器人等大型复杂设备的部件设计中；Amirkhanov等人关注广泛应用于通用设备、电子器件等带外壳金属制品的CT扫描检测技术，提出了一种基于图像的金属分割算法，自动分离图像中的金属部分，然后用可视化技术展示分离结果和辅助算法参数调优。

9.5 典型应用案例

9.5.1 连续型辊道窑生产状态监控数据可视化

1. 背景介绍

连续型辊道窑（RHK）是一种将电能转化为热能的烧结窑炉，属于轻体连续工业窑炉，广泛应用于磁性材料、锂电池正极材料、化工粉末等产品的快速烧成，具有能耗低、烧成周期短、炉温均匀度好、劳动成本低等特点。它主要由进气和抽风系统、传动系统、温控系统以及监测系统四大系统构成。窑炉主体结构包括连续的3个烧结区，由多个温区组成（本案例中为21个温区），如图9-13a所示。其中，1~9号温区为升温段，10~18号温区为恒温段，19~21号温区为降温段。每个温段的生产功能不同：升温段主要是烘干并排出原料中的水分及排出部分化学反应过程中产生的废气（如 SO_2、CO 等），需要有足够的进气量和畅通的排废气功能；恒温段主要为排出升温段没有排出的废气和生成合格的产品，重点考虑了抗腐蚀、温度均匀、保温节能等功能；降温段则是使烧结产品的温度从1100℃降至出炉口温度80℃，该段采用自然冷却夹套风冷相结合的方式。

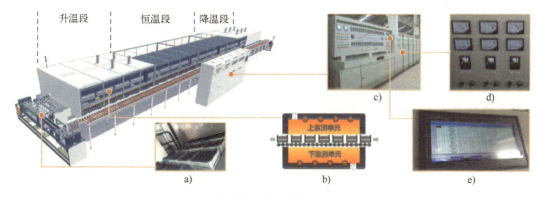

图9-13 连续型辊道窑结构及工艺示意图
a）辊道窑内部 b）温区内部结构 c）RHK控制台 d）传感器数据1 e）传感器数据2

RHK的每个温区都有独立的温度控制系统，能够按照不同的烧结条件来生产多类型的锂电池材料。温区内部结构如图9-13b所示，底部和顶部都装置有一定数量的硅碳棒（杆状），原材料从上下两层硅碳棒之间通过。气体（主要为 N_2 和 O_2）从底部进气口中进入，参与化学反应，最后从顶部出气口回收高温废气，如原材料中的水分、化学反应过程中产生的废气。此外，温度被划分为上下两个监测单元，分别为上温区和下温区。每个温区都有单独的温度传感器和调节器，调节器通过传感器获取的实时生产数据不断调节加热元件的电流和电压，使监测单元温度稳定在设定温度附近，保证正常生产。RHK控制台如图9-13c所示，主要存储生产数据并提供控制面板。操作人员可以使用控制面板对RHK运行状态进行调整，如提高温度的设定值、加快托辊的转动速度等。其中，传感器所获取的实时数据和历史数据可以在机柜的仪表盘或主控台的触摸屏上查看，如图9-13d、e所示。

流水线生产时，首先将混合搅拌后的原材料装钵之后上下叠放为两层，放置于辊道窑入口处，托辊转动将原料钵缓慢送入窑内（图9-13a）。经过升温段温度逐渐升高，原材料中的水分被蒸发并排出。接着进入恒温段，该烧结区为整个窑炉中最长且温度最高的部分。高温作用下，原材料将发生一系列的化学反应，比如 $Li_2CO_3+Co_2O_3+O_2 \rightarrow LiCo_3O_2+CO_2$。最后烧结后的原材料进入降温段，经过温度梯度下降的3个温区，将产品逐步冷却到室温并送出辊道窑。

2. 数据说明

为保证经过RHK烧结后产品的合格率，在生产过程中需要严格控制每个温区的实时温度，避免太高或太低。窑炉主体部分安装了大量的传感器，实时捕获RHK中的生产变量测量值。控制器根据传感器反馈的数据以及系统设定值，基于控制模型计算出输出值，调整调节器输入，控制流程如图9-14所示。

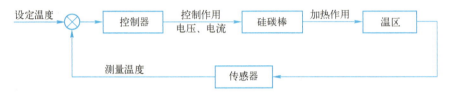

图9-14　连续型辊道窑控制流程

在控制流程中，RHK的原始数据主要包括配置数据、生产数据和报警日志。配置数据由厂商根据专家经验、产品的型号事先配置，核心内容包括21个温区的设定温度、安全偏差范围及温区内上下监测单元之间的温差范围。

生产数据包括温度、电压和电流。温度是控制器的输入参数，表征整个生产工艺的稳定性，也是评定这个窑炉生产效益的指标；电压（取值范围为0~450 V）是控制器的输出变量。当温度比设定值大或比设定值小时，可以通过调节电压来调节温度的变化；电流（取值范围为0~150 A）跟随电压的变化而变化。该部分数据由嵌入在各监测单元中的各传感器采集后上报到控制台，不同生产线上RHK的传感器采集频率有所不同，本案例选用的数据集采集频率为5 min/次。如图9-13d所示第一列仪表盘记录的是某一温区的上温区的实时状态，其电压和电流分别是180 V和10 A，表示该装置中的硅碳棒正在运作中，且当前温度和设定温度都是1063℃，说明该装置的调节器能够正常工作。

报警日志记录各监测单元的异常高温状态，包括一级报警（测量温度超过设定温度5℃）和二级报警（测量温度超过设定温度10℃）。报警日志每5 min更新一次，在主控台的触摸屏中以表格形式展示。

3. 需求分析

工作人员主要通过分析RHK的实时生产数据来评估RHK的运行状态，然而在实时评估过程中，他们面对着许多困难。第一点，受限于当前的报警机制，即便RHK的过程数据提供丰富的设备信息，当前报警机制却只考虑单一变量（温区实时温度）。同时大多数短期的异常温度报警都是误报，对于短暂的温度波动，自动控制器能够根据反馈的温度进行调节，重新稳定温区温度，此场景并不需要人为干预。如此，报警日志中充斥了大量的误报记录，工作人员无法从中获取RHK真实的运行状态。第二点，需要综合考虑多个不同功能的温区。RHK中不同的温区有着不同的传热机制和物理环境，导致同样的温度异常所相应的处理方法不同。比如最后一个温区（21号温区）不可能完全封闭，不可避免会与室温进行热对流，导致温度波动较大，但对产品质量影响不大；而恒温段内的温区要求非常稳定的热传递，确保原料能够完成充分的化学反应，因此即便是细微的温度偏差也是不允许的。这使得评估一个温区的运行状态成为繁杂且依赖专家经验的任务，更不用谈论RHK的整体运行状态了。第三点，工作人员为了获取RHK传感器捕获的实时生产数据，需要查看数百个仪表盘，存在严重的视觉认知负担。同时仪表盘位置分散，且温度显示上没有明确标识是否存在异常，即便熟练的从业者也需要近10 min的时间才能检查完所有的仪表盘。第四点，RHK的主控台目前没有提供传感器数据和报警日志的协同分析功能，导致异常分析耗时长、决策效率低等问题。为解决这些痛点，需要设计一个全面反映RHK运行状态的综合指标，以及一个直观、详细和具备交互的可视化系统，用于实时监测生产过程数据和异常排查。

在设计RHK运行状态的综合指标时，有如下要求。

R1：考虑更多的影响因素。评估体系需要考虑更多有关温度异常的因素以及各因素之间的关系，以充分利用过程数据，提高数据的集成性。

R2：丰富报警级别。评估体系应提供细粒度且灵活的报警级别，使用户能够直接感知到警报的严重性并根据轻重缓急做出应对策略。

R3：评估RHK的整体运行状态。评估体系需要综合考虑RHK内所有温区的运行状态，并根据所有局部状态生成RHK的整体状态指标，同时体现不同温区对RHK整体状态的影响力。

R4：融合专家经验。对于RHK这样的专业复杂设备，专家的经验是决定评估体系是否严谨可靠的重要因素。系统应支持用户定义异常相关的参数、划分异常等级、自定义各温区的权重等。

针对RHK的实时状态监测与异常分析，设计交互式可视化界面时，有如下要求。

R5：促进用户对RHK实时运行状态的直观和高效的感知。系统需要设计一个直观、紧凑的可视化界面，以表示车间内多个RHK和内部各温区的运行状态，并突出异常信息。同时，需要充分映射车间的物理结构，帮助用户快速定位到异常对应的RHK和温区。

R6：促进用户对异常原因的追溯，进行有效决策。系统应支持对过去几小时的过程数据进行交互式深入探索，协助用户理解异常相关的温区的温度变化趋势和对可能造成异常的原因进行排查。

R7：遵循保密原则。生产不同型号产品的RHK各温区所设定的目标温度都是通过多次试验生产得出的最佳参数。系统应使用特定的编码来传达各温区的配置信息，以避免将配置信息暴露给其他无关人员。

R8：视觉编码时考虑不同信息的优先级。在实时监测过程中，除非出现温度异常，否则用户不会去观察温区的电压和电流值。此外，在异常分析中，用户依赖于过去三小时内的过程数据，特别是最近半小时的过程数据。因此在可视化设计中，系统应充分考虑用户对数据的浏览习惯。

R9：视觉隐喻和交互设计应该遵循用户的认知模型，应用用户熟悉的视觉隐喻和轻量级的交互操作。由于大多数目标用户缺少复杂的可视分析应用程序的使用经验，因此系统可视化设计上应该保持直观性，易于用户阅读，且保证交互操作足够简单。

4. 态势感知评估模型设计

RHK是一个具有动态性、复杂性特征的控制系统，由几十个不同的温区组成，这些温区在锂电池正极材料烧结过程中，受不同物理环境影响。通过将态势评估概念引入RHK的实时生产监测中，采用运行态势值作为一个综合指标，衡量一台RHK的运行状况、生产趋势等。为了实现可量化且易于理解的态势感知，本节设计了一个定性和定量相结合的态势评估模型，主要内容包括态势评估体系的构建和态势值的计算两部分。

态势评估体系：构建态势评估模型的关键和基础是设计一套针对复杂系统综合态势描述的评价指标，因此本节提出了一个多层次多指标的评估体系来描述RHK的运行态势。指标体系的设计从以下三方面考虑：首先，多变量的传感器实时数据是指标设计的数据基础，而捕获并存储的历史数据蕴含着大量有关设备运行趋势的信息，可以用来辅助异常事件的识别和推理；其次，RHK内各温区的物理结构基本一致，传感器采集的数据相似，可以设计统一的评估指标；最后，保持与RHK物理结构对应的评价指标层次性，有利于自下而上汇总得到一个温区的运行状态以及从局部到全局汇总RHK的运行状态。

态势评估体系由温区层次指标和层次RHK结构两部分组成。温区层次指标结构如图9-15所示，使用三组不同时间跨度的指标来描述一个温区的运行状态。实时指标仅考虑某一温区当前时刻捕获的传感器数据，短期指标和中期指标分别应用该温区30 min和3 h的生产数据集，如此整个层次指标结构共11个指标，可分为以下4类。

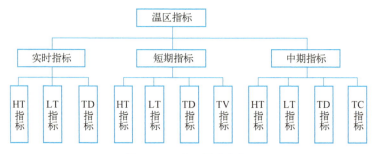

图9-15 温区层次指标

1) HT和LT指标：分别表征一个温区在指定时间周期内检测到的温度高于或低于预设的目标温度的严重程度。

2) TD指标：表征在指定时间周期内，温区内上下监测单元温度的差异程度。生产过程中，总是期待同一温区的两个监测单元温度保持一致，然而由于各单元的硅碳棒是单独控制的，再加上温区内复杂的热对流和热辐射，以及可能出现的温区密闭性问题，常常出现两个单元温度不相同的现象。

3) TC指标：反映一段时间内一个温区的温度控制器的工作性能。温度控制器对异常温度的自动调节是滞后的并且循序渐进的，必须通过较长一段时间（长于1 h）的传感器数据才能评价控制器作用。因此，只有中期指标分组中有这个指标。

4) TV指标：反映一段时间内一个温区的温度波动情况。由于实时指标数据集属于单值类型，短期内考虑温度的稳定性有一定的参考价值，中期指标中TC指标更能反映温度波动情况，因此TV指标仅存在于短期指标分组中。

RHK的分层结构严格遵循如图9-16所示的物理结构，将内部的所有温区按照工艺要求分为三个功能区。每个温区内使用如图9-15中同样的指标体系，用户可以通过修改单一温区内的指标权重来体现温区的差异性。整个RHK的运行态势融合各温区的运行态势，并充分考虑各温区在生产中的作用大小,最终得到整体的态势状态。

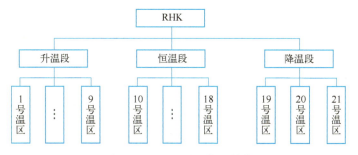

图 9-16 RHK 层级物理结构

态势值计算方法:态势评估指标体系全面描述了 RHK 的运行状态,但是这种基于专家经验的文本表征方式,不够科学精准,也不利于在可视化界面中进行直观的可视化编码。因此,进行定性和定量相结合的态势评估是科学管理的体现,也是以用户为中心的系统设计内在需求。同时,实际的工业场景也有丰富的过程数据可以支持量化的态势分析,用户丰富的生产管理经验则有利于将量化结果转化为定性的态势值。

态势值的计算分两步进行,第一步是对指标进行量化计算,第二步是对定量结果进行定性映射。在阐述如何根据某一温区的过程数据计算各评估指标的量化态势值之前,先介绍计算过程中用到的一些符号定义。

1) T_{tg}:温区预设的目标温度。

2) i:一个离散时间变量,表示时间片的序号,其中,每个时间片为 5 min。

3) tu_i,tl_i,cu_i,cl_i,vu_i,vl_i:分别为第 i 个时间片内上下监测单元的温度、电流和电压的测量值。

于是,可以定义在 N 个时间片周期内的 HT、LT、TD 和 TV 的态势量化公式如下:

$$\text{SitValue}_{\text{HT}} = \frac{\sum_{i=k}^{k+N}(tu_i - T_{tg}, \text{if}(T_{tg} < tu_i)) + \sum_{i=k}^{k+N}(tl_i - T_{tg}, \text{if}(T_{tg} < tl_i))}{\text{Count}(T_{tg} < tu_{i=k,\cdots,k+N_i}) + \text{Count}(T_{tg} < tl_{i=k,\cdots,k+N})} \tag{9-1}$$

$$\text{SitValue}_{\text{LT}} = \frac{\sum_{i=k}^{k+N}(T_{tg} - tu_i, \text{if}(T_{tg} > tu_i)) + \sum_{i=k}^{k+N}(T_{tg} - tl_i, \text{if}(T_{tg} > tl_i))}{\text{Count}(T_{tg} > tu_{i=k,\cdots,k+N}) + \text{Count}(T_{tg} > tl_{i=k,\cdots,k+N})} \tag{9-2}$$

$$\text{SitValue}_{\text{TD}} = \frac{\sum_{i=k}^{k+N}|tu_i - tl_i|}{N} \tag{9-3}$$

$$\text{SitValue}_{\text{TV}} = \frac{\sum_{i=k}^{k+N}((tu_i - tl_i) - \overline{(tu_i - tl_i)})^2}{N} \tag{9-4}$$

关于 TC 指标的计算相对比较复杂,RHK 在温度控制上通常使用 PID 控制模型。这种控制器根据温度偏差值和偏差的一阶、二阶导数多维输入,通过调节硅碳棒的电流的大小来增量式渐进式地控制温区内的实时温度。因此,可以通过寻找一段时间内温度和电流的关系,来判断控制器的温度控制性能。在尝试了多种双变量关系度量算法(如皮尔逊、斯皮尔曼

等相关系数)之后,发现斯皮尔曼相关度具有对数据的分布没有硬性要求的优点,故而定义 TC 指标的量化公式如下:

$$\text{SitValue}_{TC} = \text{spearman}(\boldsymbol{E}_{tu}, \boldsymbol{E}_{cu}) + \text{spearman}(\boldsymbol{E}_{tl}, \boldsymbol{E}_{cl}) \tag{9-5}$$

式中,

$$\begin{cases} \boldsymbol{E}_{tu} = [e_{tu_{i+N}}, \cdots, e_{tu_i}] \\ \boldsymbol{E}_{tl} = [e_{tl_{i+N}}, \cdots, e_{tl_i}] \\ \boldsymbol{E}_{cu} = [\Delta cu_{i+N}, \cdots, \Delta cu_i] \\ \boldsymbol{E}_{cl} = [\Delta cl_{i+N}, \cdots, \Delta cl_i] \end{cases} \tag{9-6}$$

$$\begin{cases} e_{tu_i} = \Delta tu_i + \Delta \dot{t}u_i + \Delta \ddot{t}u_i \\ e_{tl_i} = \Delta tl_i + \Delta \dot{t}l_i + \Delta \ddot{t}l_i \end{cases} \tag{9-7}$$

$$\begin{cases} \Delta tu_i = T_{tg} - tu_i \\ \Delta tl_i = T_{tg} - tl_i \\ \Delta cu_i = cu_{i+1} - cu_i \\ \Delta cl_i = cl_{i+1} - cl_i \end{cases} \tag{9-8}$$

态势值计算的第二步是如何将定量的态势值转化为定性的态势等级。参照美国国家安全等级划分方法,定义 5 个运行态势等级,5 个态势等级使用 1~5 分表示,即定义态势值的模糊集合为

$$\textbf{SitLevels} = [1, 2, 3, 4, 5] = [\text{low}, \text{guarded}, \text{elevated}, \text{high}, \text{severe}] \tag{9-9}$$

接着,将用户输入的各指标阈值和隶属函数结合起来,为态势等级分配与之对应的指标值。在隶属函数的选择上,选择模糊计算中最为常用的梯形模糊隶属函数,因为该隶属函数计算简单且容易理解,同时在实验过程中效果良好。由于指标的取值一般是在特定阈值区间内的数值,不同指标有不同的取值区间,同时也为了充分考虑专家经验的作用(R4),隶属函数并不是固定不变的,而是根据专家对该指标的约束区间计算生成的,即按照约束区间生成隶属评估矩阵 $\boldsymbol{X} = [x_1, x_2, x_3, x_4, x_5]$,将输入值的定义域划分为 N 段梯形区域,这些区域与模糊集合中的 N 个变量对应,如图 9-17 所示,隶属函数表达式如式(9-10)所示。

$$p(m)(\text{SitValue}) = \begin{cases} \dfrac{\text{SitValue} - x_{m-1}}{c - x_{m-1}}, & x_{i-1} \leq \text{SitValue} < c \\ 1, & c \leq \text{SitValue} \leq d \\ \dfrac{x_{m+1} - \text{SitValue}}{x_{m+1} - d}, & d < \text{SitValue} \leq x_{m+1} \\ 0, & \text{其他} \end{cases} \tag{9-10}$$

式中,c 和 d 分别为 x_m 的左右四分之一点;x_m 为隶属评估矩阵 $\boldsymbol{X}$ 中的元素,即

$$c = x_m - \frac{x_m - x_{m-1}}{4}, \quad d = x_m + \frac{x_{m+1} - x_n}{4} \tag{9-11}$$

依照式(9-10)可以得到指标态势值与各等级态势离散值的隶属度,定义为模糊关系向量 $\boldsymbol{P}$,则

$$\boldsymbol{P} = [p(1), p(2), \cdots, p(m)], m \leq 5 \tag{9-12}$$

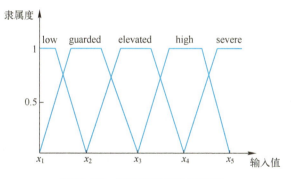

图 9-17 梯形隶属函数示意图

对于单一指标的等级计算,选择向量 P 中最大隶属度对应的离散值作为其态势等级。对于每个指标分组(如短期指标分组),将得到 k 个指标态势值与态势等级的模糊关系矩阵 R:

$$R_{k \times m} = \begin{bmatrix} P_1 \\ \vdots \\ P_k \end{bmatrix} \quad (9-13)$$

接着根据用户设置的加权模糊集 $W = [\text{weight}_1, \text{weight}_2, \cdots, \text{weight}_k]$,做模糊变换得到指标分组对于态势模糊集合 **SitLevels** 的隶属度矩阵 **PW**:

$$\mathbf{PW} = \mathbf{W} \circ \mathbf{R} = [\text{weight}_1, \cdots, \text{weight}_k] \begin{bmatrix} P_1 \\ \vdots \\ P_k \end{bmatrix} \quad (9-14)$$

从 **PW** 中选取隶属度最大的离散值作为该指标分组的态势等级。根据此方法,可以按照图 9-15 的层级关系依次从下到上得到各非叶子节点,包括层级结构中的根节点(即温区)的态势等级。同理,在计算得到 RHK 内各个温区的态势等级后,可以根据用户输入的温区权重向量以及图 9-16 的 RHK 层级结构进一步得到整个 RHK 从局部到全局的态势等级。

5. 可视化与交互方法设计

为了提高用户在 RHK 日常监测和故障排查中的态势感知能力,本节探索并开发了一个可视分析原型系统。该系统应用可视化技术,呈现 RHK 的生产过程数据和态势评估模型计算所得的态势信息。系统采用基于物理结构的视觉模式,使用户能够从全局到局部快速感知到异常的 RHK 和温区及其在真实物理环境中的分布特征。同时,系统遵循"先总览,后过滤,再按需细分"的可视化数据分析思路,提供多视图协同的可视化和交互功能,支持深入挖掘数据规律,帮助用户从上到下了解异常情况,更好地进行异常推理和决策。下面将在用户实际需求和惯性操作等信息指导下,探究原型系统的可视分析和交互设计细节。

车间结构及生产状态映射:车间结构及生产状态的可视化效果如图 9-18 所示,该图呈现了车间内所有 RHK 及其内部温区的实时运行状态,以支持日常监测和检查,满足"促进态势感知"和"异常态势定位"的设计需求。为了方便异常的快速定位,系统设计上遵循用户的心理模型,结构上参照真实物理环境下"车间—生产线—RHK—温区"的设备层次进行可视化映射。首先,设计一个抽象而形象的生产线,表达出生产线的各项生产工序,并突出显示生产线上的 RHK。接着根据 RHK 的长方形结构,使用一个矩形来代表 RHK,矩形下面依次排列几十个小矩形来映射 RHK 内的多个温区，并用空白区域合理隔开不同温段，以区分 RHK 内不同的功能区域。如图 9-18 所示，该车间内并列排放两条生产线，每条生产线由多道依次执行的工序组成。首先单条生产线经过加料、混合称重工序之后一分为两条流水线，两者并行工作以加快烧结速度。两条流水线分别经过装钵和一烧 RHK 烧结之后，执行粉碎搅拌工序，再次加入原料混合装钵之后进入二烧 RHK 烧结。因此每条生产线包括 3 台 RHK 设备，两台一烧 RHK 设备的设置参数基本一致，二烧 RHK 的设定温度略有不同。

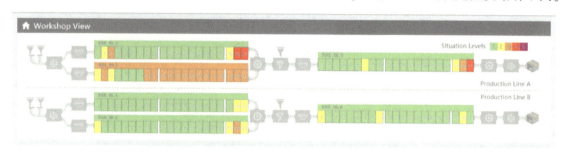

图 9-18　车间结构及生产状态可视化效果图

为了促进有效的态势感知，设计编码遵循"易于阅读和突出异常（R5，R9）"的设计原则，使用 5 级编码态势评估模型中对应的 5 个态势等级。其中，高风险的态势级别需使用醒目的颜色编码，故而采用"绿色—黄色—橙色—红色—紫色"编码 1~5 的态势等级，并作为背景色填充到大小矩形中，分别编码 RHK 的整体运行态势和各温区的运行态势。如图 9-18 中编号为 1 的 RHK，大矩形为绿色，表示该 RHK 整体运行状态良好。下侧的小矩形中多数呈现绿色，代表多数温区态势等级为 1，运行状态很好。部分温区呈现黄色、橙色和红色，表示这些温区态势存在异常，其中，2 号温区与 19 号温区态势等级为 2，3 号温区态势等级为 3，20 号温区和 21 号温区态势等级为 4，需要进行观察，必要时展开异常分析。

RHK 生产数据层级可视化：RHK 生产数据的层级可视化是用户进行数据处理和分析的主要模块，如图 9-19 所示。该视图可视化 RHK 中所有温区内核心传感器所捕获的多属性过程数据，为探究温区变化趋势和异常原因推理（R6）提供丰富的上下文信息。下面将从时空布局、温度值编码和多属性数据编码三方面阐述该部分可视化设计原理及设计过程。

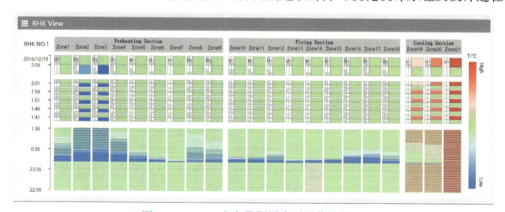

图 9-19　RHK 生产数据层次可视化效果图

生产数据的层级可视化在空间维度上需要表示 RHK 的物理结构和 21 个温区之间的位置关系，在时间维度上则需要呈现生产数据的时变特性。在空间布局上，这里探索了三种常见可视化布局，分别是径向布局、水平布局和垂直布局，如图 9-20 所示。

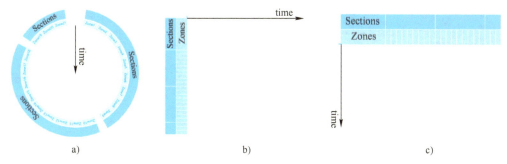

图 9-20　布局方式对比图
a）径向布局　b）水平布局　c）垂直布局

在径向布局中，温区沿圆的弧线排列，径向方向表示时间；在水平布局中，温区垂直排列，时间从左往右横向递增；在垂直布局中，温区和时间分别沿水平方向和垂直方向递增。三种布局都以紧凑的排列方式可视化一定时间范围内的生产数据，以实现在有限视野范围内尽可能呈现多的信息（R5）。其中，径向布局的空间利用率最好，而横向布局适用于常见的宽屏显示终端，可以编码足够长的时间周期。但是，RHK 的温区在物理空间上是水平排列的，仅有垂直布局与用户的心理模型相吻合，其他两种布局都将增加用户的辨识负担。

在时间维度上，折线图、条形图和面积图都是可视化时序数据的典型图表。以 3h 内的 RHK 的 21 个温区的生产数据为样本数据，三种图表的可视化效果如图 9-21 所示。当以紧凑形式排列多个温区的生产数据时，40 多个并列的折线图、条形图和面积图都会存在大量的空白区域，这将严重分散用户探索数据细节的注意力。因此，这里采用基于矩阵的热力图来编码时间维度。该方法不仅与车间结构的可视化形式保持一致，而且有利于直观表达各温区温度的时变特征，形成统一的数据模式，实现快速交叉比较。如此，用户可以方便地从宏观角度识别温度变化趋势，并在微观层次上快速识别异常事件的时空分布。

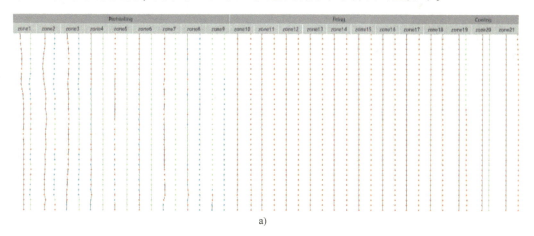

图 9-21　时间维度上分别应用折线图、条形图、面积图效果示意图
a）折线图

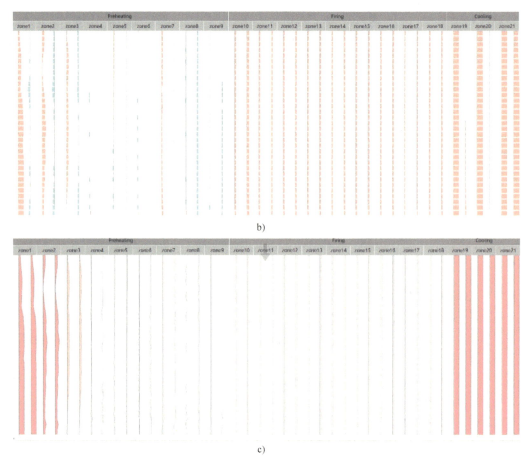

图 9-21 时间维度上分别应用折线图、条形图、面积图效果示意图（续）
b）条形图 c）面积图

图 9-22 给出了 RHK 生产数据层次可视化设计原理，x 轴表示 RHK 的空间信息，即 1～21 号温区。由于数据的重要性随着时间的推移参考价值逐渐变低，因此在时间维度的可视化设计上应用了分段多尺度的比例尺。根据生产数据的重要性分布，越重要的数据时间尺度越大，即以更多的空间可视化单位时间的生产数据。具体实现上，y 轴分为三部分编码时间信息，第一部分使用最大的时间尺度来强调温区当前的生产信息，第二部分以中等的时间尺度可视化 30 min 内的生产数据，最后一部分以最小的时间尺度、紧凑的排列方式呈现过去 3 h 内的生产数据。这种层次化的设计可以突出显示当前时刻各温区的生产细节，并在有限的屏幕空间中保留小范围的历史数据，体现数据的时变模式。同时，这样的层次化结构也符合用户对生产数据的分析习惯（R8）。

基于矩阵的热力图可视化设计方案有助于体现生产数据中最重要的属性——温度的时变性。针对 R7 的保密性要求，在可视化编码中，使用温度残差（实际温度与目标温度之差）来代替实际温度，作为数据编码的输入变量。如图 9-22 所示，使用一个矩形来代表一个温区，并将其等分为上下两个单元格，表示该温区的两个监测单元。每个单元格的颜色表示其温度偏差的大小。在颜色映射上，根据用户在设置 HT 和 LT 指标时输入的各温区阈值，分级编码温度残差，其中，绿色指示安全范围内的残差值，红色和蓝色分别表征监测单元的正负残差值,颜色越深代表偏差越大。

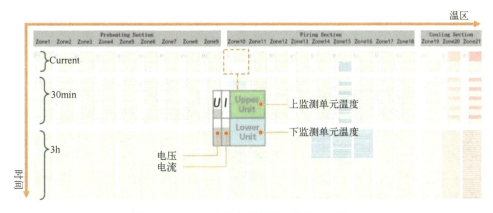

图9-22 RHK生产数据层次可视化设计原理

除了温度属性之外,生产数据中的电流和电压属性也是用户关注的信息。如图9-23所示,在每个单元格的旁边以两个灰色柱子分别编码该单元单位时间内的电压值和电流值。其中,灰色柱子的高度编码电压或电流的大小,柱子越高,数值越大。由于电压、电流属性作为辅助信息,视觉意义小于温度属性,因此可视化上空间占比较小,且仅呈现半小时内生产记录中的电压、电流。这种设计方案遵循用户对R8中描述的多属性数据探索习惯,同时能够合理利用有限空间,避免在同一视图中不分轻重地展示过多信息而造成视觉混淆。

图9-23 温区态势量化结果可视化效果图
a) 温区态势分布 b) 窑炉态势分布 c) 交互式参数定义1 d) 交互式参数定义2

温区态势量化结果可视化:温区态势量化结果的可视化目的在于支持单个温区的生产数据分析,图9-23中展示了该部分的可视化效果,由多个可视化图表组成,总体分上下两部分。

上半部分以冰柱图的形式展示了态势评估指标的层次结构以及当前时刻某温区的态势水平（R1，R4）。冰柱图内每个矩形宽度编码对应指标的权重，呈正比关系，宽度越大表征权重越大。另外，矩形的颜色标识对应指标的态势级别，如此，整个冰柱图可以直观地表达出各指标对温区整体态势的影响，用户可以从中快速分辨出影响力最大的指标。该模块提供两种模式的冰柱图，分别是温区态势分布（图9-23a）和窑炉态势分布（图9-23b），对应图9-15和图9-16的两个层级结构。

下半部分用于可视化一段时间（6个单位时间）内某温区上下两个单元的温度、电压和电流值。在可视化设计上，从以下三方面展开探究：首先，温区内核心的6个传感器变量应当遵循温区的内部结构，分为两部分，分别从属于上监测单元和下监测单元。其次，为了维持系统的统一性，设计理念应当与RHK生产数据可视化保持一致，遵循紧凑布局和减少视觉混淆的设计原则。最后，按照系统"先总览，后过滤，再按需细分"的可视化思路，温区态势量化结果属于细化层级，需要着重于温区的详细信息，补充其他视图中缺失的生产数据，因此应该强调电压和电流值相关的变化趋势。

图9-23a、b所展示的最终效果中，下半部分包括两个相似的复合图表，分别显示一个温区中两个监测单元的历史生产数据（R6）。单一监测单元的复合图表由两条折线和一个多层面积图组成，其中，两条折线分别代表该单元在一段时间内电流值和电压值的变化趋势，多层面积图表示该单元温度残差的变化情况。图9-24给出了该多层面积图的设计过程：首先，从纵轴上将面积图分割成大小均匀且不重叠的带状分层。接着将这些分层按顺序叠放，并将负值温度残差偏移到图表的顶部，使其与正值温度残差处于同一可视化空间中。最后，分别以红色和蓝色编码温度残差值的正负，以饱和度编码层次，颜色越深，单位面积表示的温度残差越大。多层面积图的设计方案能够有效应对温度残差波动较大的情况，减少原始面积图的高度，且有利于温度异常程度的快速感知。

图9-24　多层面积图设计原理

人机交互方法：在可视化的基础上，系统还提供了一组轻量级交互（R9）来帮助用户展开交互式的数据探索。

多视图协同分析：系统支持车间结构视图、RHK生产数据视图和温区态势量化结果视图之间的联动式更新。在日常巡检过程中，用户一般会先从车间层级观察整体情况，然后选择感兴趣的RHK进一步探索。在RHK视图中，通过对数据的整体感知，用户能够识别出RHK所有温区的态势时空模式，选择一个重点温区进行更深入的分析。最后通过温区视图中的详细信息对模式做出解释和处理。视图中的所有数据定时更新，也支持用户交互式更新下一层级的视图，以便进行日常监测。其中，车间视图中RHK和各温区的实时态势、RHK视图中的当前时刻的生产数据都是根据实时采集数据不断更新，RHK视图和温区视图中的历史数据则按传感器采集频率每 5 min 动态更新。

按需加载信息：当用户在视图中移动或单击鼠标时，系统将提示更多详细信息。例如，当用户将鼠标悬停在各可视化元素上时，将弹出悬浮框告知相应元素数据编码前的原始信息。当用户在 RHK 视图中单击矩阵热力图中的某一行时，会出现一个与温区视图中复合图表类似的嵌入式图表，可以更准确地表示某一单位时间内不同温区的温度残差、电压和电流，如图 9-25 所示。

图 9-25 轻量级交互功能

交互式参数定义：在态势评估模型中，权重体系由用户自定义配置，包括 RHK 中每个温区的权重、温区中每个态势评估指标的权重以及每个评估指标定性时对应 5 个态势等级的阈值。根据实际模型需要，用户可以在选项卡的控制面板中交互式设置这些参数，如图 9-23c、d 所示。

6. 案例分析

图 9-26 是 2016 年 12 月 19 日凌晨 2 点 6 分系统的实时监测情况，在车间视图中（图 9-26a）直观地描绘了车间内 6 个 RHK 及其 126 个温区的态势等级分布情况。以生产线 A 为例，易发现 RHK1 和 RHK3 仅在升温段和降温段存在个别异常温区，整体运行情况良好，而 RHK2 的总体运行状态则存在明显的高风险，大部分温区都有异常警示。接下来，将对每个 RHK 进行详细的分析和阐述。

案例一：控制器的参数调节

在上面的分析中，可以清晰看到 RHK1 总体状态良好，但 2 号温区出现了高危预警，为了对异常展开分析，可通过交互操作，在图 9-26b、c 分别呈现 RHK1 的生产数据和 RHK1 中第 2 号温区的详细数据。图 9-26c 的态势量化结果分布图指明当时 2 号温区的中期指标处于高风险状态，图 9-26b 的 RHK 视图也提供了丰富的上下文信息来验证这一点。

在 12 月 19 日的 0 点前后，RHK1 所有的温区同时出现低温，这是 RHK 重启的典型现象。在突变事件之后，经过温度控制器的自动调节，大部分温区很快调节至正常温度范围，但 2 号温区下监测单元却在后续的两个小时中持续处于低温状态。同时，对比图 9-26d 的两个复合图表，可以发现面对突发干扰，2 号温区的上监测单元很快调节至稳定，而下监测单

图 9-26 2016/12/19 02:06 系统监测实况
a) 车间视图 b) RHK 视图 c) 温区视图 d) 复合图表

元虽然电流始终振荡式调节,但实际加热效果并不明显。RHK 升温段起始温区中存在低温是一种普遍现象,主要原因是室温状态的原料源源不断送入窑内烧结,工艺要求经过 1~3 号温区后迅速加热到 700℃,需要大量的热量。因此硅碳棒加热产生的热量被不断带走,造成窑体温度稍低。为了降低低温异常对产品质量的影响,专家建议调节控制器的相关参数。假设窑炉加热调节器使用的是 PID 模型,则可以增大其比例参数,以减少调节时间。

案例二:传感器异常的识别

针对 RHK2 的大面积异常,可以查看其生产数据视图做进一步分析,如图 9-27 所示。从图中可以清楚地发现其大部分温区都有超过 3 h 的低温,极有可能存在数据异常。此时用户悬浮查看其原始传感器数据,发现测量温度数据显示为"NaN"异常值,可以推断该大面积异常是由传感器通信故障造成数据捕获异常,而非数值数据不能正确编码,使得系统显示异常,此时亟需对相关温区传感器展开线路检查和修理。经过维护,这些温区在第二天早上恢复正常。

图 9-27 2016/12/19 02:06 时刻 RHK2 监测实况

第9章 工业数据可视化

案例三：局部异常的定位与分析

为了体现系统在异常分析上的作用，另外选取 2016 年 10 月 23 日下午 RHK3 的局部异常展开案例分析。通过对整体态势的感知，可以发现 RHK3 中 4 号温区和 7 号温区存在明显异常，查阅其生产数据（图 9-28）以对异常做进一步解释。

4 号温区的下监测单元温度在近期的多个监测时间片中都处于低温状态，且有逐渐降低的趋势。进一步观察图 9-28a，可以发现该单元的电流和电压值都很大，说明该单元的温度控制器已经对低温做出了响应，期待通过增大硅碳棒的电流加热温区，但未达到调节效果。这通常是由硅碳棒老化或断裂造成的，需要及时更换硅碳棒。

7 号温区的上监测单元存在持续的高温风险，且存在一定的电压和电流值，如图 9-28b 所示。用户认为这是热量流动的结果。温区的目标温度配置表也印证了用户的猜测，升温段在 7 号温区与 8 号温区之间存在一个大幅度的温度跳跃，8 号温区比 7 号温区高 150℃，导致 8 号温区中的热量流动到 7 号温区，而由于窑体上方出气口的存在，气氛被带入温区上单元，使上单元温度升高。因此，7 号温区上监测单元的高温异常属于正常的热对流现象。

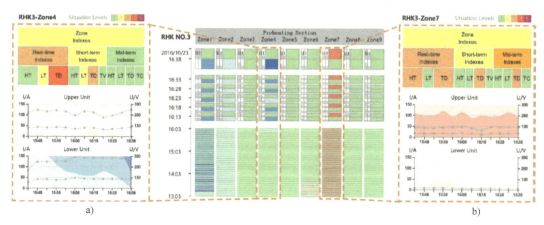

图 9-28 RHK3 局部异常定位与分析
a）RHK3 中 4 号温区态势 b）RHK3 中 7 号温区态势

9.5.2 汽车起动机耐久测试数据分析

1. 背景介绍

耐久性测试的目的是测定产品在规定使用和维修条件下的使用寿命，并预测或验证产品设计缺陷。耐久性测试通常产生大量的试验数据，得益于物联网和网络物理系统的广泛应用，这些数据可以很容易地在智能工厂中获取、传输和共享。目前，耐久测试报告主要根据耐久试验前后的少量性能测试结果产生，由于缺乏有效的数据分析方法和工具，因此难以利用整个测试过程产生的大量数据。

可视分析是一种日益重要的数据分析技术。在交互式可视化界面的支持下，该技术能够有效地结合机器智能和人类智慧，获得数据洞察力。随着工业 4.0 进程的推进，各种过程数据呈指数级增长，有许多开创性的研究将可视分析引入工业数据分析场景，如产品设计、生产监测和售后服务。这些研究旨在促进整个制造生命周期的流程创新和价值创造，但是在工业部件的耐久测试中的应用依然很少。

本节以汽车起动机的耐久性试验为例，介绍一个工业大数据可视分析的案例。作为汽车的核心部件，起动机负责将发动机从静态驱动至工作状态。在起动机样品上进行20多万次起动测试是生产质量控制的要求，通常这个耐久测试持续3或4个月，并生成大量的多维时间序列测试监控数据。这些测试数据包含各种信息，测试经理和测试工程师所感兴趣的主要有测试计划执行情况、罕见的异常测试以及长期的性能动态。用户期望对数据进行彻底的分析，以便制定出更全面的耐久性测试报告。

本节提出了一个可视分析系统，以帮助用户分析和研究起动机耐久性测试数据。该系统主要由三个分析阶段组成。第一阶段是清理和格式化原始测试数据。第二阶段是对处理后的测试数据进行计算数据分析。这里提出了一种新的基于密度的聚类算法 MA-DBSCAN。该算法采用分段聚类的思想加快聚类速度，并使用匹配和更新操作来解决长期数据中集群中心迁移造成的低精度问题。在第三阶段，为用户提供了一个可视化界面，用于交互式地探索聚类结果和处理起始样本的测试数据，以便于识别异常测试和分析异常原因。

2. 场景与数据说明

汽车起动机是汽车起动系统的核心部件，它负责将汽车蓄电池电池组的电能转化为机械能，然后驱动发动机从静止状态带动到工作状态。图 9-29 给出了汽车起动机的原理结构图。一个标准的起动机工作流程主要分为三步：第一步，起动开关 S 闭合，回路 SM 通电，直流电动机带动驱动齿轮旋转，并与飞轮逐步啮合；第二步，电磁开关 B 闭合，起动机主回路 BM 通电，驱动齿轮带动飞轮加速旋转；第三步，发动机在飞轮带动下转速不断提高，当发动机达到可自主工作的转速时，起动开关 S 和电磁开关 B 先后断开，驱动齿轮与飞轮脱离，起动机停止工作。

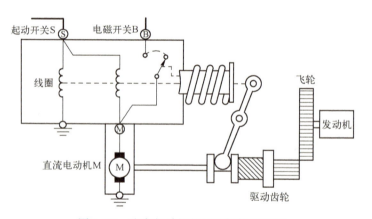

图 9-29 汽车起动机的原理结构示意图

每个测试台可放置一台发动机和一个与之相连的起动机，以及用于提供电源、冷却和数据采集功能的控制台，如图 9-30 所示。主计算机是耐久测试的指挥官，用于测试计划管理、数据存储和在线诊断。测试起动后会产生基本数据和通道监测数据。基本数据记录了基本的测试信息，如日期、时间、测试号和试样序列号。通道监测数据以不同的采样间隔记录了被测起动机的电流、电压和温度，以及连接的发动机的速度和温度。案例涉及的10个监测通道列于表 9-1。如果一个起动机样本完成了全部 20 万次的测试计划，那么生成的数据集将包含 20 万条基本信息记录和 200 万条通道监测时间序列。

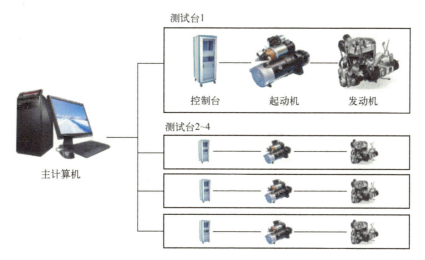

图 9-30 起动机耐久性试验台结构示意图

通常情况下,测试工程师首先制定一个测试计划,包括需要检验的样品数量、测试次数,以及最终测试报告的基本内容,然后组装一个或多个测试台。在进行耐久性试验之前,还要进行性能测试,以测量所有测试样本的初始条件。随后,测试台自动执行测试计划。在计划完成后,再进行一次性能测试,重新测量所有样品的条件,以编写最终的测试报告。因此,测试报告仅根据耐久测试前后的性能检测差异来书写,而忽略了测试过程产生的数据。为了形成更为全面的耐久测试报告,测试人员迫切需要深入分析耐久测试数据集,获取这些有价值的信息。

表 9-1 监测通道的描述

通 道	描 述	间 隔	单 位
I_S	通过直流电动机的电流	1 ms	A
I_B	线圈的电流	1 ms	A
U_S	直流电动机的电压	1 ms	V
U_M	触点 M 处的电压	1 ms	V
U_B	线圈的电压	1 ms	V
S_E	发动机的旋转速度	1 ms	r/min
T_P	起动机机壳的温度	200 ms	℃
T_s	起动机电磁铁的温度	200 ms	℃
T_o	发动机油的温度	200 ms	℃
T_w	发动机冷却水的温度	200 ms	℃

3. 问题与需求分析

本可视分析系统的目标用户是一家汽车产品制造商测试部门的经理和测试工程师。通过与这些专业人员进行了一系列深入细致的工作,以获取专业知识并总结在分析起动机耐久性数据方面的困难。除了数据量较大以外,还存在 4 个方面的难点问题。

D1:测试计划执行过程存在人工干预情况。耐久测试一般无法完全自动执行完毕,存在不少主动或被动人工干预的情况。主动干预主要包括测试人员调整测试计划和节假日暂停测试。被动干预主要源于测试台的软硬件异常，比如，电流电压值读数失败、测试部件温度超过安全阈值、发动机连续多次起动失败等。然而，本案例中的主计算机目前无法记录上述各种人工干预的情况，这使得测试人员难以快速了解复杂多变的测试计划执行过程。

D2：无标签的典型起动模式。现代汽车一般存在多种常规起动类型，比如，通过机械钥匙起动汽车或者通过智能按钮起动汽车，即钥匙起动和按钮起动。测试计划必须覆盖待测起动机支持的所有起动类型，并按一定比例随机执行。但耐久测试数据集中没有起动类型标签。测试人员只能根据经验，通过审查测试的通道监测数据，进行烦琐的判断。

D3：少量非常规起动。非常规起动是指起动机能完成一个基本起停测试过程，但由于未知原因，其数据特征不同于任何一种预设的常规起动。一般来说，非常规起动的发生概率特别低，在本案例中大约为2‰。测试人员对这些非常规起动很感兴趣，因为它能帮助发现起动机与测试台的设计缺陷和测试中没法预料的特殊情况。但问题在于，对测试人员来说，手动排查这些出现次数很少、分布不规律的非常规起动是几乎不可能的任务。

D4：复杂的起动机性能动态。起动机耐久性能指标很多，每个指标都可能呈现某种趋势，反映出整体的时间变化模式和波动，表明其在整个测试过程中的局部不稳定情况。完成性能动态分析的步骤略显复杂。首先，从测试数据中提取出一个指标来展示一个长期的时间序列。其次，总体趋势和局部波动是多样的。最后，这些指标之间可能存在内在联系。因此，目前的主计算机没有提供这样的功能，对起动机耐久性能的分析完全依赖于耐久性测试前后的两个孤立的性能测试。

下面从计算和交互式数据分析的两个角度制定用户需求，以指导方案设计和实施，具体如下。

R1：对起动模式识别的数据进行分组。（D2）

R2：检测罕见的非常规起动测试。（D3）

R3：提取用户感兴趣的耐用性能指标。（D4）

R4：了解测试计划的总体执行状态以及常规起动模式和非常规起动测试的时间分布。（D1，D2和D3）

以下是对于设计的交互式界面的要求。

R5：观察单个测试或一组测试的通道监测数据，能方便比较多个或多组数据。（D2）

R6：通过提供丰富的上下文信息和交互功能，以促进非常规测试的分析与探索。（D3）

R7：在整个测试过程中了解起动机耐久性能指标的总体趋势和局部波动。（D4）

4. 系统概述

本节设计并实现了一个可视分析原型系统SDTVis，以帮助用户理解和研究起动机耐久性测试数据。系统工作流程如图9-31所示。在数据预处理中，对原始数据进行格式化和清理，以便后续进行聚类分析。在第二阶段，执行特征提取和数据聚类。在聚类分析后，为用户提供了一个可视分析系统，以可解释和交互的方式研究聚类分析的结果和处理后的数据。该系统主要具有三个功能：

1）呈现整个测试过程的各种信息。

2）便于比较不同起动模式下的通道监控数据。

3）分析性能指标的时间变化特性。

第9章 工业数据可视化

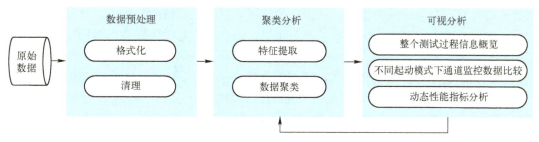

图 9-31 系统工作流程

5. 算法设计

设计考虑：首先需要找到一种方法来满足 R1 和 R2。监督学习方法不适合这项工作，原因有以下三点：①数据是无标签的；②非常规起动测试的数量在这项工作中发生概率为 2‰，远远小于常规起动测试的数量；③不同批次或型号的起动机产品可能呈现不同的起动模式（比如钥匙起动、按钮起动等），在监督学习中需要重新进行标记和训练。这里使用基于密度的无监督聚类作为基本技术路线，原因有以下三个：第一，同一常规起动模式的常规起动测试显示出明显的特征相似性和高斯凸分布，而罕见的非常规起动测试可以被视为异常值；第二，基于密度的聚类有望同时实现数据聚类和异常值检测，但单一用途的聚类或异常点检测方法，如 K-means、SOM、LOF 和孤立森林，都无法实现这一点；第三，选择 DBSCAN 作为基本算法，因为很多实际应用已经证明其易于实现并有良好的实际效果。

然而，在本案例的场景中使用 DBSCAN 时，仍然面临两个挑战：一个是同时处理超过 200000 个测试数据造成的低效率，另一个是由集群中心迁移引起的低精确性。如 D4 所述，在整个测试过程中，起动机的性能会动态变化，因此每个起动模式的集群中心将缓慢而持续地移动。如果对所有的数据都使用 DBSCAN，那么聚类很可能表现出边界模糊现象，从而影响聚类精度。

MA-DBSCAN 算法：这里提出了一种改进的 DBSCAN 算法，称为 MA-DBSCAN，以解决这两个挑战。接下来将进行详细描述。

1）特征提取。特征提取是起动机的耐久性能分析（R3）和聚类分析（R1 和 R2）的准备工作，即将测试的通道监测时间序列数据转换成多维特征表示，称为特征通道监测（CCM）数据。可从以下两个方面提取特征：首先，从每个通道中提取了一些统计数据，诸如 I_S 的平均值、最大值和最小值等特征。然后，获得了一些与起动机的操作机制有关的数据，例如 I_S 的跃迁和下降时刻（I_S_leap_msec 和 I_S_fall_msec）。这两个特征可以分别反映起动机主电路的开启和关闭，而发动机转速的尾部平均值（SE_tail_mean）可以表明起动机停止工作后发动机的旋转状态。一共提取了 68 个特征作为起动机耐久性能分析的指标，并且大部分是由用户建议的。其中 10 个特征，如 I_S_leap_msec、I_S_fall_msec、SE_tail_mean 和 max_msec，都被用户选择来进行聚类分析。

2）数据分段和迁移适应的样本集。MA-DBSCAN 对传统 DBSCAN 的改进可以概括为基于迁移适应的样本集（MA-SS）分割聚类策略。分割聚类策略是指将 N 个测试按时间顺序统一划分为 s 段，每段标记为 $s_1, s_2, \cdots, s_s$，然后利用 DBSCAN 每次只对一个段进行聚类，从而将 DBSCAN 的时间复杂度从 $O(N^2)$ 减少到 $O(N^2/s)$。同时，在数据段中聚类可以有效减少聚类中心迁移现象对结果的影响,数据分段还可以提高聚类精度。然而,分段聚类却引入了一个新的问题:如何整合多个片段的聚类结果,因为有些片段中标有不同标签的聚类可能属于同一个大类。建议使用一个 MA-SS 来解决这个问题。MA-SS 是一个已经聚类好的 CCM 数据的样本集,它的初始化包括两步:使用第一段和第二段的 CCM 数据作为初始样本,然后利用 DBSCAN 完成对初始样本的聚类和标注。初始化后,在分段聚类过程中,每个分段聚类完成后,都会进行一次针对 MA-SS 的匹配和更新操作。这两个操作是为了保持各段聚类标签的一致性,并确保 MA-SS 中始终保存新出现的类簇信息。

3)聚类过程。MA-DBSCAN 过程包括 4 个主要步骤:分段、匹配、更新和异常处理。假设一个起动机的耐久测试数据集已经被分成 s 段,每段被标记为 $s_1, s_2, \cdots, s_s$。样本集 MA-SS 已经通过了初始化,当前包含 m 个类簇,标记为 $c_{s1}, c_{s2}, \cdots, c_{sm}$。当前处理段是 s_i,其段内数据表示为 R_i。通过对 R_i 聚类后,形成了 n 个类簇,表示为 $c_{r1}, c_{r2}, \cdots, c_{rn}$,并且在这个片段中检测到了异常值。

在匹配和更新之前,必须检查 R_i 中的聚类是否已经存在于 MA-SS 中。假设当前分段 s_i 中处理的类簇是 c_{ri}。如果 c_{ri} 中至少存在一个核心点,其半径 Eps 区域内至少存在一个 MA-SS 中任何类簇的核心点,则此 c_{ri} 被认为旧类,意味着 c_{ri} 可以在 MA-SS 中找到对应的类簇。否则,称之为新类,意味着 c_{ri} 无法在 MA-SS 中找到对应的类簇。

接下来,执行匹配和更新操作。如果 c_{ri} 是一个旧类,则依次比较 c_{ri} 的中心 $center_{ri}$ 到 MA-SS 所有类簇中心的距离,找到离 c_{ri} 最近的类簇,假设为 c_{sj}。随后使用 c_{sj} 的类标签来标记 c_{ri} 的所有数据点。最后,将 c_{sj} 视为一个先进先出的队列,依次将 c_{ri} 中所有的数据点放入 c_{sj} 尾部,同时依次将 c_{sj} 中头部相同数量的数据点丢弃。如果 c_{ri} 是一个新类。那么将 c_{ri} 的所有数据点直接放入 MA-SS 中,并用当前不在 MA-SS 中的新类标签进行标记。

图 9-32 演示了一个类簇匹配和更新的案例。左图中 c_{r1}、c_{r2} 为某分段聚类结果集 R_i 中的两个类簇,c_{sx}、c_{sy} 为样本集 MA-SS 两个类簇,类簇的中心标记为黑色五角星。图 9-32 左图中,c_{r1} 是一个旧类,因为 c_{r1} 的核心点(a)的 Eps 区域内存在很少的 MA-SS 核心点,其在 MA-SS 中的匹配簇是较近的 c_{sx}。此外,c_{r2} 是一个新类,因为在任何 c_{r2} 核心点的 Eps 区域内都不存在 MA-SS 核心点。因此,在右图中,用 c_{sx} 的标签标记 c_{r1},并使用 c_{r1} 的所有数据点来替换相同数量的 c_{sx} 旧数据点。将 c_{r2} 的所有数据点标记为新的类标签 c_{sz},并直接将其所有数据点添加到 MA-SS 中。

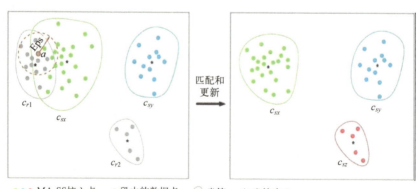

图 9-32 类簇匹配和更新示意图

最后，需要重新处理每个片段中检测到的异常值。由于存在聚类中心的迁移现象，所以在某分段中被认为是异常的，并不一定在其他分段中也是异常的。为了减少这种错误，将每个段的异常点放入一个新增的 $s+1$ 段中，称为异常点段。在完成对所有常规段的聚类分析后，算法最后阶段还会对异常点段进行基于 MA-SS 的匹配。对离群点段进行额外的基于 MA-SS 的匹配操作。最后，一部分异常值将被重新分类到聚类中。

起动模式识别：聚类后会得到许多聚类和异常值，但它们还没有与钥匙起动或按钮起动等不同起动模式相关联。在本案例中，用户知道只有钥匙起动或按钮起动两种类型，于是提供了一个用户可以预设的 T-Start-Mode-Num 变量，用来表示数据集中起动模式的个数，例如，T-Start-Mode-Num 设置为 2。该算法将首先选择两个最大的类簇来代表两种起动模式：钥匙起动与按钮起动。然后，剩下的类簇对应可能出现的未知起动模式（在本案例中是异常起动类型）。最后，不能形成类簇的异常值被直接标记为非常规起动测试。

6. 系统设计

设计目标：在已确定的分析要求的基础上制定了一系列的设计目标，以指导系统设计。

G1：测试过程的多方面概述。耐久性测试过程包含各种信息，并且持续时间很长。因此，系统需要从各个层面提供整个测试过程的可视化呈现，以帮助用户充分了解测试过程。(R4)

G2：直观的抽象性和起动模式的比较。测试过程中存在多种起动模式。用户可以检查任何起动模式的通道监测数据，比较多种模式的数据模式，并利用系统探索异常/非常规起动测试的根本原因。(R5 和 R6)

G3：起动机性能动态的多层次展示。起动机展示了两个层次的性能动态：整体趋势和局部波动。系统需要在界面上协调这两个层次的信息，为用户提供对两个层次性能动态的详尽了解。(R7)

G4：熟悉的可视化设计和轻量级的交互。应减少可视化的复杂性，保持易于使用的交互方式，以减轻操作负担，简化分析过程。

可视化：根据上述设计目标，设计了一个可视分析系统，如图 9-33 所示。

1）测试过程视图。测试过程视图旨在提供一个被测试的起动机样品（G1）的耐久性测试过程的多方面信息概览，包括：①每日常规起动的类型及其数量；②每日非常规起动的类型及其数量；以及③其他日志信息，例如是否进行了测试、是否是工作日等。如图 9-33a 所示，该视图水平分为两个区域。左边的区域列出了各种信息的图例，右边的区域包含三个垂直并列的图表。这些图表有公共的轴，以天为单位显示耐久性测试的时间范围。最上面的图表是一个叠加的条形图，其 x 轴表示一天内执行的测试数量，彩色的叠加条表示常规起动模式。底部图表是一个倒置的堆叠柱状图，它们的 x 轴代表了一天中发生的非常规起动测试的数量，彩色的叠加条代表了非常规起动模式。由于非常规起动测试很少在一天内发生，因此不保持底部图表的轴分辨率与顶部图表一致。中间图表由许多指示日常特征的矩形字形组成。对于某一天而言，4 个不同的字形从上到下排列。第一个字形指示耐久性测试是否在当天执行；第二个字形标记该天是否为工作日；第三个和最后一个字形表示在一天中发现的常规起动和非常规起动模式的数量。

2）通道数据可视化视图。用户通常会在测试过程视图中选择一个感兴趣的时间段，并开始分析这段时间内涉及的测试或起动模式的通道监测数据。通道数据可视化视图是为审查和比较通道监测时间序列数据（G2）而设计的。一个起动模式通常包含许多测试，每个测试产生来自 10 个监测通道的 10 个时间序列。该视图提供了基于测试和基于模式的分析方法。

图 9-33　系统界面概览
a）测试过程视图　b）基于起动模式的通道数据可视化视图

基于测试分析如图 9-34 所示，该图展示了从系统左侧测试列表面板中选择的某个测试的原始通道监控数据。测试的监测通道的时间序列以折线图显示，其中，x 轴是以 ms 为单位的时间调谐，y 轴表示监控通道的 4 个测量单位。

图 9-33b 展示了基于模式分析的效果，旨在促进多种起动模式的通道模式比较。我们

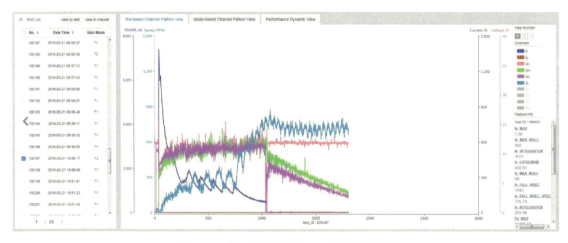

图 9-34　基于测试的通道数据可视化视图

尝试了各种方法来获得清晰且包含丰富信息的可视化结果，如图 9-35a~c 所示。最后提出了一个四分位数的带状图，以直观地显示一个起始模式的监测通道的时间序列。其绘制过程包括三个步骤。如图 9-35d 所示，以 1000 次测试的 U_M 通道的时间序列数据的可视化为例。首先，对原始时间序列进行均匀抽样，将抽样间隔设置为 50 ms，以减少可视化的数据量。其次，从每个区间的 1000 个速度样本中计算出 5 个统计数据，包括最小值、q1、q2、q3 及 max。q1 是四分之一位点，表示样本中小于该值的占全部数据的 25%。q2 即中位数。q3 是四分之三位点，表示大于该值的占全部数据的 25%。最后，使用 5 条折线来呈现 5 个统计数据。q2 是一条简单折线，代表了这部分测试速度通道的平均趋势。由 q1 和 q3 折线包围的带区区域填充为深色背景，表明大多数速度通道监控数据都分布在该色带中。

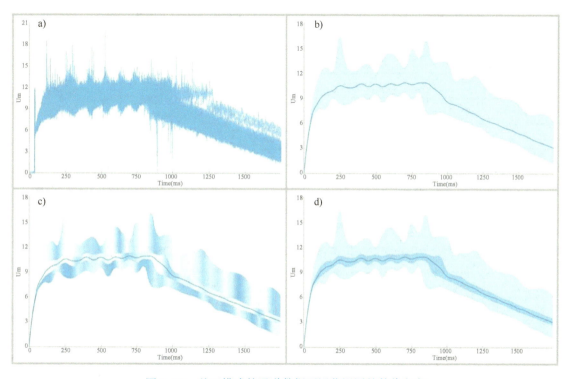

图 9-35　基于模式的通道数据可视化视图的替代方案

3) 性能动态视图。性能动态视图旨在帮助用户分析起动机的耐久性能（G3）。如图 9-36 所示，该视图的右侧面板列出了许多指标。左边区域由三个垂直排列的图表组成，顶部的图表提供了一组水平排列的线密度图。一个图表示一个指标的价值分布，其中，y 轴代表指标的价值范围，半透明的线是测试的指标值。中间的图表描述了整个测试过程中一或两个选定指标的总体趋势和局部波动。x 轴为测试编号，左右 y 轴可以表示出两个指标的数值范围。底线图显示中间图表中所选择的一组测试的原始指标值。

设计中间图表是此视图的主要设计难点。如果在有限的屏幕空间内，直接用折线绘制指标的原始时间序列，那么可视化结果将是混乱的线条，几乎不能显示整体趋势和局部波动。因此，本案例用一系列计算出的趋势值和波动度来代替原始时间序列进行可视化。用移动平均法来计算某个时间点的趋势值。假设 tr_t 和 a_t 分别是时间 t 的趋势值和原始值。那么 tr_t 可以表述为

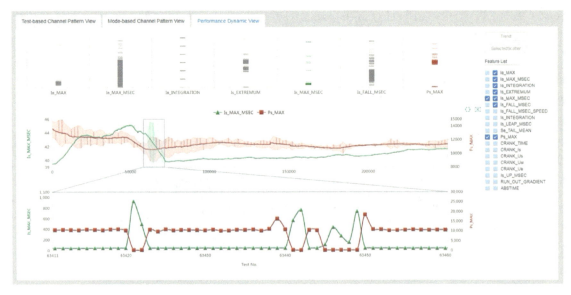

图 9-36 性能动态视图

$$\text{tr}_t = (a_{t-\frac{n}{2}} + a_{t-\frac{n}{2}+1} + a_{t-\frac{n}{2}+2} + \cdots + a_{t+\frac{n}{2}})/n$$

其中，n 为时间窗口的大小（本案例中为 50 个测试），时间窗口的滑动步长设为 1。这里采用分段计算的方法来获得局部波动程度。将一个指标的时间序列分为若干段，测试间隔为 m（在本案例中为 1000 次）。对于每个段，用变异系数（CV）来表示该区段指标的波动程度。作为一个可以衡量一段时间序列的离散性的无量纲统计，变异系数被定义为标准差 σ 与平均值 μ 的比率。此外，计算偏度以获得该段波动的主要方向，其公式如下：

$$f_s = \frac{1}{m-1} \sum_{t=1}^{m} [(a_t - \mu)/\sigma]^3$$

式中，$f_s=0$ 表示该段的波动呈现正常的偏态分布，$f_s>0$ 表示正偏态分布，$f_s<0$ 表示负偏态分布。

中间的图表中呈现了一个新颖的蜈蚣图，利用蜈蚣的身体特征作为隐喻，协同呈现指标的整体趋势和局部波动。如图 9-37 所示，一个类似蜈蚣的彩色带子代表一个指标。色带中间的粗折线，就像蜈蚣的骨架，由计算出的趋势值连接，反映了指标的整体趋势。向下或向上的细线，就像蜈蚣的腿，把带子分成几段，类似于蜈蚣的多节多腿身体。线段的面积高度编码线段的计算波动程度。面积越大，波动程度就越大。线条方向表示段内波动的主要方向。本节中用蜈蚣图的蜈蚣脚朝向、长度表示偏度的正负和数值大小。偏度为正，蜈蚣脚朝上，偏度越大，蜈蚣脚长度越长，反之亦然。

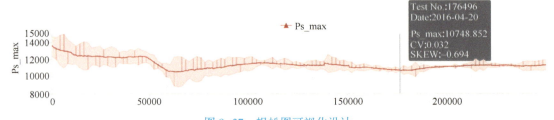

图 9-37 蜈蚣图可视化设计

该系统提供了一套轻量级的交互和易于使用的操作,以帮助用户进行流畅的数据探索(G4)。第一,许多视图和面板都提供了数据选择。用户可以选择他们感兴趣的数据,并深入某一特定的功能视图中进行进一步的观察和分析。第二,可根据需要提供细节。用户在视图中移动或单击鼠标时,将出现详细的信息。第三,有多个渠道视图。在通道模式分析中,提供了多视图显示模式。具体来说,就是可以在界面上同时显示多个基于测试或基于模式的同类视图。

7. 案例分析

在本节中,用原型系统来分析一个起动机耐久测试数据集。分析过程是在两个目标用户(经理和测试工程师)的合作下进行的。

(1) 测试过程概述

图 9-38a 中的测试过程视图提供了整个测试过程的信息概览。耐久性测试从 2016 年 2 月 14 日持续到 5 月 15 日,几乎每个工作日都对两种常规起动模式(T1 和 T2)进行了测试,比例似乎很稳定。这是由于测试工程师在测试台的主计算机中对钥匙起动和按钮起动两种模式预设了一个固定的测试比例。

(2) 通道模式分析

测试过程视图筛选了 4 月 11 日至 13 日的 9517 次测试,并选择了 S_E(发动机转速)通道。然后进入通道数据可视化视图,比较 T1 和 T2 模式的通道数据。如图 9-38b 所示,在 S_E 通道上的两种模式之间可以观察到两个明显的差异。首先,蓝带(T2)比绿带(T1)长很多。其次,蓝带(T2)在迅速攀升之前表现出周期性的小波动。这里,T1 模式是按钮起动模式,T2 模式是钥匙起动模式,因为处于按钮起动模式的起动机需要多次旋转飞轮才能将发动机加速到其工作所需的转速,这会导致周期性波动并且比按钮起动模式花费更长的时间。此外,两条带子的暗区很薄,这表明大多数 S_E 通道的数据在 q1 到 q3 之间有一个满意的分布。两条带子的浅色区域在爬升后变得更宽,因为发动机需要一段时间才能完全稳定地工作。

(3) 非常规起动测试分析

图 9-38 显示,三个检测到的非常规起动模式(A1、A2 和 A3)主要发生在 3 月 4 日、5 日和 15 日。记录显示,3 月 4 日和 5 日(星期六)分别发生了 14 次和 15 次 A2 测试。在可视化界面中逐一仔细检查了 29 次 A2 测试的基本信息和通道监测数据。结果显示,异常测试记录在午夜前后,所有通道的监测数据基本保持不变,如图 9-39a 所示。经推测,值班工程师在夜间可能以不恰当的顺序关闭测试台。如果起动机和发动机的关闭时间早于主控计算机上的控制程序,那么某些测试仍会按常规进行,导致无效的通道监测数据。

3 月 15 日有大量的非常规起动测试,包括 34 次 A1 和 15 次 A3 测试。下面将两个非常规起动模式的通道监测数据与两个常规起动模式的通道监测数据进行比较,以寻找根本原因。以图 9-38 为例,A3 的 S_E(发动机转速)通道(图 9-38b)表明,由于存在周期性的波动,A3 测试可能是钥匙起动测试。然而,这些钥匙起动测试遇到了一个异常情况。具体来说,A3 的 I_S(通过直流电动机的电流)通道(图 9-38a)显示,A3 测试的通电时间明显长于正常的钥匙起动(T2)测试,从而表明被测试的起动机曾多次尝试起动发动机,但最终失败。测试工程师确认,这种情况是发动机燃料供应不足时发生的典型现象。

数据驱动的工业人工智能：建模方法与应用

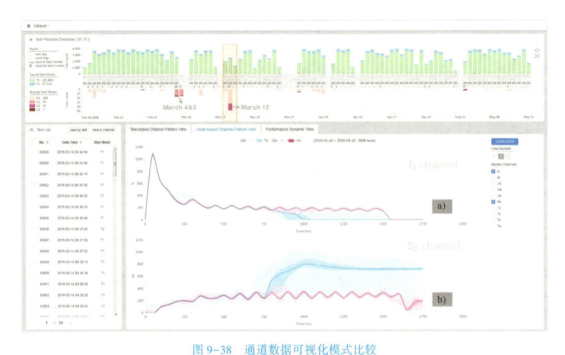

图 9-38　通道数据可视化模式比较
a）T2（蓝色）和 A3（玫红色）起动模式的 I_S 通道模式　b）T2 和 A3 起动模式的 S_E 通道模式

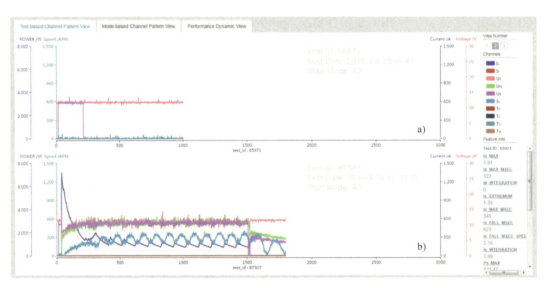

图 9-39　两个非常规起动测试的原始通道监测数据
a）发生在 3 月 5 日的 A2 测试　b）发生在 3 月 15 日的 A3 测试

（4）性能动态分析

用户对分析 $P_S\_\max$ 指标的总体趋势和局部波动非常感兴趣。该指标是起动机在起动测试中的最大输出功率，反映了起动机的工作能力。首先，观察图 9-38 和图 9-39 中该指标的总体趋势。图 9-38 中上图中的玫红色线密度图显示其数值分布特别集中，中图中的红色蜈蚣图描绘了缓慢下降的趋势。工程师表示每次测试都会造成微小的磨损，所以在整个耐久性测试过程中，起动机的工作能力应该是在一个小范围内缓慢下降的。然后，分析红色蜈蚣图中指标的局部波动。随着时间的推移，蜈蚣的身体越薄，表明局部波动越小。观察到的向上的腿比向下的腿要多得多，从而反映出高度正向偏向的波动。这符合我们的预期，起动机的输出功率应该在早期磨合期后逐渐变得稳定，更多的正向波动对应于整体的下降趋势。P_{s_max} 指标显示短期内，即 49465~60246 次测试快速下降，这是由于起动机正处于磨合期。

用户建议分析起动机主电路达到最大电流时的指标 $I_{s\_max\_msec}$，从而反映起动机从休息到工作的反应时间。图 9-39 中的绿色蜈蚣图显示，该指标在早期运行后呈现出缓慢上升的趋势。工程师认为这是电磁开关的老化导致了反应时间的增加。此外，绿色蜈蚣图显示，该指标的局部波动明显少于 P_{s_max} 的波动。然而，一个明显的波动期出现在 60000~67000 次测试之间。因此，选择这些测试并观察图 9-39 底部图表中的细节，然后确定呈现异常 $I_{s\_max\_msec}$ 的测试。在通道数据可视化视图中检查异常测试后，确认所有非常规起动测试发生在 3 月 4 日午夜。

第 10 章

展望

10.1 工业智能"黑盒"模型可解释与高可信

近年来，工业界所采用的新型人工智能技术大多是基于深度神经网络的"黑盒"模型。尽管这些模型在部署成本、精度等方面表现优异，然而深度神经网络内部运行状态的可解释性较差，人们只能看到数据的输入输出，而不能观测到深度神经网络内部的详细运行状态。这些工业智能"黑盒"模型具备高度复杂性和不确定性，缺乏透明度，因此难以对这些模型的可靠性和可信度做出评估。这导致工业智能"黑盒"模型难以在航空航天、核工业等具有高可靠性和高可信性要求的行业被广泛深入应用。不只是工业制造业，在各个领域，人工智能模型可信已经成为全球共识。近几年，可信相关的人工智能论文数量也在逐年增长。人工智能领域顶级会议 *AAAI* 连续数年组织可解释人工智能（Explainable AI）专题研讨，并且保持火热的研究态势。ACM 也连续数年发起 *ACM FAccT*（Fairness, Accountability and Transparency）学术会议。因此，基于深度学习的工业智能模型的未来将向可解释、高可信的研究方向发展。目前已有学者对深度神经网络的可解释性做出尝试，例如，通过建立适当的可视化机制，对模型和中间态数据做出定性的解释。

10.2 工业互联网云边端融合智能

随着近年来工业互联网、云制造等新模式新技术的发展，工业应用呈现出云、边、端分布式、协同化的趋势。一方面，工业云作为工业大数据汇聚与存储的中央载体，承载着工业大数据集中化训练学习与分析处理的任务。另一方面，工业互联网连接的各类生产现场终端所产生的实时数据，亟需在工业现场进行实时性处理与分析。为了应对工业云与工业现场的数据处理与分析矛盾，工业互联网边缘计算与边缘智能成为近年来的研究热点，边缘侧所承载的功能性和性能性任务也日益增多，工业云与工业边缘计算的协同成为解决这一矛盾的关键技术，也成为当前工业互联网领域的重要支撑技术。目前，学术界已提出了多种基于云计算、边缘计算、雾计算的工业智能模型，并引起了产业界的广泛关注。然而，目前的研究还处于初级阶段，如何根据工业互联网数据在云边端分布的特征模式与工业应用的独特特点，设计适合工业互联网应用场景的分布式工业智能模型，如何实现工业智能模型在工业互联网云边端架构下高效优化协同运行，仍面临诸多挑战。因此，工业互联网云边端融合智能也是未来的重要研究方向。

10.3 工业智能模型泛化与自适应

工业制造业的应用场景千变万化，且存在着广泛的不确定性。例如，类似的工业制造任务在不同的工况下往往呈现不同的结果，当工况发生变化时，之前行之有效的工业数据智能分析预测模型可能并不适用于新的工况。尽管基于新的工况并利用新的工业数据来学习与部署新的工业数据智能模型是一种可行的解决方案，然而这会造成大量的人力、资金和时间成本的浪费。同时，新的工业数据智能模型在被部署过程中，对之前应用场景中老问题分析能力的退化，也是用户不希望看到的。这需要工业智能模型既可以学习适应新应用场景的特性与规律，同时又能够保持之前已有应用场景的适应性能力。因此，如果能构建一类具有适应性、具有强泛化能力的工业智能模型，将大力推动工业智能模型在千变万化的工业应用场景中的应用落地。目前在深度学习领域，具有代表性的迁移学习已广泛应用。上述具有强泛化能力和自适应能力的工业智能模型可以看作是迁移学习、多任务学习和终身学习的整合与创新，是未来的重要研究方向。

10.4 工业智能模型轻量化与实时解算

当前研究界提出的大量工业智能模型，主要关注具体工业应用中分析预测任务的精准度，而忽略了工业智能模型在工业应用中的计算时间效率和计算资源消耗问题。受限于工业设备的数据计算和存储能力，很多大型的深度神经网络模型并不能很好地胜任工业现场的分析预测任务。同时，高速机器人控制、产品质量检测等对于实时性要求极高的工业现场任务，要求工业智能模型的解算达到毫秒级。因此，设计轻量化、计算效率高的工业深度神经网络模型，成为工业智能领域近年来的研究热点与发展趋势。目前，深度神经网络的压缩方法有参数压缩、剪枝、蒸馏等，如何将这些方法融合应用于适于工业应用特性的深度神经网络压缩，是解决工业智能模型轻量化的关键。同时，针对特定的工业应用任务的数据特点，如何设计自适应动态跳出（Dynamic Dropout）的神经网络，也是一种可行的解决方案。工业智能模型的轻量化设计与实时解算算法，将是未来重要的研究方向。

10.5 工业智能"大模型"

近年来涌现的各类工业智能技术大多是源自特定工业领域应用需求而形成的特定领域问题强相关的"小模型"技术，随着新一代信息技术与工业制造业的融合发展，形成了日趋复杂的工业信息物理融合系统（Cyber Physical Systems），人工智能在工业制造业将面对越来越多大系统层面的复杂问题。例如，基于工业互联网形成的大规模智能制造产业链供应链系统的分析预测与优化管控问题，涉及具有复杂关联关系的跨行业、跨企业、跨流程的多层级工业制造系统，对此类复杂系统内在运行机理与模式规律的学习，将面对超大规模多源异质工业数据驱动的、大规模子问题深度学习的大集成问题，当前已有的适用于特定领域单项子问题的工业智能"小模型"技术难以应对，迫切需要探索适用于此类大型复杂工业系统问题的新型工业智能技术。基础模型或大模型（Foundation Model 或 Big Model）技术为此问题提供了一种可能的解决方案。大模型作为深度学习领域兴起的最新研究热点，提供的是一种基础性、同质化的"基石"模型技术，能够支持模型预训练和下游任务的快速适配，能够突破当前各类小模型结构层面的精度局限，近年来已不断突破百亿、千亿，甚至万亿级模型参数规模，并且在自然语言处理、生物计算等领域已获得初步成功应用，例如 Bert、GPT-4、Switch Transformer 和 Alphafold 等模型已展现出惊人的性能。当前，大模型在工业制造业的探索仍属空白，工业智能"大模型"未来将有望成为解决工业制造业智能化进程中诸多高度复杂问题的颠覆性技术之一。

10.6 工业数据智能可视化

可视化与可视分析作为大数据分析与挖掘的重要技术，在工业大数据时代有着举足轻重的地位。这里从应用场景和应用行业角度，梳理了可视化与可视分析技术在智能制造领域的科研文献。大量相关研究表明，可视化与可视分析技术能较好地满足工业 4.0 数字化、智能化生产、网络化协同和服务延伸等新型业务模式需求，从不同层面推动智能制造的制度创新、管理创新、工艺创新、商业模式创新与业务创新。经过十多年的发展，智能制造可视化已取得了许多优秀成果，未来发展将从多方面展开，包括以下几个方面。

数据集成：随着 GPS 技术与 IoT 技术的发展，未来工业数据的来源将越来越广，数据异构性与耦合性不断增强。为了促进工业大数据的应用，数据质量和完整性显得十分重要。可视化与可视分析在其他领域的数据清洗、数据融合中都有很好的表现。未来将看到可视化与可视分析在数据集成方面的应用。

数据安全：随着制造过程的网络化，数据传输和共享变得越来越重要。与此同时，工业环境正面临越来越多的安全威胁，包括数据传输安全性和数据共享保密性问题。在传统数据安全领域，已有许多成熟的可视化应用，但是在工业安全领域，可视化实践刚刚起步。可视化技术在工业数据安全领域的前景十分广阔。

大规模数据在线分析研究：实时在线分析是工业制造中的一种普遍需求，包括大规模数据下的低时延复杂事件检测、设备健康状况评估、故障预警和诊断、维修决策等。这要求可视化与可视分析支持的工业数据在线分析能在短时间内完成大规模数据集的特征识别、存储与计算。在未来研究中，需要集成先进的数据获取、存储与处理方法，如边缘计算、云计算等，协助工程人员跨时间跨尺度地理解和综合分析大规模实时生产数据。

领域知识集成研究：工业应用领域的数据分析需要具备专业知识和应用背景。在可视化与可视分析中，需要充分考虑该领域的专业知识。未来研究需要进一步考虑如何融入机器学习、自然语言处理等方法对知识进行有效的沉淀、萃取和表征，并将知识有效地集成到可视化与可视分析系统中，以实现更好的人机协同智能分析。

感知与交互理论研究：生产制造流程涉及多层次、多类型的用户，这些用户对于可视化数据表征的认知与感知方式不一致,感兴趣的交互手段也有所不同。针对工业应用的特点,以用户为中心,研究不同用户群体的心理模型,探索感知与数据双驱动的可视映射与交互方法设计,是未来学术界与工业界合作进行的一个研究要点。

通用性与可扩展性研究:当前工业领域的可视化研究处于发展阶段,暂未形成通用的技术理念与方法,多数的可视化系统是针对单一案例的研究,容易导致低效率的同质性技术研究与系统开发。因此,通用性与可扩展性必将成为未来工业数据可视化系统设计的原则之一,这需要研究人员对复杂个性化制造过程进行抽象,研发共性关键技术或建立插件式体系结构。

参考文献

[1] 任磊,贾子翟,赖李媛君,等. 数据驱动的工业智能:现状与展望[J]. 计算机集成制造系统,2022,28(7):1913-1939.

[2] 李伯虎,柴旭东,张霖,等. 新一代人工智能技术引领下加快发展智能制造技术、产业与应用[J]. 中国工程科学,2018,20(4):73-78.

[3] 李伯虎,柴旭东,侯宝存,等. 云制造系统3.0——一种"智能+"时代的新智能制造系统[J]. 计算机集成制造系统,2019,25(12):2997-3012.

[4] 李伯虎,柴旭东,侯宝存,等. 一种新型工业互联网——智慧工业互联网[J]. 中国工业和信息化,2021(6):54-61.

[5] LI C Q, CHEN Y Q, SHANG Y L. A review of industrial big data for decision making intelligent manufacturing [J]. Engineering science and technology, 2022, 29: 101021.

[6] 金晓航,王宇,ZHANG B. 工业大数据驱动的故障预测与健康管理[J]. 计算机集成制造系统,2022,28(5):1314-1336.

[7] SINGH H. Big data, Industry 4.0 and cyber-physical systems integration: a smart industry context [J]. Materials today, 2021, 46: 157-162.

[8] QIAO F, LIU J, MA Y M. Industrial big-data-driven and CPS-based adaptive production scheduling for smart manufacturing [J]. International journal of production research, 2021, 59 (23): 7139-7159.

[9] LAILI Y, LI X, WANG Y, et al. Robotic disassembly sequence planning with backup actions [J]. IEEE transactions on automation science and engineering. 2021, 19 (3): 2095-2107.

[10] REN L, ZHANG L, TAO F, et al. Cloud manufacturing: from concept to practice [J]. Enterprise information systems, 2015, 9 (2): 186-209.

[11] REN L, ZHANG L, WANG L H, et al. Cloud manufacturing: key characteristics and applications [J]. International journal of computer integrated manufacturing, 2017, 30 (6): 501-515.

[12] 王建民. 工业大数据技术综述[J]. 大数据,2017,3(6):3-14.

[13] REN L, MENG Z, WANG X, et al. A wide-deep-sequence model based quality prediction method in industrial process analysis [J]. IEEE transactions on neural networks and learning systems, 2020, 31 (9): 3721-3731.

[14] REN L, MENG Z, WANG X, et al. A data-driven approach of product quality prediction for complex production systems [J]. IEEE transactions on industrial informatics, 2021, 17 (9): 6457-6465.

[15] REN L, CHENG X, WANG X, et al. Multi-scale dense gate recurrent unit networks for bearing remaining useful life prediction [J]. Future generation computer systems, 2019, 94: 601-609.

[16] WANG J L, XU C Q, ZHANG J, et al. Big data analytics for intelligent manufacturing systems: a review [J]. Journal of manufacturing systems, 2022, 62: 738-752.

[17] HU H X, TANG B, ZHANG Y, et al. Vehicular ad hoc network representation learning for recommendations in Internet of Things [J]. IEEE transactions on industrial informatics, 2019, 16 (4): 2583-2591.

[18] YU W, ZHAO C. Broad convolutional neural network based industrial process fault diagnosis with incremental learning capability [J]. IEEE transactions on industrial electronics, 2020, 67 (6): 5081-5091.

[19] GAO F, LIN J, LIU H, et al. A novel VBM framework of fiber recognition based on image segmentation and DCNN [J]. IEEE transactions on instrumentation and measurement, 2020, 69 (4): 963-973.

[20] ZHOU X, HU Y, LIANG W, et al. Variational LSTM enhanced anomaly detection for industrial big data [J]. IEEE transactions on industrial informatics, 2020, 17 (5): 3469-3477.

[21] LIU K, SHANG Y, OUYANG Q, et al. A data-driven approach with uncertainty quantification for predicting future capaci-

ties and remaining useful life of lithium-ion battery [J]. IEEE transactions on industrial electronics, 2021, 68 (4): 3170-3180.

[22] ZHENG Y J, CHEN S Y, XUE Y, et al. A pythagorean-type fuzzy deep denoising autoencoder for industrial accident early warning [J]. IEEE transactions on fuzzy systems, 2017, 25 (6): 1561-1575.

[23] ZHANG N, DING S, ZHANG J, et al. An overview on restricted Boltzmann machines [J]. Neurocomputing, 2018, 275: 1185-1199.

[24] TANAKA M, OKUTOMI M. A novel inference of a restricted Boltzmann machine [C]. International Conference on Pattern Recognition, Stockholm, 2014.

[25] HINTON G E, OSINDERO S, TEH Y W. A fast learning algorithm for deep belief nets [J]. Neural computation, 2006, 18 (7): 1527-1554.

[26] KHALIL R A, SAEED N, MASOOD M, et al. Deep learning in the industrial Internet of Things: potentials, challenges, and emerging applications [J]. IEEE Internet of Things journal, 2021, 8 (14): 11016-11040.

[27] XING S, LEI Y, WANG S, et al. Distribution-invariant deep belief network for intelligent fault diagnosis of machines under new working conditions [J]. IEEE transactions on industrial electronics, 2021, 68 (3): 2617-2625.

[28] ZHANG S, LAI J, YAO Q. Traffic anomaly detection model of electric power industrial control based on DBN-LSTM [C]. 2021 IEEE 23rd Int. Conf. on High Performance Computing & Communications; 7th Int. Conf. on Data Science & Systems; 19th Int. Conf. on Smart City; 7th Int. Conf. on Dependability in Sensor, Cloud & Big Data Systems & Application (HPCC/DSS/SmartCity/DependSys), Haikou, 2021.

[29] VASWANI A, SHAZEER N, PARMAR N, et al. Attention is all you need [C]. Neural Information Processing Systems, Long Beach, 2017.

[30] DONG H, SONG K, HE Y, et al. PGA-Net: pyramid feature fusion and global context attention network for automated surface defect detection [J]. IEEE transactions on industrial informatics, 2019, 16 (12): 7448-7458.

[31] GENG Z, CHEN Z, MENG Q, et al. Novel transformer based on gated convolutional neural network for dynamic soft sensor modeling of industrial processes [J]. IEEE transactions on industrial informatics, 2021, 18 (3): 1521-1529.

[32] WU Z, PAN S, CHEN F, et al. A comprehensive survey on graph neural networks [J]. IEEE transactions on neural networks and learning systems, 2021, 32 (1): 4-24.

[33] ZHOU F, YANG Q, ZHONG T, et al. Variational graph neural networks for road traffic prediction in intelligent transportation systems [J]. IEEE transactions on industrial informatics, 2021, 17 (4): 2802-2812.

[34] CHEN Z, XU J, PENG T, et al. Graph convolutional network-based method for fault diagnosis using a hybrid of measurement and prior knowledge [J]. IEEE transactions on cybernetics, 2021, 52 (9): 9157-9169.

[35] REN L, LIU Y, HUANG D, et al. MCTAN: a novel multichannel temporal attention-based network for industrial health indicator prediction [J]. IEEE transactions on neural networks and learning systems, 2023, 34 (9): 6456-6467.

[36] SONG Y, GAO S, LI Y, et al. Distributed attention-based temporal convolutional network for remaining useful life prediction [J]. IEEE Internet of Things journal, 2021, 8 (12): 9594-9602.

[37] REN L, CHENG X, WANG X, et al. Multi-scale dense gate recurrent unit networks for bearing remaining useful life prediction [J]. Future generation computer systems, 2019, 94: 601-609.

[38] RANA R. Gated recurrent unit (GRU) for emotion classification from noisy speech [EB/OL]. (2016-12-13)[2023-10-21]. https://arxiv.org/pdf/1612.07778.pdf.

[39] REN L, DONG J, WANG X, et al. A data-driven auto-CNN-LSTM prediction model for lithium-ion battery remaining useful life [J]. IEEE transactions on industrial informatics, 2021, 17 (5): 3478-3487.

[40] XIE R, JAN N M, HAO K, et al. Supervised variational autoencoders for soft sensor modeling with missing data [J]. Transactions on industrial informatics, 2020, 16 (4): 2820-2828.

[41] WANG X, LIU H. Data supplement for a soft sensor using a new generative model based on a variational autoencoder and Wasserstein GAN [J]. Journal of process control, 2020, 85 (8): 91-99.

[42] REN L, MENG Z, WANG X, et al. A data-driven approach of product quality prediction for complex production systems [J].

IEEE transactions on industrial informatics, 2021, 17 (9): 6457-6465.

[43] SHI Y, SEELY J, TORR P H, et al. Gradient matching for domain generalization [EB/OL]. (2021-04-20) [2023-10-21]. https://arxiv.org/pdf/2104.09937.pdf.

[44] LI D, ZHANG J, YANG Y, et al. Episodic training for domain generalization [C]//Proceedings of the IEEE/CVF International Conference on Computer Vision, Seoul, 2019.

[45] MANCINI M, AKATA Z, RICCI E, et al. Towards recognizing unseen categories in unseen domains [C]. European Conference on Computer Vision, 2020.

[46] WANG C, GUO L, WEN C, et al. Event-triggered adaptive attitude tracking control for spacecraft with unknown actuator faults [J]. IEEE transactions on industrial electronics, 2020, 67 (3): 2241-2250.

[47] ZHOU F, YANG S, FUJITA H, et al. Deep learning fault diagnosis method based on global optimization GAN for unbalanced data [J]. Knowledge-Based Systems, 2020, 187: 104837.

[48] LIANG W, HU Y, ZHOU X, et al. Variational fewshot learning for microservice-oriented intrusion detection in distributed industrial IoT [J]. IEEE transactions on industrial informatics, 2022, 18 (8): 5087-5095.

[49] REN L, JIA Z, WANG T, et al. LM-CNN: a cloud-edge collaborative method for adaptive fault diagnosis with label sampling space enlarging [J]. IEEE transactions on industrial informatics, 2022, 18 (12): 9057-9067.

[50] HAVASI M, JENATTON R, FORT S, et al. Training independent subnetworks for robust prediction [C]. International Conference on Learning Representations, Addis Ababa, 2020.

[51] FORT S, HU H, LAKSHMINARAYANAN B. Deep ensembles: a loss landscape perspective [EB/OL]. (2019-12-05) [2023-10-21]. https://arxiv.org/pdf/1912.02757.pdf.

[52] REN L, MENG Z, WANG X, et al. A wide-deep-sequence model-based quality prediction method in industrial process analysis [J]. IEEE transactions on neural networks and learning systems, 2020, 31 (9): 3721-3731.

[53] MAO J, CHEN D, ZHANG L. Mechanical assembly quality prediction method based on state space model [J]. International journal of advanced manufacturing technology, 2016, 86 (1-4): 107-116.

[54] MA J, HE Y, WU C. Research on reliability estimation for mechanical manufacturing process based on Weibull analysis technology [C]//Proceedings of IEEE Prognostics and System Health Management Conference (PHM-Beijing), Beijing, 2012.

[55] LI B, BOIARKINA I, YU W, et al. A new thermodynamic approach for struvite product quality prediction [J]. Environmental science and pollution research, 2019, 26 (4): 3954-3964.

[56] SHI Q, WANG H, XU X, et al. The application of tobacco product quality prediction using ensemble learning method [C]. 2019 IEEE 4th Advanced Information Technology, Electronic and Automation Control Conference (IAEAC), Chengdu, 2019.

[57] XIE X, SUN W, CHEUNG K C. An advanced PLS approach for key performance indicator-related prediction and diagnosis in case of outliers [J]. IEEE transactions on industrial electronics, 2016, 63 (4): 2587-2594.

[58] YIN S, LIU L, HOU J. A multivariate statistical combination forecasting method for product quality evaluation [J]. Information sciences, 2016, 355-356: 229-236.

[59] SU Y, HAN L. Product quality prediction based on BP neural network and rough set theory [C]. International Conference on Applications and Techniques in Cyber Security and Intelligence ATCI 2018: Applications and Techniques in Cyber Security and Intelligence, Cham, 2019.

[60] YEH C H, FAN Y C, PENG W C. Interpretable multi-task learning for product quality prediction with attention mechanism [C]. 2019 IEEE 35th International Conference on Data Engineering (ICDE), Macao, 2019.

[61] TANG J, DENG C, HUANG G B. Extreme learning machine for multilayer perceptron [J]. IEEE transactions on neural networks and learning systems, 2015, 27 (4): 809-821.

[62] YAO L, GE Z. Deep learning of semi supervised process data with hierarchical extreme learning machine and soft sensor application [J]. IEEE transactions on industrial electronics, 2018, 65 (2): 1490-1498.

[63] ZHANG R, LIN Z, MIN Z, et al. Prediction of dairy product quality risk based on extreme learning machine [C]. 2018 2nd International Conference on Data Science and Business Analytics (ICDSBA), Changsha, 2018.

[64] CHENG H T, KOC L, HARMSEN J, et al. Wide & deep learning for recommender systems [C]//Proceedings of the 1st

Workshop on Deep Learning for Recommender Systems, Boston, 2016.

［65］ REN L, WANG T, LAILI Y, et al. A data-driven self-supervised LSTM-deepFM model for industrial soft sensor［J］. IEEE transactions on industrial informatics, 2021, 18（9）：5859-5869.

［66］ RENDLE S. Factorization machines［C］. 2010 IEEE International Conference on Data Mining, Sydney, 2010.

［67］ HE K, ZHANG X, REN S, et al. Delving deep into rectifiers：surpassing human-level performance on ImageNet classification ［C］//Proceedings of the 2015 IEEE International Conference on Computer Vision, Santiago, 2015.

［68］ REN L, MENG Z, WANG X, et al. A data-driven approach of product quality prediction for complex production systems［J］. IEEE transactions on industrial informatics, 2021, 17（9）：6457-6465.

［69］ HOLTZ S, ROHWEDDER T, SCHNEIDER R. On manifolds of tensors of fixed TT-rank［J］. Numerische mathematik, 2012, 120（4）：701-731.

［70］ WERBOS P J. Backpropagation through time：what it does and how to do it［J］. Proceeding of IEEE, 1990, 78（10）：1550-1560.

［71］ HAN T, GONG X, FENG F, et al. Privacy-preserving multi-source domain adaptation for medical data［J］. IEEE journal of biomedical and health informatics, 2022, 27（2）：842-853.

［72］ ZHAO S, YUE X, ZHANG S, et al. A review of single-source deep unsupervised visual domain adaptation［J］. IEEE transactions on neural networks and learning systems, 2020, 33（2）：473-493.

［73］ WANG Z, DAI Z, PÓCZOS B, et al. Characterizing and avoiding negative transfer［C］//Proceedings of the IEEE/CVF Conference on Computer Vision and Pattern Recognition, Los Angeles, 2019.

［74］ HOSPEDALES T, ANTONIOU A, MICAELLI P, et al. Meta-learning in neural networks：a survey［J］. IEEE transactions on pattern analysis and machine intelligence, 2021, 44（9）：5149-5169.

［75］ REN L, MO T, CHENG X. Meta-learning based domain generalization framework for fault diagnosis with gradient aligning and semantic matching［EB/OL］. IEEE transactions on industrial informatics（2023-04-03）［2023-10-21］. https://ieeexplore.ieee.org/stamp/stamp.jsp?tp=&arnumber=10091197.

［76］ REN L, CHENG X. Single/Multi-source black-box domain adaption for sensor time series data［J/OL］. IEEE transactions on cybernetics（2023-08-22）［2023-10-21］. https://ieeexplore.ieee.org/stamp/stamp.jsp?tp=&arnumber=10226509.

［77］ SUNDARARAJAN M, NAJMI A. The many Shapley values for model explanation［C］. International Conference on Machine Learning, 2020.

［78］ DUBE P, SUK T, WANG C. AI Gauge：runtime estimation for deep learning in the cloud［C］. 2019 31st International Symposium on Computer Architecture and High Performance Computing（SBAC-PAD）, Lyon, 2019.

［79］ XU R, LIN W, LIU Z, et al. Real-time situation awareness of industrial process based on deep learning at the edge server ［C］//Proceedings of the 20th IEEE/ACM International Symposium on Cluster, Cloud and Internet Computing, Melbourne, 2020.

［80］ ZHANG H, CHEN S, ZOU P, et al. Research and application of industrial equipment management service system based on cloud-edge collaboration［C］//Proceedings of the 2019 Chinese Automation Congress, Hangzhou, 2019.

［81］ 丁凯, 陈东燊, 王岩, 等. 基于云-边协同的智能工厂工业物联网架构与自治生产管控技术［J］. 计算机集成制造系统, 2019, 25（12）：3127-3138.

［82］ WU Y, YUAN M, DONG S, et al. Remaining useful life estimation of engineered systems using Vanilla LSTM neural networks ［J］. Neurocomputing, 2018, 275：167-179.

［83］ WANG F, FAN X, WANG F, et al. Backup battery analysis and allocation against power outage for cellular base stations［J］. IEEE transactions on mobile computing, 2019, 18（3）：520-533.

［84］ GHOSH A M, GROLINGER K. Edge-cloud computing for Internet of Things data analytics：embedding intelligence in the edge with deep learning［J］. IEEE transactions on industrial informatics, 2020, 17（3）：2191-2200.

［85］ REN L, LIU Y, WANG X, et al. Cloud-edge-based lightweight temporal convolutional networks for remaining useful life prediction in IIoT［J］. IEEE Internet of Things journal, 2020, 8（16）：12578-12587.

［86］ BAI S, KOLTER J Z, KOLTUN V. An empirical evaluation of generic convolutional and recurrent networks for sequence modeling［EB/OL］．（2018-04-19）［2023-10-21］．https://arxiv.org/pdf/1803.01271.pdf．

［87］WANG S，LI B Z，KHABSA M，et al．LinFormer：self-attention with linear complexity［EB/OL］．（2020-06-14）［2023-10-21］．https://arxiv.org/pdf/2006.04768.pdf．

［88］XU Q，CHEN Z，WU K，et al．KDnet-RUL：a knowledge distillation framework to compress deep neural networks for machine remaining useful life prediction［J］．IEEE transactions on industrial electronics，2021，69（2）：2022-2032．

［89］YANG L，HAN Y，CHEN X，et al．Resolution adaptive networks for efficient inference［C］//Proceedings of the IEEE/CVF Conference on Computer Vision and Pattern Recognition，Seattle，2020．

［90］DING X，ZHANG X，MA N，et al．RepVGG：making VGG-style ConvNets great again［C］//Proceedings of the IEEE/CVF Conference on Computer Vision and Pattern Recognition，2021．

［91］YANG Y，SUN X，DIAO W，et al．Adaptive knowledge distillation for lightweight remote sensing object detectors optimizing［J］．IEEE transactions on geoscience and remote sensing，2022，60：1-15．

［92］IOFFE S，SZEGEDY C．Batch normalization：accelerating deep network training by reducing internal covariate shift［C］．International Conference on Machine Learning，Lille，2015．

［93］KOMODAKIS N，ZAGORUYKO S．Paying more attention to attention：improving the performance of convolutional neural networks via attention transfer［C］．International Conference on Machine Learning，Sydney，2017．

［94］XU Q，CHEN Z，RAGAB M，et al．Contrastive adversarial knowledge distillation for deep model compression in time-series regression tasks［J］．Neurocomputing，2022，485：242-251．

［95］SHEN Y，XU L，YANG Y，et al．Self-distillation from the last mini-batch for consistency regularization［C］//Proceedings of the IEEE/CVF Conference on Computer Vision and Pattern Recognition，New Orleans，2022．

［96］ZHANG Z，SONG W，LI Q．Dual aspect self-attention based on transformer for remaining useful life prediction［J］．IEEE transactions on instrumentation and measurement，2022，71：1-11．

［97］王继业，高灵超，董爱强，等．基于区块链的数据安全共享网络体系研究［J］．计算机研究与发展，2017，54（4）：742-749．

［98］王冠，丁浩．基于区块链的业务协同数据安全共享方案［J］．信息安全研究，2021，7（7）：606-614．

［99］呼阳，陈亮．基于区块链的生产线数据共享方案研究［J］．国外电子测量技术，2019，38（5）：123-127．

［100］傅国强，吕利昌．基于区块链的云数据共享方案研究［J］．信息与电脑（理论版），2020，32（24）：139-142．

［101］谢绒娜，李晖，史国振，等．基于区块链的可溯源访问控制机制［J］．通信学报，2020，41（12）：82-93．

［102］尚松超，陈勃翰，颜光伟，等．基于区块链的数据共享访问控制模型［J］．通信技术，2021，54（12）：2666-2673．

［103］杨晓宙，董学文．基于Fabric区块链的智能合约协同开发系统［J］．南京信息工程大学学报（自然科学版），2019，11（5）：573-580．

［104］张伯钧，郭一晨，王子凯，等．基于智能合约的数据共享激励机制研究［J］．计算机工程，2022，48（8）：37-44．

［105］魏银珍，邓仲华，关玉蓉，等．一种基于区块链与智能合约的科学数据安全溯源方法［J］．现代情报，2021，41（1）：32-38．

［106］祝剑，杨珍娜，庞龙，等．基于区块链的工业互联网数据溯源方案［J］．西安邮电大学学报，2022，27（2）：102-110．

［107］乔蕊，曹琰，王清贤．基于联盟链的物联网动态数据溯源机制［J］．软件学报，2019，30（6）：1614-1631．

［108］杨兵，罗汪旸，姜庆，等．基于联盟链的学习数据存储系统研究［J］．现代教育技术，2019，29（8）：100-105．

［109］汤欢欢．基于区块链的智能合约技术与应用研究［J］．电脑编程技巧与维护，2022（3）：128-131．

［110］方轶，丛林虎，杨珍波．基于区块链的数字化智能合约研究［J］．计算机系统应用，2019，28（9）：225-231．

［111］ANDROULAKI E，BARGER A，BORTNIKOV V，et al．Hyperledger fabric：a distributed operating system for permissioned blockchains［C］//Proceedings of the Thirteenth EuroSys Conference，Porto，2018．

［112］BODKHE U，TANWAR S，PAREKH K，et al．Blockchain for Industry 4.0：a comprehensive review［J］．IEEE access，2020，8：79764-79800．

［113］CARRARA G R，BURLE L M，MEDEIROS D S V，et al．Consistency，availability，and partition tolerance in blockchain：a survey on the consensus mechanism over peer-to-peer networking [J]. Annals of telecommunications, 2020, 75: 163-174.

[114] FERNANDEZ-CARAMES T M, FRAGA-LAMAS P. A review on the application of blockchain to the next generation of cybersecure Industry 4.0 smart factories [J]. IEEE access, 2019, 7: 45201-45218.

[115] PAL K. Blockchain technology with the Internet of Things in manufacturing data processing architecture [M]//SASIKUMAR R, KARTHIKEYAN D, THANGAVEL M. Enabling blockchain technology for secure networking and communications. Hershey: IGI Global, 2021: 229-247.

[116] SHEN W, HU T, ZHANG C, et al. Secure sharing of big digital twin data for smart manufacturing based on blockchain [J]. Journal of manufacturing systems, 2021, 61: 338-350.

[117] 陈为, 沈则潜, 陶煜波. 数据可视化 [M]. 北京: 电子工业出版社, 2013.

[118] 石教英, 蔡文立. 科学计算可视化算法与系统 [M]. 北京: 科学出版社, 1996.

[119] BONNEAU P, HAHMANN S, NIELSON G M. BLaC-wavelets: a multiresolution analysis with non-nested spaces [C]// Proceedings of Seventh Annual IEEE Visualization'96, San Francisco, 1996.

[120] ZHANG Y, MA K-L. Lighting design for globally illuminated volume rendering [J]. IEEE transactions on visualization and computer graphics, 2013, 19 (12): 2946-2955.

[121] RÖBER N, BÖTTINGER M, STEVENS B. Visualization of climate science simulation data [J]. IEEE computer graphics and applications, 2021, 41 (1): 42-48.

[122] MOTA R C R, ROCHA A, SILVA J D, et al. 3De Interactive lenses for visualization in virtual environments [C]. 2018 IEEE Scientific Visualization Conference (SciVis), Berlin, 2018.

[123] CARD S K, MACKINLAY J, SHNEIDERMAN B. Readings in information visualization: using vision to think [M]. San Francisco: The Journal of Urology, 1999.

[124] KIM S, JEONG S, WOO I, et al. Data flow analysis and visualization for spatiotemporal statistical data without trajectory information [J]. IEEE transactions on visualization and computer graphics, 2018, 24 (3): 1287-1300.

[125] BULDYREV V, PARSHANI R, et al. Catastrophic cascade of failures in interdependent networks [J]. Nature, 2010, 464 (7291): 1025-1028.

[126] YUAN X, GUO P, XIAO H, et al. Scattering points in parallel coordinates [J]. IEEE transactions on visualization and computer graphics, 2009, 15 (6): 1001-1008.

[127] VIEGAS F B, WATTENBERG M, FEINBERG J. Participatory visualization with Wordle [J]. IEEE transactions on visualization and computer graphics, 2009, 15 (6): 1137-1144.

[128] ZHOU F F, CHEN Y P, ZHU C Y, et al. Visual analysis of money laundering in cryptocurrency exchange [EB/OL]. (2023-01-02) [2023-10-21]. https://ieeexplore.ieee.org/stamp/stamp.jsp? tp=&arnumber=10005036.

[129] LIU S, WENG D, TIAN Y, et al. ECoalVis: visual analysis of control strategies in coal-fired power plants [J]. IEEE transactions on visualization and computer graphics, 2023, 29 (1): 1091-1101.

[130] ZHAO Y, LUO X B, LIN X R, et al. Visual analytics for electromagnetic situation awareness in radio monitoring and management [J]. IEEE transactions on visualization and computer graphics, 2020, 26 (1): 590-600.

[131] DRATH R, HORCH A. Industrie 4.0: hit or hype? [J]. IEEE industrial electronics magazine, 2014, 8 (2): 56-58.

[132] DUJIN A, GEISSLER C, HORSTKÖTTER D. Think act Industry 4.0. The new industrial revolution: how Europe will succeed [R]. München: Ronald Berger Strategy Consultants, 2014.

[133] SUN G-D, WU Y-C, LIANG R-H, et al. A survey of visual analytics techniques and applications: state-of-the-art research and future challenges [J]. Journal of computer science and technology, 2013, 28 (5): 852-867.

[134] LIU S, CUI W, WU Y, et al. A survey on information visualization: recent advances and challenges [J]. The visual computer, 2014, 30 (12): 1373-1393.

[135] MALJOVEC D, WANG B, ROSEN P, et al. Rethinking sensitivity analysis of nuclear simulations with topology [C]. IEEE Pacific Visualization Symposium (PacificVis), Taipei, 2016.

[136] TAKESHIMA Y, FUJISHIRO I, TAKAHASHI S, et al. A topologically-enhanced juxtaposition tool for hybrid wind tunnel [C]. IEEE Pacific Visualization Symposium (PacificVis), Sydney, 2013.

[137] DUTTA S, CHEN C-M, HEINLEIN G, et al. In situ distribution guided analysis and visualization of transonic jet engine simulations [J]. IEEE transactions on visualization and computer graphics, 2017, 23 (1): 811-820.

[138] ANGELELLI P, HAUSER H. Straightening tubular flow for side-by-side visualization [J]. IEEE transactions on visualization and computer graphics, 2011, 17 (12): 2063-2070.

[139] BOUKHELIFA N, CANCINO W, BEZERIANOS A, et al. Evolutionary visual exploration: evaluation with expert users [J]. Computer graphics forum, 2013, 32 (3): 31-40.

[140] CHEN Y, DU X, YUAN X. Ordered small multiple treemaps for visualizing time-varying hierarchical pesticide residue data [J]. The visual computer, 2017, 33 (6-8): 1073-1084.

[141] DUTTA S, SHEN H-W, CHEN J-P. In situ prediction driven feature analysis in jet engine simulations [C]//Proceedings of IEEE Pacific Visualization Symposium (PacificVis), Kobe, 2018.

[142] WU W, ZHENG Y, CHEN K, et al. A visual analytics approach for equipment condition monitoring in smart factories of process industry [C]//Proceedings of IEEE Pacific Visualization Symposium (PacificVis), Kobe, 2018.

[143] REH A, GUSENBAUER C, KASTNER J, et al. MObjects: a novel method for the visualization and interactive exploration of defects in industrial XCT data [J]. IEEE transactions on visualization and computer graphics, 2013, 19 (12): 2906-2915.

[144] PAJER S, STREIT M, TORSNEY-WEIR T, et al. Weightlifter: visual weight space exploration for multi-criteria decision making [J]. IEEE transactions on visualization and computer graphics, 2017, 23 (1): 611-620.

[145] ZHOU C, WANG J, TANG G, et al. Integration of advanced simulation and visualization for manufacturing process optimization [J]. The journal of the minerals, metals & materials society, 2016, 68 (5): 1363-1369.

[146] DANGELMAIER W, FISCHER M, GAUSEMEIER J, et al. Virtual and augmented reality support for discrete manufacturing system simulation [J]. Computers in industry, 2005, 56, (4): 371-383.

[147] KEHRER J, HAUSER H. Visualization and visual analysis of multifaceted scientific data: a survey [J]. IEEE transactions on visualization and computer graphics, 2013, 19 (3): 495-513.

[148] MERZKIRCH W. Flow visualization [J]. Encyclopedia of physical science & technology, 2003, 28 (11): 23-29.

[149] YIN S, DING S X, XIE X, et al. A review on basic data-driven approaches for industrial process monitoring [J]. IEEE transactions on industrial electronics, 2014, 61 (11): 6418-6428.

[150] COFFEY D, LIN C-L, ERDMAN A G, et al. Design by dragging: an interface for creative forward and inverse design with simulation ensembles [J]. IEEE transactions on visualization and computer graphics, 2013, 19 (12): 2783-2791.

[151] KRATZ A, SCHOENEICH M, ZOBEL V, et al. Tensor visualization driven mechanical component design [C]. IEEE Pacific Visualization Symposium (PacificVis), Yokohama, 2014.

[152] ZHOU F, LIN X, LUO X, et al. Visually enhanced situation awareness for complex manufacturing facility monitoring in smart factories [J]. Journal of visual languages & computing, 2017, 44: 58-69.

[153] ZHAO Y, WANG L, LI S J, et al. A Visual Analysis Approach for Understanding Durability Test Data of Automotive Products [J]. ACM transactions on intelligent systems and technology, 2019, 10 (6): 70-93.

[154] ZHOU F F, LIN X R, LIU C, et al. A survey of visualization for smart manufacturing [J]. Journal of visualization, 2019, 22 (2): 419-435.

[155] FLORIDI L. Establishing the rules for building trustworthy AI [J]. Nature machine intelligence, 2019, 1 (6): 261-262.

[156] 张钹, 朱军, 苏航. 迈向第三代人工智能 [J]. 中国科学: 信息科学, 2020, 50 (9): 1281-1302.

[157] MOHSENI S, ZAREI N, RAGAN E D. A multidisciplinary survey and framework for design and evaluation of explainable AI systems [J]. ACM transactions on interactive intelligent systems, 2021, 11 (3-4): 1-45.

[158] DE SOUSA RIBEIRO M, LEITE J. Aligning artificial neural networks and ontologies towards explainable AI [C]//Proceedings of the AAAI Conference on Artificial Intelligence, 2021, 35 (6): 4932-4940.

[159] CHEN X, ZHANG Y F, QIN Z. Dynamic explainable recommendation based on neural attentive models [C]//Proceedings of the AAAI Conference on Artificial Intelligence, Honolulu, 2019.

[160] ALUFAISAN Y, MARUSICH L R, BAKDASH J Z, et al. Does explainable artificial intelligence improve human decision-

making? [EB/OL]. (2021-06-30)[2023-10-21]. https://ojs. aaai. org/index. php/AAAI/article/view/16819.

[161] WING J M. Trustworthy AI [J]. Communications of the ACM, 2021, 64 (10): 64-71.

[162] LI B H, CHAI X D, ZHANG L, et al. New embedded simulation technology for intelligent Internet of Things [J]. Journal of system simulation, 2022, 34 (3), 419-441.

[163] REN L, LAILI Y J, LI X, et al. Coding-based large-scale task assignment for industrial edge intelligence [J]. IEEE transactions on network science and engineering, 2020, 7 (4): 2286-2297.

[164] BARBIERI M, NGUYEN K T P, DIVERSI R, et al. RUL prediction for automatic machines: a mixed edge-cloud solution based on model-of-signals and particle filtering techniques [J]. Journal of intelligent manufacturing, 2021, 32 (5): 1421-1440.

[165] YANG C, WANG Y C, LAN S L, et al. Cloud edge-device collaboration mechanisms of deep learning models for smart robots in mass personalization [J]. Robotics and computer-integrated manufacturing, 2022, 77: 102351.

[166] GHOSH A, MUKHERJEE A, MISRA S. SEGA: secured edge gateway microservices architecture for IIoT-based machine monitoring [J]. IEEE transactions on industrial informatics, 2021, 18 (3): 1949-1956.

[167] GOODFELLOW I J, MIRZA M, XIAO D, et al. An empirical investigation of catastrophic forgetting in gradient-based neural networks [EB/OL]. (2013-12-21)[2021-05-13]. https://arxiv. org/pdf/1312. 6211. pdf.

[168] LI Z Z, HOIEM D. Learning without forgetting [J]. IEEE transactions on pattern analysis and machine intelligence, 2017, 40 (12): 2935-2947.

[169] GIL Y, PARK J H, BAEK J, et al. Quantization-aware pruning criterion for industrial applications [J]. IEEE transactions on industrial electronics, 2022, 69 (3): 3203-3213.

[170] XU Q, CHEN Z H, WU K Y, et al. Kdnet-RUL: a knowledge distillation framework to compress deep neural networks for machine remaining useful life prediction [J]. IEEE transactions on industrial electronics, 2022, 69 (2): 2022-2032.

[171] HAN Y Z, HUANG G, SONG S J, et al. Dynamic neural networks: asurvey [J]. IEEE transactions on pattern analysis and machine intelligence, 2021, 44 (11): 7436-7456.

[172] YUAN S, ZHAO H Y, ZHAO S, et al. A roadmap for big model [EB/OL]. (2021-05-13)[2022-03-26]. https://arxiv. org/pdf/2203. 14101. pdf.

[173] BOMMASANI R, HUDSON D A, ADELI E, et al. On the opportunities and risks of foundation models [EB/OL]. (2021-05-13)[2021-08-16]. https://arxiv. org/pdf/2108. 07258. pdf.

[174] DEVLIN J, CHANG M W, LEE K, et al. BERT: pre-training of deep bidirectional transformers for language understanding [EB/OL]. (2018-10-11)[2021-05-13]. https://arxiv. org/pdf/1810. 04805. pdf.

[175] BROWN T, MANN B, RYDER N, et al. Language models are few-shot learners [J]. Advances in neural information processing systems, 2020, 33: 1877-1901.

[176] FEDUS W, ZOPH B, SHAZEER N. Switch transformers: scaling to trillion parameter models with simple and efficient sparsity [EB/OL]. (2021-01-11)[2021-05-13]. https://arxiv. org/pdf/2101. 03961. pdf.

[177] JUMPER J, EVANS R, PRITZEL A, et al. Highly accurate protein structure prediction with AlphaFold [J]. Nature, 2021, 596 (7873): 583-589.

[178] TRA V, KIM J, KHAN S A, et al. Bearing fault diagnosis under variable speed using convolutional neural networks and the stochastic diagonal Levenberg-Marquardt algorithm [J]. Sensors, 2017, 17 (12): 2834.

[179] WEN L, LI X, GAO L, et al. A new convolutional neural network-based data-driven fault diagnosis method [J]. IEEE transactions on industrial electronics, 2018, 65 (7): 5990-5998.

[180] ZHOU C Q. Visualizing the future in steel manufacturing [J]. Iron & steel technology, 2011, 8 (1): 37-50.

[181] XU P, MEI H, REN L, et al. ViDX: visual diagnostics of assembly line performance in smart factories [J]. IEEE transactions on visualization and computer graphics, 2017, 23 (1): 291-300.

[182] LEE J, HAN S, YANG J. Construction of a computer-simulated mixed reality environment for virtual factory layout planning [J]. Computers in industry, 2011, 62 (1): 86-98.

[183] XUE J, ZHAO G, XIAO W. Efficient GPU out-of-core visualization of large-scale CAD models with voxel representations

[J]. Advances in engineering software, 2016, 99: 73-80.

[184] MILLETTE A, MCGUFFIN M J. DualCAD: integrating augmented reality with a desktop GUI and smartphone interaction [C]. International Symposium on Mixed and Augmented Reality (ISMAR-Adjunct), Merida, 2016.

[185] WÖRNER M, ERTL T. Simulation-based visual layout planning in advanced manufacturing [C]. 46th Hawaii International Conference on System Sciences (HICSS), Hawaii, 2013.

[186] IVSON P, NASCIMENTO D, CELES W, et al. Cascade: a novel 4D visualization system for virtual construction planning [J]. IEEE transactions on visualization and computer graphics, 2017, 24 (1): 687-697.

[187] SARCAR M, RAO K M, NARAYAN K L. Computer aided design and manufacturing [M]. Delhi: PHI Learning Pvt. Ltd., 2008.

[188] LIPSON H, KURMAN M. Fabricated: the new world of 3D printing [M]. NewYork: John Wiley & Sons, 2013.

[189] Yang Y, Zheng H, Li Y, et al. A fault diagnosis scheme for rotating machinery using hierarchical symbolic analysis and convolutional neural network [J]. ISA trans., 2019, 91: 235-252.

[190] CHEN Z, MAURICIO A, LI W, et al. A deep learning method for bearing fault diagnosis based on cyclic spectral coherence and convolutional neural networks [J]. Mechanical systems & signal processing, 2020, 140: 106683.